质性研究方法与技术导引

朱 逸 著

同济大学出版社
TONGJI UNIVERSITY PRESS
·上海·

图书在版编目(CIP)数据

质性研究方法与技术导引 / 朱逸著. —上海：同济大学出版社，2024.3

ISBN 978-7-5765-1077-5

Ⅰ. ①质… Ⅱ. ①朱… Ⅲ. ①社会科学—研究方法 Ⅳ. ①C3

中国国家版本馆 CIP 数据核字(2024)第 011263 号

质性研究方法与技术导引

朱　逸　著

出 品 人　金英伟　　责任编辑　丁国生

责任校对　徐春莲　　封面设计　陈益平

出版发行　同济大学出版社　　www.tongjipress.com.cn

（地址：上海市四平路 1239 号　邮编：200092　电话：021-65985622）

经　　销　全国各地新华书店、网络书店

排版制作　南京展望文化发展有限公司

印　　刷　常熟市华顺印刷有限公司

开　　本　787 mm×1092 mm　1/16

印　　张　13.25

字　　数　282 000

版　　次　2024 年 3 月第 1 版

印　　次　2024 年 5 月第 2 次印刷

书　　号　ISBN 978-7-5765-1077-5

定　　价　58.00 元

序言

在人文社会科学研究中，研究方法的选择是非常重要的，选用不同的研究方法，直接影响着整体的研究过程、思考维度、对象选择，以及最终的结果，因此，对于研究方法的重视与掌握应该成为研究者的必修技能。

对于研究方法，依照本体论、认识论、方法论的不同秉承，可划分为定量研究、定性研究、混合研究三类。三类方法并不存在谁比谁更高级、谁比谁更精准、谁比谁更好的可比性，只是针对不同问题的应对策略互有差异而已。各类方法背后反映了研究者看待世界、事物的不同信念与态度，例如定量研究方法是实证主义的，认为世界具有既定的客观规律，可以通过自然科学的实证方法来发现；定性研究方法则是建构主义的，认为世界的现象是由人主观建构而成的，需通过观察、理解、反思来加以主观诠释；混合研究方法则是实用主义的，是以问题的解决为目标，在不同方法间实现彼此组合与切换运用，以求最佳效果。所以，我们看似在选择方法，而实际上是遵循自我信念。

在初步理解研究方法的重要性及划分逻辑后，我们再了解一下定量与定性研究在实际运用中的真实状况。很多研究者认为，定量研究难学，主要在于数理、统计、计量模型阻碍了部分研究者的探究意愿，所以大家纷纷转向对质性（定性）研究方法的采用，使质性（定性）研究方法成为一类绕开定量方法的路径选择。而事实是，定量与定性二者的难易程度是相当的，只是调用了研究自身不同的擅长与技能体系而已。在一个由模型、计量、统计、数理所构建的方法体系中，有时一个显著性就可能决定一类群体、一组现象的特征与规律，所以定量研究是一个极具效率的量化思维逻辑。但定量研究忽略的是我们对群体、公众的人文性理解，缺失了对他们经历、行为、态度、体验、感知等多方面的深层次了解。质性（定性）研究为我们提供了一个洞察群体、倾听对象潜在声音的工具，其探究的指向依然是事物的规律，而这类规律的发现则是通过所谓深描实现的。无论是定量、定性还是混合研究方法，其目标都是在不断逼近真相、还原世界的本源性，在这一点上各类方法是极具统一性的。

有关质性（定性）研究，有着丰富的选择，例如扎根理论、案例研究、话语分析、内容分析、叙事研究等，都是在研究中经常使用的方法，各类方法间都有着自己的属性与功能取向。这类方法间的差异，尤其是在定性与定量之间显得十分不同。定量研究各方法间的差异，大多体现于对采集数据的采取不同分析策略。而质性(定性)研究各方法间的差异，则体现于对象选择、数据采集、数据分析多个环节，进而质性研究方法间的差异性，较之定量研究而言更加体系化。但与此同时，质性(定性)研究方法中的某些技术又是能相互贯通与借鉴的，例如对于文本的编码技术、观察技术、访谈技术等。在这一点与定量有所不同，毕竟在定量研究中预测、聚类、回归等各类分析，有着鲜明的功能性导向，彼此之间的分析技术与话语体系差异是非常鲜明的。

很多研究者在开展研究的过程中，会遇到对质性(定性)研究方法内涵、适用、实施步骤、优势与局限等方面的困惑，使得研究设计无从下手。在论文撰写、课题申报、项目实施等中，运用一个独特且具针对性的质性(定性)方法，是十分有助于研究工作开展的。解决以上这些困惑及阐释重要性，成为此书撰写的初衷。

本书是一本"非学术的学术专著"。所谓非学术，是因为本书不准备引用大量晦涩的概念、理论，而是开门见山较为直白地进行阐释，力求能用最简洁的语言、概念与要点，将质性(定性)研究诸类方法呈现出来，以便研究者对内容、方法的快速上手。而所谓学术专著，则是因为本书并非天马行空的随意撰写，而是根据各类方法的正统原理，分别进行整体性说明，以帮助研究者更好地理解与把握。

全书分为两大部分。一是经典方法篇，列举了在研究中常用且经典的十类方法，从内涵、适用、步骤、案例、优势与局限、视频讲解等多重维度加以介绍，从实务性角度帮助各位研究者准确地进行方法运用与借鉴。二是实施技术篇，针对于定性研究过程中，对各类关键数据采集技术(访谈、聚焦小组会议、观察)进行介绍，并对三类较具特别的质性研究方法(影像启发法、经验取样法、隐喻抽取技术)进行说明，以拓展研究者对方法选用的理解。

在此，希望能与各位研究者共勉，在探讨研究方法的道路上携手共进。

欢迎读者在哔哩哔哩(B 站)中，搜索并关注"慧研格真"账号，观看与学习本书各章延伸的相关视频与文字资料。

目录

实施技术篇

经典方法篇

第一章 叙事研究法

一、方法理解

（一）方法的解读

【一句话定义】叙事研究旨在探索和概念化以文本形式表达的人类经历，人们赋予各类经历深刻的意义，叙事研究人员与参与者通力合作，获得文本、图像、视频、文献等资料，以故事化形式进行事件描述，从而构建理论或机制。

理解叙事研究方法，需要从了解叙事学开始。20世纪的叙事学诞生于法国。法文中的“叙事学”是由拉丁文词根narrato（叙述、叙事）加上希腊文词尾logie（科学）构成的。新版《罗伯特法语词典》对“叙事学”所下的定义是：“关于叙事作品、叙述、叙述结构以及叙述性的理论。”而七卷本的《大拉鲁斯法语词典》对“叙事学”的解释是：“人们有时用它来指称关于文学作品结构的科学研究。”这里的“文学作品”并不只包括叙事作品一种。两种定义颇有出入，但有一点却是共同的，即它们都重视对文本的叙述结构的研究。简单来说，叙事学就是关于叙述文本的理论，着重对叙事文本作技术分析。[①]

叙事研究是秉承叙事学传统的一类定性研究方法，涉及检查和解释人们讲述的故事或叙事，以便深入了解其背后的意义、经验和观点。[②] 叙事分析可以应用于各种形式的交流，包括书面文本、口头采访和视觉媒体。在叙事分析中，研究人员通常会检查他们正在研究的叙事的结构、内容和背景，密切关注讲故事者使用的语言、主题和符号。[③]

① Salkind N J: *Encyclopedia of research design*, New York: SAGE Publications., 2010, pp124 - 126.
② Andrews M, Squire C: *Doing narrative research*, New York: SAGE Publications, 2013, pp113 - 124.
③ Squire C, Andrews M: *Narrative research*, New York: SAGE Publications, 2019, pp321 - 331.

叙事研究的目的是深入了解叙事者(个人或群体)讲述的关于他(们)的经历、身份和信仰的故事。通过分析这些故事的结构、内容和背景,研究人员可以发现模式和主题,揭示个人理解他们的生活和周围世界。① 叙事研究可用于识别多个故事中的模式和主题。比较和分析不同个人或群体的故事,以确定共同点和差异。通过分析这些模式和主题,研究人员可以深入了解更广泛的文化和社会现象。② 叙事研究可用于辅助制定解决社会和文化问题的干预措施。通过了解个人讲述的经历,研究人员可以开发适合不同个人和群体独特需求的干预措施。总的来说,叙事研究是对个人构建意义和理解他们生活的方式提供丰富而细致的理解。通过分析个人讲述的故事,研究人员可以深入了解人类经验的复杂性和多面性。③

(二) 方法的实施步骤

第一步:确定研究问题。叙事研究从确定感兴趣的研究问题或主题开始。针对研究人员希望探索的特定社会或文化现象,更深入地了解特定叙事者的经历。

第二步:收集资料。研究人员收集他们将要分析的叙述或故事。这可能涉及收集访谈信息、文本、文献、视频、图像等多元资料。

第三步:转录和编码。收集到资料后,需要对其转录,然后编码以识别主题或其他模式。研究人员可以使用专门为研究开发的编码方案,也可以使用现有的编码方案。

第四步:分析叙述。研究人员分析叙事,重点关注编码过程中出现的主题与模式。可以分析叙事的正式结构,使用的语言以及其所处的社会和文化背景。

第五步:分析结果的诠释。最后,研究人员通过发现的结果,叙述背后的意义、经验和观点得出结论。利用这些发现来发展理论、提出建议或为进一步的研究提供信息。

(三) 方法的适用

叙事研究法是一种通用的定性研究方法,在心理学、社会学、人类学、文学和历史等广泛领域都有应用。以下是如何使用叙事分析的一些示例。④

1. 了解叙事者(个人或群体)经历。叙事分析可用于更深入地了解叙事者的经历,包括他们的想法、感受和观点。例如,心理学家可能会使用叙事研究来探索叙事者讲述关于他们患有精神疾病经历的故事。

2. 探索文化和社会现象。叙事分析可用于探索文化和社会现象,例如性别、种族和身份,使用叙事来研究叙事者如何理解和体验他们的认同。

---

① Edgar Rodr guez Dorans: *Narrative portraits in qualitative research*, London: Routledge, 2022, pp295 - 312.

② Molly Andrews: *What is narrative research?*, New York: Bloomsbury Academic, 2015, pp223 - 235.

③ Kim J: *Understanding narrative inquiry*, New York: SAGE Publications, 2016, pp253 - 265.

④ Johns C: *Reflexive narrative: self-inquiry toward self-realization and its performance*, New York: SAGE Publications, 2021, pp401 - 422.

3. 分析历史事件。叙事分析可用于分析历史事件，包括那些记录在文学文本或叙事者个人叙述中的事件，可使用叙事分析来探索历史发生的故事。

4. 检查媒体表现形式。叙事分析可用于检查社会和文化现象的媒体表示，例如新闻报道、电影或电视节目，可能使用叙事研究来研究新闻媒体如何代表不同的社会群体。

5. 制定干预措施。叙事分析可用于制定干预措施，以解决社会和文化问题。例如，社会工作者可使用叙事研究来了解个人经历，然后利用这些知识来制定更有效的干预措施。

6. 学习生活故事。叙事分析可理解叙事者个人如何构建生活故事，包括对其很重要的事件、人物和主题。

7. 分析文化叙事。叙事分析可用于分析文化叙事，例如神话、传说和民间故事，以了解其含义和功能。

8. 探索组织叙事。叙事分析可通过组织讲述的关于自己、历史和价值观的故事，以了解它们如何塑造组织的文化和实践。

9. 审查政策叙述。叙事分析可检验政策的叙事，例如政治演讲和政策文件，以了解它们如何构建想法并证明政策决策的合理性。

（四）方法应用示范

1. 个人对疾病的叙述。研究人员使用叙事研究方法来分析慢性病患者的个人叙事，以了解他们如何理解自己的经历并构建自己的身份。

2. 口述历史。使用叙事研究来分析口述历史，以深入了解个人对历史事件和社会运动的经历。

3. 儿童故事。研究人员使用叙事研究来分析儿童的故事，以了解他们如何理解和理解周围的世界。

4. 个人叙事。研究人员使用叙事研究来检查个人日记，以深入了解个人对重大生活事件的经历。

5. 回忆录。研究人员使用叙事研究来分析回忆录，以了解叙事者如何构建他们的生活故事并使别人理解他们的经历。

6. 生活史。研究人员使用叙事研究来检查生活史，深入了解个人的移民、流离失所或社会排斥经历。①

（五）方法的要点和特征

1. 专注于故事和叙事。涉及分析人们讲述的故事和叙述，无论是口头的还是书面的，以了解它们如何反映个人的经历和塑造身份。

---

① 吕克·赫尔曼：《叙事分析手册》，徐强等译，中国人民大学出版社 2020 年版，第 32－45 页。

2. 强调语境。叙事分析旨在了解叙事产生的语境以及塑造叙事的社会和文化因素。

3. 解释方法。叙事分析是一种解释性方法，旨在识别故事和叙事中的模式和主题，并理解叙事者个人、群体和社区赋予叙事的意义。

4. 迭代过程。叙事分析涉及一个迭代的分析过程，在这个过程中，研究人员在检查更多数据时不断完善他们对叙事的理解。

5. 关注语言和形式。叙事分析密切关注叙事的语言和形式，包括隐喻、意象和叙事结构的使用，以了解叙事者个人、群体和社区赋予它们的意义。

6. 反身性。叙事分析要求研究人员反思自己的假设和偏见，并考虑自己的立场如何影响他们对叙事的解释。

7. 定性方法。叙事分析是一种定性研究方法，涉及对少数案例的深入分析，而不是大规模的定量研究。①

（六）方法的优势和局限

【优势】

1. 丰富而详细的数据。叙事分析提供丰富而详细的数据，可以深入了解叙事者个人的经历、情感和身份。

2. 人性化方法。叙事分析允许叙事者个人讲述自己的故事并表达自己的观点，这有助于使研究人性化并为边缘化社区发声。

3. 灵活性。叙事分析是一种灵活的研究方法，可以应用于广泛的背景和研究问题。

4. 解释性见解。叙事分析提供了对叙事者个人赋予其经历的意义，以及其构建身份方式的解释。

5. 适用于敏感话题。叙事分析在研究敏感话题（如创伤或心理健康、特殊经历等）特别有用，且允许个人用自己的语言和方式表达自身经历。

6. 可能导致政策影响。叙述分析可提供见解，为政策决策和干预措施提供信息，特别是在卫生、教育和社会政策等领域。

【局限】

1. 主观性。叙事分析依赖于研究人员的解释，这可能会受到他们自己的偏见和假设的影响。

2. 有限的泛化性。叙述分析通常涉及对少数案例与对象的分析，限制了其对更广泛人群的普遍性，在理论推演性上存在局限。

3. 数据的局限。叙事分析通常依赖于已经可用的数据，例如访谈、口述历史或书面文本，这可能会限制研究人员对数据质量和完整性的控制。

4. 时间消耗。叙事分析是一类较为耗时的研究方法，尤其是在分析大量数据时。

---

① 利布里奇：《叙事研究：阅读、分析和诠释》，王红艳译，重庆大学出版社 2019 年版，第 76－83 页。

二、典型案例

(一)案例来源

程猛、李嘉怡:《象牙塔尖的忧郁——博士生抑郁体验的叙事研究》。[①]

(二)案例拆解

1. 问题提出

从现象出发,“我国高等学校博士生正面临高抑郁风险”已经成为各界关注的要点。有相关文献与研究均聚焦于此,例如埃文斯(Evans T)发现,研究生遭遇抑郁和焦虑的概率比一般人群高 6 倍;《自然》杂志 2019 年全球博士生调查显示,36%的博士生反馈因抑郁或焦虑寻求过帮助,比 2017 年增长了 3 倍。伴随我国高等学校扩张政策的实施,博士生招生规模快速扩展,从 1999 年的 17 724 人激增至 2010 年的 63 762 人,到 2020 年已达到 116 047 人,这个已经成为高等教育行业和全社会所共同关注的问题。

【启示】研究问题的提出,需具备时代性特征,且已触发学界或相关人群对此议题的情绪,其助于形成读者的共鸣。同时,具有实践意义的议题,不仅有助于学理上的突围,更重要的是对于指导实践,可提供参考与建议。

2. 研究方法运用策略

该研究致力于通过疾痛叙事探索博士生的“抑郁问题”(depression issue)。依照叙事研究的研究传统,需要采集多元的叙事素材,其中可以是文本、视频、日记、图片等,而该研究则采取了博士对象的访谈和豆瓣帖子。从参与研究的博士生分布来看,涉及了各个年级、不同抑郁程度、患病周期等,采用了朋友推荐、网络渠道等样本获取方法,最大程度地实现了多元样本特征(表 1-1)。

表 1-1 被访博士生(博士)基本信息

编码	性别	阶段	联系渠道	就读院校	抑郁程度的自述	是否确诊/生活秩序的破坏程度	受抑郁困扰的时长	收集抑郁体验的方式
X-M-1	男	博二	知乎	匿名	比较严重的抑郁	未确诊,第三等级	周期性抑郁	访谈

① 程猛、李嘉怡:《象牙塔尖的忧郁——博士生抑郁体验的叙事研究》,载《教育研究》2022 年第 7 期,第 88-103 页。

编 码	性别	阶段	联系渠道	就读院校	抑郁程度的自述	是否确诊/生活秩序的破坏程度	受抑郁困扰的时长	收集抑郁体验的方式
X-F-2	女	博二	知乎	北京某大学	重度抑郁	医院确诊，第一等级	3 年	访谈和知乎帖子
X-F-3	女	博二	豆瓣	上海某大学	重度抑郁	医院确诊，第三等级	3 个月	访谈和豆瓣帖子
X-F-4	女	博四	知乎	北京某大学	2 个月前被诊断为抑郁症	医院确诊，第三等级	2 年零 2 个月	访谈和知乎帖子
X-F-5	女	博一	朋友引荐	广州某大学	中度抑郁(线上心理咨询)	未确诊，第三等级	6 个月	访谈
X-F-6	女	博三	朋友引荐	北京某大学	断断续续的抑郁情绪	未确诊，第三等级	断断续续几个月	访谈
X-M-7	男	博一	朋友引荐	北京某大学	抑郁症	医院确诊，第二等级	近 2 年	访谈
X-F-8	女	博士后	朋友引荐	北京某大学	长期抑郁情绪	未确诊，第二等级	3 个月	访谈
X-M-9	男	博四	朋友引荐	北京某大学	抑郁情绪，够不上抑郁症	未确诊，第二等级	近半年	访谈
X-M-10	女	博二	朋友引荐	北京某大学	介于抑郁情绪和抑郁症之间	未确诊，第三等级	自本科起断断续续	访谈
X-M-11	男	博士后	朋友引荐	北京某大学	抑郁状态	未确诊，第三等级	3 个月左右	访谈
X-F-12	女	博士后	朋友引荐	北京某大学	严重抑郁情绪	未确诊，第一等级	2 年	访谈
X-M-13	男	博一	网络邀请	北京某大学	不是特别严重的抑郁症	未确诊，第三等级	3 年	访谈
X-F-14	女	博二	网络邀请	苏州某大学	轻度抑郁	医院确诊，第三等级	自本科起	访谈

来源：见注①。

依照叙事研究传统，研究搜集了博士生对于抑郁经历的故事叙述，通过定性研究分析方法，对文本内容进行“叙事观察—概念提炼—意义阐释”，从抑郁体验、制度化生存、道德秩序三个递进层次进行叙事阐述。

首先，抑郁体验。通过博士生的自我叙事，提炼出彼此间的共性体验特征，包括压力、丧失、负面认知、敏感、躯体化五个方面，点出他们被压力击溃，被丧失之感包裹，因而生活中弥散着对自己的负面认知，对人际关系尤为敏感，甚至产生种种躯体化的症状。

其次，制度化生存。这是在前期体验的特征之上的递进分析，超越博士生个体的抑郁体验，考察他们置身其中的制度框架和学术文化。从在不确定中前行、“读博时钟”与时间管理、沉没成本中的道德感知三个方面进行了阐释，将博士生的抑郁体验与博士学习的制度化联系起来，将体验搁置于制度化环境之下进行观察与理解。

最后，道德秩序。将博士的抑郁体验切换至道德秩序中加以观察，读博的过程也是自我和制度化的环境、内心期望与外部现实不断碰撞的过程，其中充盈着丰富的情感以及复杂的期待、责任和愧疚。可以说，抑郁体验的叙事也是一种道德经验的叙事。分析又从时间观的转向、道德处境与道德生活两个方面进行了描述。

研究的结论，以博士生的抑郁体验为基础，联系博士学习的制度化生存、面临的道德情境，提出各类有针对性的干预举措与改善方法。该研究以博士生的叙事为素材，提炼其各自故事中的共性体验经历，形成群体特征，并在此特征基础上，结合事先选定好的理论和观察视角，有针对性地提炼为更高层次的抽象概念，例如制度、道德，进而形成与群体体验特征，再进行结合分析。原本的博士抑郁体验，仅仅是经验层面上的发现，而将其置于制度、道德范畴之中，则极大地提升了研究的学理性，将“讲故事”变成了“讲理论”。[①]

【启示】

- 调查对象的获取，需强调多元性，尽可能覆盖对象群体，有效突出特征性。
- 获取方式可通过正式或非正式渠道，尽可能调动周边资源。
- 叙事研究的故事素材，可以非常多元与丰富，在条件允许下，可以尝试资料的三角互证。
- 叙事研究虽然是讲故事，但并不是我们常规理解的口语，而是有选择性地讲故事。每一段故事的讲解，都需要和预设的理论、模式结合在一起，起到后续结论的支撑性作用。
- 叙事研究是实践性的研究方法，是针对于特定现象、问题的应对性研究，其在还原现象、事件的真实性同时，需要考虑特征发现、理论建构、机制发掘、应对措施。

三、延伸阅读

- 刘良华.教育叙事研究：是什么与怎么做[J].教育研究，2007(7)：84－88.
- 傅敏，田慧生.教育叙事研究：本质、特征与方法[J].教育研究，2008(5)：36－40.
- 贾萌萌，任艺，沈可心，等.父母责任的代际传承：家庭教育百年回眸——基于50个中国家庭的教育叙事研究[J].教育学术月刊，2018(7)：46－54.
- 许向东.转向、解构与重构：数据新闻可视化叙事研究[J].国际新闻界，2019，41(11)：142－155.

① 程猛、李嘉怡：《象牙塔尖的忧郁——博士生抑郁体验的叙事研究》，载《教育研究》2022年第7期，第88－103页。

• 李艳红.一个“差异人群”的群体素描与社会身份建构：当代城市报纸对“农民工”新闻报道的叙事分析[J].新闻与传播研究，2006(2)：2－14＋94.

• 胡玉宁，徐川.青年圈群脉动的媒介感知与文化诠释——基于“饭圈”现象的叙事分析[J].中国青年研究，2020(11)：70－79＋93.

• 宫贺，王宇辰，杨嘉.跨文化医患沟通的多模态链接与意义共创——基于COVID－19疫情的多主体平行叙事分析[J].新闻大学，2021(8)：1－17＋117.

• 项蕴华，张迈曾.下岗女工身份构建的叙事分析[J].吉林大学学报(社会科学版)，2005(2)：154－158.

• 李云淑.如何整理分析访谈叙事材料——我的叙事分析经验[J].上海教育科研，2004(11)：47－51.

第二章 扎根理论方法

一、方法理解

(一) 方法的解读

【一句话定义】扎根理论是一种定性研究方法，旨在基于研究环境的经验现实的数据生成理论，该方法涉及数据收集、编码、分类和分析的系统过程，以识别数据中的模式和关系。

基于扎根理论的研究可能只是从一个问题开始，甚至只是从收集定性数据开始。当研究人员审查收集的数据时，想法或概念对研究人员来说是显而易见的。这些想法/概念是从数据中提炼出来的。研究人员用简洁的总结想法/概念的代码标记这些想法/概念。[①] 随着更多数据的收集和重新审查，代码可以分组为更高层次的概念然后分组，这些类别成为假设或新理论的基础。因此，扎根理论与传统研究有所不同，在传统的研究方法中，研究人员在开展研究前会选择一个已有的理论框架，从该框架中得出一个或多个假设，然后才收集数据以评估假设的有效性。[②] 而扎根理论，需要在悬置各类观点、理论、假设的情况，对于研究事件、现象进行深度观察与规律探寻，最终构建或更新理论体系，扎根理论是初衷为了构建理论而采用的方法。[③]

扎根理论最早是由社会学家巴尼·格拉泽(Barney Glaser)和安塞尔姆·施特劳斯(Anselm Strauss)在20世纪60年代提出的，作为对传统实证主义社会研究方

① 凯西·卡麦兹：《建构扎根理论——质性分析实践指南》，边国英译，重庆大学出版社2022年版，第23－26页。

② 朱迪丝·A. 霍尔顿：《经典扎根理论 定性和定量数据的应用》，王进杰等译，北京大学出版社2021年版，第135－142页。

③ 伍威·弗里克：《扎根理论》，项继发译，上海人民出版社2021年版，第213－221页。

法局限性的回应。这种方法最初是为了研究医院中垂死患者及其家人而开发的，但很快就被应用于社会学及其他领域。①

这两位社会学家于1967年出版了他们的开创性著作 *The Discovery of Grounded Theory*，其中介绍了从经验数据发展理论的方法。他们认为，现有的社会理论往往没有考虑到社会现象的复杂性和多样性，理论的发展应该以经验数据为基础。② 从那时起，扎根理论成为社会科学中广泛使用的方法论，并已应用于广泛的主题，包括医疗保健、教育、商业、心理学等。③

（二）方法的典型类型

1. 经典扎根理论

这种方法源于巴尼·格拉泽和安塞尔姆·施特劳斯，强调各类发现源于对数据不带偏见的细致观察。其重点通过构建创新的理论来解释正在研究的现象或事件，克服先入为主的观点或现有理论的影响。该过程涉及数据收集、编码、分析、构建理论，直至理论达到饱和。整个过程贯穿了对数据不断的逐级归类。通过将类别和子类别进行比较和综合，产生解释该现象的理论。④

2. 建构主义扎根理论

卡麦兹（Charmaz）所提出的建构主义扎根理论，强调研究人员与研究对象在理论发展过程中的互动。理解个人如何构建意义并解释他们的经历，是由研究人员进行构建而成的，并非客观事实。整个过程涉及数据收集，编码、分析的反思性与迭代，旨在设定对数据的类别概念，继而对这些类别进行比较和综合，以产生一种理论，该理论解释了所研究现象的多种观点和解释。⑤

【要点】纵观两类扎根理论类别，有着共性之处，即扎根理论属于归纳性的定性研究方法，强调在经验资料上的理论构建，整个程序可以实现标准化，适合创建中层理论，对于过程的观察较为强调。而不同在于，巴尼·格拉泽和安塞尔姆·施特劳斯的经典扎根理论，是基于实证主义的，在研究过程中需要保持价值中立，强调用普遍性理论去诠释客观现象，整个过程需要突出程序化、标准化。而卡麦兹的建构主义扎根理论，基于建构主义思想，突出理论具备解释分析功能，是由研究者主观构建而成，并非需要保持价值中立。且在整个过程中，需要研究者与研究对象间保持持续的互动，在灵活、自由的情况下对数据资料进行编码与分析，整个过程是非标准化的。

---

① 朱丽叶·M.科宾：《质性研究的基础——形成扎根理论的程序与方法》，朱光明译，重庆大学出版社2015年版，第97－102页。

② Holton J：*Classic grounded theory: Applications with qualitative and quantitative data*，New York：SAGE Publications，2017，pp113－124.

③ Gibson B：*Rediscovering grounded theory*，New York：SAGE Publications，2014，pp83－94.

④ Bryant A：*The varieties of grounded theory*，New York：SAGE Publications，2019，pp242－247.

⑤ 卡麦兹：《建构扎根理论：质性研究实践指南》，边国英译，重庆大学出版社2009年版，第194－222页。

(三) 方法的实施步骤

1. 选择一个研究问题。研究问题应是开放式的,并聚焦特定的社会现象。

2. 选择参与者并收集数据。确定不同的参与者群体。使用访谈、观察、文献分析等多种数据收集方法,采集丰富多样的数据。

3. 分析数据。开始使用常量比较分析数据的过程。这涉及将数据相互比较以及与现有类别和代码进行比较,以便识别模式和关系。使用开放式编码来识别概念和类别,然后使用轴心编码来确立范畴,并构建不同范畴间的逻辑关系,形成不同的范畴间的体系链接。最后,运用选择性编码来提炼核心概念,以统领各类类别范畴。

4. 诠释。对各类概念、范畴与关联体系进行描述与解释,确保以数据为基础全面准确反映现象原貌。

5. 理论构建。使用理论抽样来识别与发展理论相关的新数据源。反思分析过程中出现的各类见解和想法。循环推进所构建理论的体系,直至理论达成饱和。

6. 验证理论。通过对新数据进行测试,寻求同行或其他研究人员的反馈来验证该理论。该过程有助于完善和改进理论,并确保它以数据为基础。

7. 撰写。一旦理论得到充分发展和验证,写下研究结果并通过学术出版物和演讲传播。确保承认参与者的贡献,并详细说明所使用的研究方法。①

(四) 数据类型

扎根理论强调数据的多元性,并突出不同资料间的三角互证。

1. 访谈。扎根理论中最常见的数据收集方法之一是深度访谈。访谈使研究人员能够收集有关参与者的经验,观点和态度的丰富而详细的数据。可以一对一进行,也可以以小组形式进行。

2. 观察。观察是扎根理论中使用的另一种数据收集方法。研究人员可以在自然环境中观察参与者,例如在工作场所或社区环境中。这种方法可以深入了解参与者的社交互动和行为。

3. 文档分析。扎根理论研究人员可使用文档分析作为数据收集方法。这涉及分析与所研究现象相关的现有文件,例如报告、政策或历史记录等。

4. 焦点小组。焦点小组将一组参与者聚集在一起讨论特定主题或问题,这种方法可以提供对群体动态和社交互动的见解。

5. 实地考察。实地考察涉及沉浸在研究环境中的各类活动开展,可深入了解研究环境中的文化和社会动态。

6. 多媒体数据。扎根理论研究人员可以使用多媒体数据(如照片、视频或录音)来捕

---

① Bryant A: *The SAGE handbook of grounded theory*, New York: SAGE Publications, 2007, pp313 - 321.

捉参与者的经验和观点。[①]

（五）分析的要点

1. 开放式编码。

扎根理论的编码，可以分为开放式编码、轴心式编码、选择式编码三个递进式的过程。开放式编码是经由密集地检测资料来对现象加以命名与类属化的过程，不仅要将收集的资料打散，赋予概念，而且要以新的方式重新组合并予以可操作化。在具体操作中，研究者先设置一个主题，同时将最初的代码或标签分配到资料中，从而将大量零散混杂的资料转变为不同的类别。他要仔细阅读所得资料，寻找评论的项目、关键的事件或主题，然后标上记号，并给它一个初步的概念或标签。在这一过程中，研究者可以不受任何约束创造新的概念主体，也可以在之后的分析中改变原来的编码。开放式编码的结果是一张根据丰富零散的资料抽象概括得到的概念名单。要求从文字材料中抽象出一些范畴，进而寻找范畴的属性（property），并将其维度化（dimensionalized）。比如在研究慢性病人的生活时发现了“疼痛”这一重要概念，继而找到“头痛”“胃痛”“神经痛”等不同类别的概念，再从不同维度来考察这些概念出现的频率、强度、持续时间等，确定变化范围。

2. 轴心式编码。

轴心式编码是扎根理论逐级编码过程的中间阶段，旨在发现、建立主要概念类属与次要概念类属之间的各种有机联系，从而将分散的资料以新的方式重新组织起来。在这一步，研究者更为注重的是在开放式编码一步完成之后得到的概念名单，而不是原始资料，即研究者的头脑中带着初步的编码主题去看待资料，阅读资料。在这样做的过程中，研究者也会产生新的观点和思想，可能会添加新的编码，并在分析过程中不断将各种概念组织起来，同时识别作为轴心的关键概念。确立主范畴（overarching category）和次范畴（sub-category），按照典范模型（paradigm model），将次范畴围绕着主范畴组织起来。所谓典范模型，指主范畴的五个方面：因果条件（causal conditions）、环境（context）、干扰条件（intervening conditions）、行动/互动及其策略（action/interaction，including strategies）、后果（consequences）。确认若干比较稳固的主范畴。[②]

3. 选择式编码。

选择式编码指的是在所有已发现的概念类属中选择一个核心类属概念，通过不断的分析把与之相关的次要类属概念集中起来，以系统地说明和验证主要类属概念与次要类属概念之间的关系，并填充未来需要完善或发展的类属概念的过程。在这一步中，研究者已经识别出了研究课题中最重要的、可以统领其他一些相关主题的核心主题，并围绕这个核

① Urquhart C：*Grounded theory for qualitative research*，New York：SAGE Publications，2013，pp273－292.

② 安塞尔姆·施特劳斯，巴尼·格拉泽：《发现扎根理论：质性研究的策略》，谢娟译，华中科技大学出版社 2022 年版，第 184－196 页。

心来组织研究的总体分析，将所有的研究结果统一在这个核心主题的范围之内。在多个主范畴中确定一个核心范畴并围绕其组织理论。研究者可以按以下五个步骤（不一定按顺序）开展选择编码。（1）用几句话对所研究的现象进行体描述，提供一条故事线；此描述需要使用分析性的术语，体现出核心范畴所引导的理论线索。（2）继续使用典范模型，找到核心范畴的辅助范畴，确定它们之间的关系，以此建立如下形式的理论：A（条件）→B（现象）→C（环境）→D（行动/互动及其策略）→E（后果）。（3）确定核心范畴的属性和维度，在维度层次上对辅助范畴进行分类与定位。（4）结合经验证据，考察通过上述过程得到的理论是否可靠。（5）通过理论抽样填补遗漏的细节，确保足够的范畴密度（category density）。[①] 整个编码的过程，多以三阶段编码为主，对于整个编码过程的理解，是一个“语句拆解—意义重构—概念聚合—关联构建”的过程。

4. 模式矫正。

扎根理论涉及一个不断比较的过程，在这个过程中，数据相互比较，并与现有的类别和代码比较，以确定模式和关系。

5. 理论抽样。

理论抽样是根据理论进行数据源的选择，研究人员使用理论抽样来收集有助于完善和验证理论的数据内容与形式。

6. 记忆。

记忆涉及随着分析的进行写下反思、见解和想法，这有助于研究人员组织他们的想法并更深入地理解数据。

7. 同行汇报。

同行汇报涉及寻求同行和其他研究人员对发展理论的反馈，此过程有助于验证理论与数据的有效性。

8. 互检环节。

研究者可基于研究发现与理论构建，反馈于研究的参与者对象，寻求对象的反馈，该过程有助于确保理论准确反映参与者的经验和观点。

9. 三角测量。

三角测量涉及使用多个数据源来验证新兴理论。研究人员可采用不同的数据收集方法、数据源、研究对象，以此从不同维度来解读与理解。[②]

（六）方法的适用

扎根理论可广泛用于社会科学研究，特别是在社会学、心理学、人类学等领域，用于探索广泛的社会现象，例如社会互动、权力动态、文化习俗等。除此以外，在医疗领域，可探

① 吴肃然、李名荟：《扎根理论的历史与逻辑》，载《社会学研究》2020 年第 2 期，第 75－98 页，第 243 页。

② Hughes K：*Qualitative secondary analysis*，New York：SAGE Publications，2020，pp111－134.

索患者体验、医疗保健实践、医疗保健系统，提供对影响医疗保健结果的见解，为干预措施和政策的制定提供参考；在教育领域，可探索教学过程、学生体验和教育政策；在商业领域，可探索以探索组织流程、管理实践和消费者行为等；在技术领域，可探索用户体验、技术采用和技术设计。过往较多研究，都将扎根理论纳入于人类学、社会学范畴之内，其本身有着较为广阔的实践运用可能，还有待进一步地探索与延展。

综合而言，扎根理论的适用性主要在以下方面：

1. 针对于探索新的研究领域。在探索尚未得到充分研究的新研究领域时特别有效。通过收集和分析数据，研究人员可以开发一个理论框架，解释感兴趣的现象背后的社会过程和模式。

2. 研究复杂的社会现象研究。对于社会过程和相互作用的复杂社会现象，通过使用数据收集和分析的迭代过程，研究人员可以开发一个理论框架来解释社会现象的复杂性。

3. 生成假设。可用于生成有关社会过程和相互作用的假设，这些假设可以在未来的研究中进行测试。通过开发解释社会现象的理论框架，研究人员可确定进一步研究和假设检验的领域。

4. 政策和实践的信息提供。对影响社会现象的内在机理提供见解，通过开发解释社会现象的理论框架，确定干预措施或政策介入。

（七）方法的要点

1. 涌现。强调从数据中提炼理论范畴和概念，而不是使用“先入为主”的理论思想。这意味着研究人员并非从先入为主的理论或假设开始，允许理论从数据中出现。

2. 迭代。扎根理论是一个迭代过程，涉及数据的持续比较，每一阶段的数据收集与编码，均为最终理论的创建所服务。

3. 归纳。扎根理论是一种归纳分析方法，研究人员从原始数据开始，系统地对其进行编码和分类，以识别模式和主题，开发解释这些模式的理论框架。

4. 反身。该方法要求研究人员在整个研究过程中，保持反思和自我意识，全程必须克服个人偏见或假设。

5. 整体。采用整体方法进行数据分析，查看整个数据集，而不是关注单个数据点，要求研究人员能够使用系统性思维，组合各类单个数据点，直至形成整体性模式与主题。

6. 情境。强调理解社会现象发生的背景的重要性，研究人员必须考虑可能影响社会现象的各类情境要素，包括社会、文化、习俗、历史等。①

① Bailey C：A *guide to qualitative field research*，New York：SAGE Publications，2018，pp331 - 344.

（八）方法的优势和局限

【优势】

1. 灵活性。扎根理论是一种灵活的方法，可用于探索广泛的研究问题和设置，特别适合探索尚未得到充分研究的复杂社会现象。

2. 有效性。该方法旨在开发一个基于数据的理论框架，提高研究结果的有效性和可靠性，数据收集和分析的迭代过程，有助于确保研究结果的可靠与稳健。

3. 原创性。该方法可对社会现象产生自我的见解，不受先入为主的理论思想或假设约束，使得研究人员能够探索新的研究领域并产生新的理论框架。

4. 复制性。扎根理论是一种可复制的研究方法，通过扎根理论开发的理论框架，可在未来的研究中进行测试、验证与推广。

【局限】

1. 耗时。整个资料搜集、编码与理论构建，需要消耗大量的时间、人员与精力，且整个编码过程有着较高的专业性要求，这对实际成果产生的时效性要求提出了挑战。

2. 主观性。研究人员的个人偏见和假设会影响数据分析过程，会导致研究结果的可靠性和有效性存在潜在质疑。

3. 数据过载。整个研究过程会产生大量的数据，这对研究人员的后续分析造成了较大压力，对于数据的管理、分析、解读、分享、传阅、验证等环节造成困难。[①]

二、典型案例

（一）案例来源

刘忠宇、赵向豪、龙蔚：《网红直播带货下消费者购买意愿的形成机制——基于扎根理论的分析》。[②]

（二）案例拆解

1. 问题提出

自 2019 年“电商直播元年”以来，市场上大多数品牌商或多或少地涉及网络直播营销模式，通过与大流量网红的对接合作，带来高流量、高销售。但是在日常实践中，网红直播

① Koro-Ljungberg M：*Reconceptualizing qualitative research*，New York：SAGE Publications，2016，pp107－129.

② 刘忠宇、赵向豪、龙蔚：《网红直播带货下消费者购买意愿的形成机制——基于扎根理论的分析》，载《中国流通经济》2020 年第 8 期，第 48－57 页。

带货的“翻车”事件引发了人们对这种新兴电商销售模式的质疑，并成为监管部门关注的重点。那么，消费者为什么会接受“网红直播带货”？哪些因素影响他们产生购买意愿？这些因素又是如何发挥作用的？

【启示】（1）研究问题选择网络直播这一新兴的营销模式，其本身具有较多可深化的研究议题，从而可以判定此主题研究具备开展系列性研究的潜质。研究者针对于此，不仅可开展一次研究，还可以作为研究方向，形成系列性研究，形成自身的研究特色。（2）此研究有三个提问：为什么接受？哪些因素？什么作用？这是常规定量研究难以全面回应的议题。定量研究往往仅仅回答影响因素的问题，通过变量的关系来加以回应。而在面对接收的理由、作用发挥时，定量是无法得以深入回应的。三个发问，将该研究顺势代入于质性研究的范畴。（3）研究强调了是对形成机制的研究，扎根理论常被用于理论构建、机制呈现，进而扎根理论对解决此项议题有着高度的契合，适应于对复杂机制、现象的解构与分析。（4）研究对象的选择，面向于实践中重要、紧迫、熟悉的网络直播，研究结果具备后续广泛传播性的可能。

2. 研究方法运用策略

该研究主要对网络直播场景下，消费购买意愿形成的机制分析，在研究属性上是探索性研究。依照扎根理论的实施步骤，可以分为“文献—案例选择—资料搜集—编码—理论构建—结论与建议”（图 2-1）。

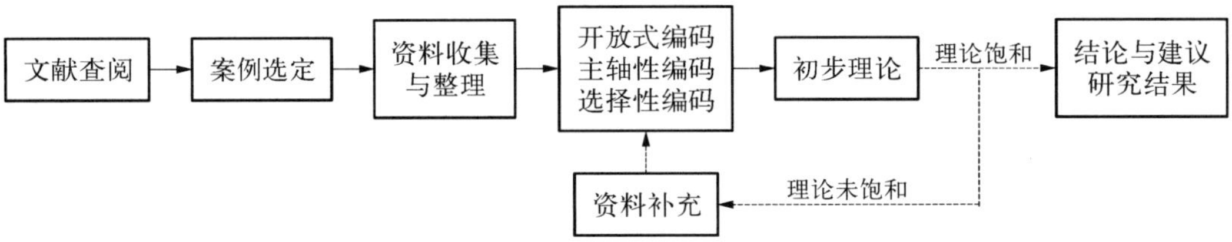

图 2-1　扎根理论的实施步骤

来源：见 P17，注②。

研究的案例选择，采用了网络评论数据为基础，对准对于网络主播的评论进行获取，得到了 843 条数据，以此文本数据作为后续文本编码的素材。整个编码过程被分成了三个阶段。

首先，开放性编码。通过对收集的原始资料进行逐行分析和不断比较，对其中关键性现象进行概念化及范畴（类属）化。[①] 概念指的是附着于个别事情、事件或现象的概念性标签。范畴是概念的组合，即概念指涉同一现象时，可以聚拢在一起，并由更抽象、更高层次的概念进行统摄。[②] 开放式编码包含三个步骤：贴标签→概念化→范畴化。该文梳理

① 蒋琳莉、张露、张俊飚等：《稻农低碳生产行为的影响机理研究——基于湖北省 102 户稻农的深度访谈》，载《中国农村观察》2018 年第 6 期，第 86-101 页。

② 科琳·格莱斯：《质性研究入门指南》，崔森等译，北京大学出版社 2021 年版，第 46-47 页。

了有关反映消费者购买意愿影响因素的文本，并依照开放性编码步骤，进行了操作，得出了 24 个概念、9 个范畴[①]（表 2－1）。

表 2－1 开放式编码

资料举例	概念化	范畴化
他能在很短时间内说出不同产品的优缺点	内容产出	专业性
推荐的商品总是代表着时尚和潮流	赋予含义	
显色度高，基本不脱色，价钱又很便宜，性价比超高	选品能力	
对于粉丝的弹幕总会及时回应、耐心解答	反馈及时	互动性
镜头前各个角度、远近距离，全方位展现给大家看	现场展示	
皮肤变白、脸发光等，这些效果都是用户非常想要获得的	感官冲击	
我觉得他的眼光和我一样独特	眼光独特	相似性
兴趣爱好和我非常类似	兴趣爱好	
虽然有销售的套路，但仍然不能自拔于他的正能量	道德行为	
行云流水心直口快，让人觉得毫无商业痕迹，特别容易让人信赖	可信	信任性
他真的很真诚，口红颜色不好看他就会说不推荐	靠谱	
他卖的一些东西比旗舰店还实惠，活动力度还更大，为什么不买	实在优惠	
我有能力筛选主播推荐的产品	自身经验	自我效能
对于网红主播推荐的货品，我具备一定的专业知识技能	专业技能	
我有信心不上当受骗	自信程度	
当别人通过分享链接下单后，能够提高我的知名度	知名度	社会提升
为别人争取到折扣优惠，是我极力推荐直播的结果	提高声誉	
感觉是对你掏心掏肺的好闺蜜，又像是隔壁家的哥哥或者以前学长	伙伴关系	存在感
和线下购物体验不同，这种感觉消除了我的尴尬感，增强了体验	真实自我	
下单后，主播当着粉丝的面打包订单，真实迅速	售后体验	

① 刘忠宇、赵向豪、龙蔚：《网红直播带货下消费者购买意愿的形成机制——基于扎根理论的分析》，载《中国流通经济》2020 年第 8 期，第 48－57 页。

续 表

资 料 举 例	概 念 化	范 畴 化
我是李佳琦的女朋友、我是薇娅的闺蜜	个人依恋	认同感
如果朋友想购买商品，我会极力推荐李佳琦	品牌忠诚	
我非常在意他人对主播的看法	他人评价	
买了好几次，无形中被李佳琦影响	可以买	购买意愿

来源：见 P19，注①。

在这一阶段需要注意，对于原始文本内容的贴标签，需要有针对性，选择其有利于聚焦主题。同时，在概念化、范畴化的阶段，需要充分考虑所提炼概念内容的学术性，以及后续可以被进一步聚类的可能。在实际操作中，经常会遇到后续主轴编码、选择性编码阶段，由于之前概念抽象程度高而后续无法聚类等情况，进而整个编码过程需要有“瞻前顾后”的思维。

其次，主轴编码。通过典范模型将初始范畴进行联结，是对文本资料再次整合的过程，目的在于厘清范畴间的逻辑，使各大范畴间的关系更进一步。主要做法是根据不同范畴之间的相互关系和逻辑次序将相似主题的范畴归为一类，找出主范畴。① 在阶段编码时，需遵循范畴间的逻辑关系进行聚类，以便于后续的分析与解释，该文则采用了“条件→行动→结果”发生性逻辑进行了主范畴的设定，提炼出了消费者认知、消费者情感、消费者意动三类主范畴(表 2－2)。主轴编码阶段，需要完成对前期副范畴的进一步聚合，从而形成主范畴。并与此同时，梳理清晰不同主范畴间的逻辑关系。其中可以选择关系模式，可以是对比、递进、相关、平行等多种。在此阶段，研究结果的大部分雏形基本形成。

表 2－2 主 轴 编 码

主 范 畴	对应的副范畴	二 者 的 对 应 关 系
消费者认知	专业性	网红直播的专业性是影响消费者认知的重要前提
	互动性	网红直播的互动性为提高消费者认知创造了条件
	相似性	网红直播的相似性是增强消费者认知的基础
	信任性	网红直播的信任性是强化消费者认知的重要保障
	自我效能	自我效能作为主观评估能够显著影响消费者认知
	社会提升	社会提升作为感知价值也能对消费者认知产生影响

① 刘家国、刘巍、刘潇琦等：《基于扎根理论方法的中俄跨境电子商务发展研究》，载《中国软科学》2015 年第 9 期，第 27－40 页。

续 表

主 范 畴	对应的副范畴	二 者 的 对 应 关 系
消费者情感	存在感	提高存在感可以放大消费者情感
	认同感	认同感越强对网红直播的依恋程度也就越高
消费者意动	可以买	可以买是消费者意动的重要表现

来源：见注②。

再次，选择性编码。此阶段是对主轴编码的提炼和整合，即从主范畴中识别出核心范畴，再次确认与挖掘主范畴与副范畴之间的逻辑关系，最终能够清楚描述现象。① 选择式编码的步骤包括：明晰故事线、描述主次类属及其相关维度属性、建立核心和其他类属间的联系。该项研究的核心概念是"消费者购买意愿的形成机制"，该核心概念对于各类概念、范畴起到统领性作用。后续需要依照消费者购买意愿的模型，对各类概念、主副范畴进行诠释与演绎（图 2－2）。选择性编码阶段，并非是再次聚类的过程，而是需要提炼出具有统领性作用的核心概念，将之前的概念、范畴归入于核心概念之下。同时，范畴间的关联性建立与确认、要素的阐释、学理性的总结是这个阶段的重点。

最后，理论的饱和性验证。作为扎根理论实施步骤的最后一环，理论的饱和性检验与编码过程有着同等重要性。其方法在于，对前期编码进行复核，检验是否有需要修改的方面。同时，也可以采取增加案例或文本信息，检验其是否有完善的空间。如以上两类操作，均对现有理论或模型不构成新发现时，整个扎根理论实施过程宣告结束。该研究对预留的 20 条有效评论进行分析，这些内容和资料，对于现有模型无任何新内容增添，理论饱和性得以通过。②

该研究在经历了扎根理论之后，则是在学理上分析了影响要素的特征、作用与功能，并提出了相应的行动建议，这对于各类研究、实践起到了参考作用。特别需要注意的是，该研究依照"认知因素—情感因素—行为结果"理论，对现有发现的各类范畴进行组合与提炼，在原有理论关怀下的有所突破，实现了与经典理论的对话，这是扎根理论非常重要的一点，即理论对话（图 2－3）。

【启示】

（1）系统性思考。由于扎根理论的应用涉及多阶段的编码过程，每一阶段的编码结果，均对下一阶段产生影响，进而在整体编码过程中，需要从整体角度进行考虑，避免前阶段的过度编码或概念太过抽象化，而造成后端编码困难。

① 董京京、许正良、方琦等：《消费者与商家在线体验式互动对其购买意愿影响的模型构建》，载《管理学报》2018 年第 11 期，第 1722－1730 页。

② 刘忠宇、赵向豪、龙蔚：《网红直播带货下消费者购买意愿的形成机制——基于扎根理论的分析》，载《中国流通经济》2020 年第 8 期，第 48－57 页。

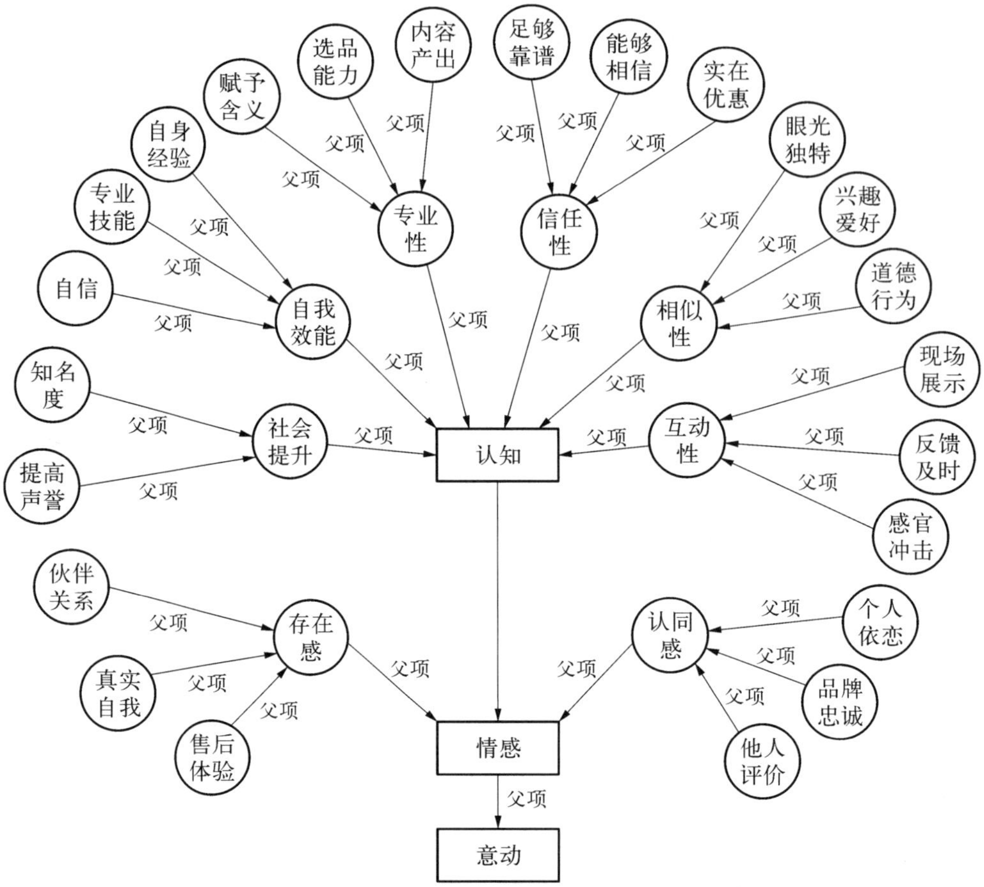

图 2－2　选择性编码

来源：同图 2－1。

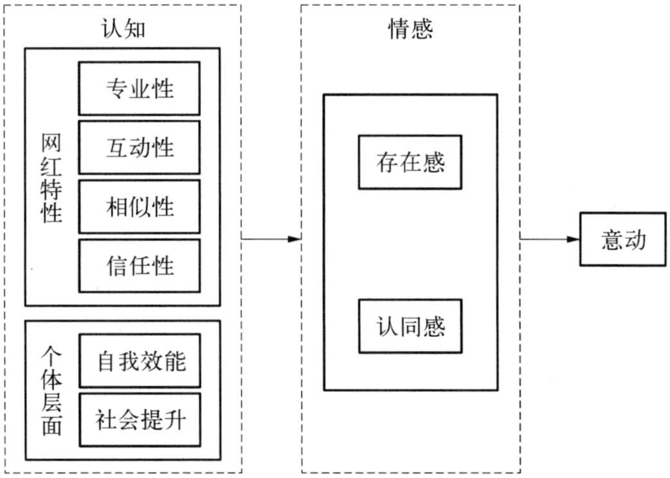

图 2－3　消费者购买意愿的形成机制

来源：同图 2－1。

（2）理论创建与模型提炼。扎根理论的运用，最终为了理论、模式的创建，进而最终结果需要在此方面有所体现，避免简单描述或蜻蜓点水式研究。

（3）开源的创新意识。对于各类概念、范畴的提出与聚合，不要受制于传统理论、观点的限制，可以具有一定的开创性，可适当创造概念或观点，这有助于与过往理论的对话中，形成自身独特的发现。

（4）可还原于实践。虽然扎根理论被运用理论或模型构建，但并不意味着其仅仅是理论研究，而需“来自于实践，反馈于实践”，其相关研究成果可被直接运用于解释相关的现象规律，或被运用于特定事件的规律发现。

三、延伸阅读

- 徐伟琴，岑逾豪.“读博”还是“工作”——基于扎根理论的硕士生读博意愿影响机制研究[J].高等教育研究，2021，42(7)：67－77.
- 吴肃然，李名荟.扎根理论的历史与逻辑[J].社会学研究，2020，35(2)：75－98＋243.DOI：10.19934/j.cnki.shxyj.2020.02.004.
- 陈宏权，曾赛星，苏权科.重大工程全景式创新管理——以港珠澳大桥工程为例[J].管理世界，2020，36(12)：212－227.
- 孙晓娥.扎根理论在深度访谈研究中的实例探析[J].西安交通大学学报(社会科学版)，2011，31(6)：87－92.
- 王建明，王俊豪.公众低碳消费模式的影响因素模型与政府管制政策——基于扎根理论的一个探索性研究[J].管理世界，2011(4)：58－68.
- 贾哲敏.扎根理论在公共管理研究中的应用：方法与实践[J].中国行政管理，2015(3)：90－95.
- 周媛，梅强，侯兵.基于扎根理论的旅游志愿服务行为影响因素研究[J].旅游学刊，2020，35(9)：74－89.
- 邓慧兰，赵占波，姚凯，等.顾客价值视角下拼购小程序营销创新研究——基于扎根理论的案例分析[J].南开管理评论，2022，25(6)：108－119.
- 陈向明.扎根理论的思路和方法[J].教育研究与实验，1999(4)：58－63＋73.

第三章 民族志方法

一、方法理解

（一）方法的解读

【一句话定义】民族志研究是一种定性研究方法，用于研究和记录特定人群的文化、行为、信仰和社会互动，涉及直接观察和参与被研究群体的日常生活和活动，旨在通过直接观察和参与一个群体的日常生活来了解他们的信仰、价值观、行为和社会动态。

民族志作为一种定性研究方法，源于20世纪初兴起的人类学。民族志的字面意思是“关于民族的书写”，其中“ethnos”指“民族、种族和文化体”，“graphia”指“书写或表达”。民族志在传统意义上被定义为发现和综合描述一个族群的文化，这种研究方法要求研究者通过自身的切身体会获得对当地人文化的理解。从民族志的研究领域来看，由于文化可以被视为连续的变化，一端是宏观文化，另一端是微观文化，因此民族志主要分为宏观民族志和微观民族志。①

民族志的质量取决于研究者的知识、能力、心智与良知，研究者若想超越具体经验对象的研究局限就需要借助“社会学的想象力”。正如米尔斯在《社会学的想象力》一书中所说：“这种能力是一种心智品质，具备这种心智品质就能够在宏观理论的不同层次以及微观经验材料之间进行有条不紊的穿梭，在具体情境中的个人烦恼（the personal troubles of milieu）与社会结构上的公共议题（the public issues of social structure）之间建立联系，并由此实现社会科学的公共任务与政治使命；这就是社会学的想象力。”研究者要进一步把社会学的想象力转化为民族志的洞察力，这种洞察力使得研究者将局部的微观性研究与整个社会及文化的格局连接起

① 大卫·费特曼：《民族志：步步深入》，龚建华译，重庆大学出版社2019年版，第32－44页。

来，使文化的“深描”(deep description)具有能够将实践中错综复杂的关系、意义、机制和逻辑“连根拔起”的力量，因此无论研究什么对象、无论在什么地方做研究都不会“只见树木，不见森林”。[①]

该方法的目标是深入了解特定群体或社区，了解他们那里的文化习俗、信仰和经历。当研究问题是探索性的，且目标容易产生新见解和理解时，这类研究方法显得特别有效，有助于了解参与者在自然环境中的经历、观点和行为。民族志方法可用于研究广泛的主题，包括社会运动、工作场所文化、消费者行为和医疗保健实践等。通过了解正在研究的群体，以及社区的社会和文化背景，为各类政策和实践提供信息参考与行动建议。[②]

(二) 方法的演变历程

理解民族志研究方法，需要对其本身发展的三个阶段有所了解，即自发业余阶段—科学性阶段—反思意识阶段。

首先，自发业余阶段。这一阶段的民族志研究是自发性的、随意性的和业余性的。有文字而又重文献的民族大都有自己的文化特色的民族志，这些民族志大都建立在猜想、想象的阶段，并非由专业的人士写作而成，更多的是道听途说，并无从具体加以考证。如记录异族的《山海经》，记录东方见闻的《马可·波罗行记》，库克(James Cook)船长在1768～1779年对太平洋岛屿的探险记录，赫恩(Samuel Hearne，1745～1792)提供的关于加拿大西北部奇帕维安印第安人调查等，均属于此阶段的范例。

其次，科学性阶段。爱德华·泰勒在撰写《原始文化》的时候，感觉到翔实资料的欠缺以及科学获取资料的重要性，于是，他积极参与编撰了《人类学笔记和问询》一书，主要为那些往来于英国殖民地的各种人士业余写作民族志报告提供阅查和写作大纲，以便新兴的人类学知识群体能够有信息更丰富的民族志资料可用。这是人类学从业余时代走向专业化时代的一个标志性事件，业余的人类学主动指导业余的民族志，就开始了人类学把民族志建构为自己的方法的奠基工作。有了民族志很久之后才有人类学，由经过训练的人类学者来撰写民族志，民族志的发展才进入了一个新时代，也就是通过学科规范支撑起的“科学性”的时代。在此阶段具有典范的研究，则是马林诺斯基在1914至1918年之间，以澳大利亚为根据地，先后三次到新几内亚进行调查所形成的《西太平洋的航海者》，从而确立了“科学民族志”调查方法与准则规范。

最后，反思意识阶段。知识创新的批判精神在现象学哲学、解释学、后现代主义思潮渗入实地调查的经验研究方法之后，在20世纪60年代末和20世纪70年代催生了人类学的反思意识。人类学家对于自己的学术活动作为一种具有政治经济的动因和后果，进

① 帕洛玛·盖伊·布拉斯科：《人类学家如何写作：民族志阅读指南》，刘月译，华东师范大学出版社2022年版，第192-219页。

② 格雷：《文化研究：民族志方法与生活文化许梦云》，许梦云译，重庆大学出版社2009年版，第225-241页。

行社会实践的反思和批判。民族志研究被置于反思性的审视维度之中，在1977年产生了影响深远的《摩洛哥田野作业的反思》。民族志此前一直是通过田野作业单方面地记叙作为研究对象的群体的故事，拉比诺(Paul Rabinow)的这本薄薄的开创之作以十足的创意把田野作业过程本身作为记叙的对象。民族志在过往很长的时间里都是记叙异民族的奇特或神秘现象，作为保证民族志的科学性的田野作业的过程，对于圈外人来说也是秘而不宣的。拉比诺用民族志把这个秘制科学性的神秘过程展现出来，让读者看到在调查中并非客观的观察者，而是作为一个活生生的人在行动，布迪厄(Bourdieu)将其界定为“把对象的研究作为研究对象”。①

民族志作为一类研究方法，从初始的业余化至今的科学化、体系化，经历了一个逐步迭代的过程。该方法源于诸多人类学学者的使用，当前发展至社会学、管理学、传播学等诸学科。在诸多的组织、机构的社会实践中，民族志已经成为了问题导向、观察导向的独特研究策略，被广泛加以运用。

(三) 方法的要点

1. 参与式观察。对于日常行为的直接、第一手的观察，包括参与观察。研究者在各种场合观察个人行为与集体行为，往往在田野地点停留一段时间，可对观察的内容进行循环。

2. 座谈、访谈。研究者可运用正式程度不同的访问方式进行访谈。包括有助于维持互信关系的闲话家常、提供当下活动的知识、长时间访谈，访谈可以是有结构或无结构的。

3. 谱系法。谱系法指的是对被调查者的家谱、族谱和亲属制度的调查。调查者需要对调查对象一家一户的姓名、亲属称谓等进行询问，一代一代地上溯到不能记忆的先祖，构建一个直系和旁系亲属的谱系。谱系法是一种对群体成员进行置放的框架，用于组织多种民族志信息，对调查者的要求较高，不仅需要掌握一定的语言知识，还要他们深入了解那些称谓在当地社会文化中所指的意义。

4. 关键报道人。每一个社群都存在某些人，由于其机遇、经验、职业、身份等因素，进而具备全部讯息或有用讯息的提供能力，因为选择对这类人员成为关键报道人进行日常研究的开展。

5. 生命史研究。对于重点人员、关键人员进行锚定，选择其特定且具有代表性的发展经历为基础，全面搜集其各个时期的经历要点，构建成为纵向维度上的生命发展史，从而分析其背后的发展规律与要素影响。

6. 主位研究与客位研究。在民族志研究过程中，有着主位与客位之分，以此从不同视角来理解所研究的对象或事件，并实现两者的综合分析。主位研究是指研究者不凭自己的主观认识，尽可能地从当地人的视角去理解文化，通过听取当地提供情况的人，即报道

① 高丙中：《民族志发展的三个时代》，载《广西民族学院学报(哲学社会科学版)》2006第3期，第58-63页。

人所反映的当地人对事物的认识和观点，进行整理和分析的研究方法。主位研究将报道人放在更重要的位置，把他的描述和分析作为最终的判断。客位研究是研究者从文化外来观察者的角度来理解文化，以科学家的标准对其行为的原因和结果进行解释，用比较的和历史的观点看待民族志提供的材料。这样在研究理论和方法上，要求研究者具有较为系统的知识，并能够联系研究对象实际材料进行应用。

7. 观察点研究。针对某个社区、区域、社会、文化或其他单位的长时间研究，往往建立在多次重访的基础之上，以特定观察点作为基础，实现长期性跟踪或回溯性研究。①

（四）方法的类型

1. 经典民族志。这种类型的民族志研究涉及与特定社区或群体的长期观察和互动，其研究主题较为广泛且适用性广，是诸多民族志类型中作为常见的一类，研究人员旨在通过沉浸在社区的日常生活中来了解社区的文化、信仰、实践和社会结构。

2. 自我民族志。自我民族志涉及研究人员利用自己的个人经历来深入了解特定的社区或文化，可以使用个人叙述、日记或其他形式的自我反思，探索自己的经历与所研究的主题内容。②

3. 网络民族志（数字民族志）。随着互联网的出现，大量“网络社区”（或是“线上社区”）的涌现，为民族志研究带来的新的对象。库兹奈将网络民族志定义为：“一种专门的民族志方法，应用于当前以计算机为中介的社会世界中可能发生的一切事情。”网络民族志的核心方法是针对于社区、社群、论坛的参与观察，研究者沉浸在网络田野中，与研究对象互动、对话、观察，以网站、游戏、社区、论坛等为观察场景进行深入观察与研究。③

4. 批判民族志。批判性民族志旨在揭露特定社区或文化中权力失衡和社会不平等，研究人员利用观察来批评相关文化叙事，以及确认社会变革的机会。

5. 关系民族志。关系民族志不关心社会群体成员之间共享的社会属性，也不局限于特定地理区域，或社会组织的边界，而是致力于探索不同行动者、机构，以及习俗和制度之间各类关系的交织与构成。强调对社会关系、文化冲突与社区平衡的反思与理解，将个案个体与社会整体各类关联统筹起来考虑，从而形成整体性的解读。④

6. 商业民族志。涉及观察消费者习惯和目标市场，以发现真正的市场需求和对产品或服务的配置需要。方法结合了不同的技术，包括实地考察、实地访谈和在线调查，以收集有关目标市场消费者习惯的有用数据。使用技术来分析客户如何与组织的服务互动，

---

① 罗伯特·V. 库兹奈特：《如何研究网络人群和社区：网络民族志方法实践指导》，叶韦明译，重庆大学出版社 2016 年版，第 76－91 页。

② 李立：《民族志理论探究与文本分析》，人民出版社 2017 年版，第 176－187 页。

③ Madison D：*Critical ethnography: Method, ethics, and performance*, New York：SAGE Publications, 2020, pp211－224.

④ 陈正府：《关系民族志的理论范式与书写策略》，载《云南师范大学学报（哲学社会科学版）》2020 年第 8 期，第 88－95 页。

并提出可用于制定有效市场战略的有用结论。①

7. 教育民族志。涉及观察教学方法以及这些方法如何影响课堂行为，该研究方法关注教学法，其对学习成果的影响以及利益相关者在课堂环境中的整体参与。研究人员将非参与者观察方法与直接参与者观察技术相结合，以收集最相关和最客观的数据，从而形成发现与行动建议。②

8. 医学民族志。一种用于医疗保健定性调查的研究，帮助医生了解患者的性格，从最简单到最复杂的行为模式，使医疗保健专业人员深入了解患者的复杂需求，他们对处方和治疗方法的意见反映以及改进建议。

民族志研究方法有着诸多类属，分别从专业学科、介质属性、对象特征等方面进行结合划分。除此以外，还有音乐民族志、法律民族志、传播民族志、反思民族志、量化民族志、双重民族志等。进而，民族志研究有着较强的交叉性，可结合问题、功能等需要，实现"+民族志"的开放式研究方法。

（五）方法的适用

民族志方法的适用性，在于深入了解特定群体或社区及其文化习俗、信仰和经历时，民族志研究方法可灵活用于各种研究环境。在解决具体问题时，也有较广的实践可能。③

1. 探索新主题。在探索以前没有充分研究过的主题时，民族志方法可以运用。通过与特定群体或社区的成员互动，研究人员可深入了解对象的经验和观点，这些经验和观点用其他研究方法是无法观察到的。

2. 探究文化习俗。通过沉浸在所研究的文化背景下，研究人员可以更深入地了解文化习俗的制定、维护和传播方式。

3. 诠释社会现象。通过观察社会互动和行为，研究人员可以深入了解社会规范和结构的创建和维护方式。

4. 为政策和实践提供信息。民族志研究可为边缘化或代表性不足的群体的经验和观点，提供有价值的见解，从而为医疗保健、教育和社会服务等领域的政策决策和实践提供辅助信息。

5. 发展理论和概念。该方法可通过提供对社会和文化现象的详细描述，为社会和文化人类学、社会学和其他学科理论和概念的发展作出贡献。

6. 改进产品设计和营销。可应用于了解消费者的行为和偏好的场景，从而为产品和服务的设计和营销提供信息。

7. 研究职场文化。研究可提供对组织规范、价值观和实践的见解，从而为改善工作场

① Neyland D: *Organizational ethnography*, New York: SAGE Publications, 2008, pp362 - 367.
② 董轩：《重构常识 教育民族志的方法与文本》，华东师范大学出版社 2021 年版，第 28 - 36 页。
③ 勒孔特：《民族志方法要义：观察、访谈与调查问卷》，康敏等译，重庆大学出版社 2012 年版，第 134 - 147 页。

所文化和员工满意度的努力提供信息。

8. 研究社会运动。用于研究社会运动的实践,信仰和经验,可为理解和解决社会和政治问题的努力提供信息。

9. 学习医疗保健实践。研究可提供对医疗保健实践和患者体验的见解,从而为改善医疗保健服务和患者结果提供信息。①

(六)方法的实施步骤

1. 研究问题选择。确定想要探索的研究问题,选择较为具象的议题,可以是开放式的,以便有灵活性和探索性。

2. 研究场景或地点选定。选择与研究问题相关的场景或地点,可以是工作场所、社区、村落、社群等任何可以观察并与人互动的社交环境。这些场景往往具有一定的代表性,有助于研究议题的发现。

3. 入场许可。开展民族志研究的难点与重点是有效接近或进入研究者所想研究的对象或场所。可以寻求多种方式作为入场许可,例如朋友推荐、熟人介绍、角色扮演、志愿者身份等。

4. 数据搜集。对于研究对象进行日常观察并做详细的笔记,包括进入社交环境,参与活动,细致记录观察到的行为、互动和社会规范。与研究对象进行访谈,深入了解他们的经历、观点和信仰,采用结构化或半结构化访谈、焦点小组或其他形式的数据收集。

5. 分析数据。可被用于分析的数据形式,包括日记、访谈记录、日志、档案、设施、物品、图像、影像等。将各类数据沉浸于社会和文化背景下,对其进行解释,寻找出现的主题和模式。

6. 结论发现。以清晰简洁的方式阐释研究发现,使用引用和示例来说明结论关键点,运用叙述、表格或其他可视化来加以表示。

7. 整体反思。反思整个过程和方法,对参与对象、数据质量、分析策略、结论发现等反思,对于各类研究缺口、异象点、矛盾点等进行补充完善,总结可改进、可深化的研究指向。②

(七)方法的优势和局限

【优势】

1. 提供深入而详细的信息。民族志方法涉及对所研究的群体或社区的直接观察,这使研究人员能够对研究对象的信仰、实践和经验获得详细而深入的了解,这类细描性研究是其他研究方法难以企及的。

2. 提供独特的视角。允许研究人员以被研究的群体或社区的视角看世界,为不同文化习俗和信仰的构建提供见解。

3. 生成丰富多样的数据。研究通过观察、访谈和其他方法的组合产生丰富多样的数

---

① Fetterman D: *Ethnography: Step-by-step*, New York: SAGE Publications, 2020, pp132 - 143.

② Coffey A: *Doing ethnography*, New York: SAGE Publications, 2018, pp179 - 196.

据，使研究人员能够分析正在研究的群体或社区的不同方面，并确定数据中的模式和主题。

4. 灵活的研究形式。民族志是一种开放和灵活的方法，不是旨在验证一般理论或测试假设，而是在于提供对特定文化的丰富叙述，从而揭示群体和环境的不同方面。可针对于不同的研究对象、场景以及目标，实时调整调查的规模、形式、周期与内容。①

【局限】

1. 有限的普遍性。研究通常涉及一个小而特定的群体或社区，这限制了研究结果对其他对象的普遍性推演。

2. 耗时。整个研究经历长时间的观察，需要投入大量的时间和资源，研究人员必须花时间观察正在研究的群体并与之互动，这对于研究结果的发现在时效上有所影响。

3. 主观偏见。因为民族志研究依赖研究人员对所收集数据的解释和分析，所以可能会在研究结果中掺入主观偏见。一旦涉及主观的解释，就很难保持客观视角来解读对象特征与行为。

4. 伦理道德问题。方法容易受到伦理问题的影响，研究人员渗透到社区的日常生活和环境中，会触发有关隐私、诚实和知情同意的问题，特别是如果研究人员必须隐藏自己的真实身份之时。②

二、典型案例

（一）案例来源

董晨宇、叶蓁：《做主播：一项关系劳动的数码民族志》。③

（二）案例拆解

1. 问题提出

直播已经成为中国互联网经济中重要的组成部分。秀场直播之中女性主播占比78.8%，非职业主播则占比66.6%，对于女性主播群体日常生活的好奇，成为该文的起点。进而，在阅读文献之后，发现过往研究将主播的直播日常定义为“情感劳动”，作者发现其定义并不恰当，原因在于忽视了对主播个体经历的细致观察，以及未对主播的直播场外生活与状态进行观察。进而，研究引入更为具象的两个议题，即网络秀场主播如何理解平台与公会的职业引导；网络秀场主播会采取哪些行动策略，实践自己与观众在直播间内/外形

① Madden R：*Being ethnographic*，New York：SAGE Publications，2017，pp66－79.

② O'Reilly K：*Key concepts in ethnography*，New York：SAGE Publications，2009，pp302－321.

③ 董晨宇、叶蓁：《做主播：一项关系劳动的数码民族志》，载《国际新闻界》2021年第12期，第6－28页。

成的经济关系与亲密关系。同时，作者还提出了自己统领于两类议题的观察视角，即主播的行为是一类“关系劳动”，进而此观察视角成为用于阐释各类行为、特征的底层逻辑。

【启示】

● 研究问题聚焦是一个由宽至窄逐步收敛的过程。民族志研究的初始，往往仅是对一类群体的模糊化好奇，对具体议题、指向未必那么清晰。其需要经历一个了解的过程，包括初步观察、文献阅读等，从而逐步收敛于对特定议题的关注。因此，研究者需要在初期搁置各类个人偏好，保持好奇的心态来观察对象。

● 实现问题的对话。民族志方法不同于扎根理论，需要有一定文献阅读量，以此才能更好地聚焦问题，由此来对过往对象、理论上的缺口进行补充与完善。

● 研究问题与方法选择的耦合。在问题提出时，需要考虑问题本身的属性，能为方法的选择提供支撑。就如该文所提出的，其过往研究缺乏对主播的细致观察，因而造成了在结论概括上的不恰当。而民族志方法的优势，则正是体现在对象观察上的细描能力，由此成为应对研究问题的最佳方法选择。

2. 研究方法运用策略

该研究采用了网络（数码）民族志方法，其优势在于解决了入场条件的难题，即，由于网络的开放性，其可以较为便捷地接触及观察到研究对象或群体。在此期间，研究者选定了 5 名女主播为关键报道人，进行了 2～11 个月不等的参与式观察，并辅之以对另外 12 名女主播、3 名公会运营、6 名直播间用户的半结构访谈。研究采取了网络文字访谈、参与式观察、电话访谈、微信语音等多种形式进行观察与数据采集，充分体现了民族志方法中数据采集、内容与形式的多样性。[①] 同时，研究的观察与细描依赖于一定的框架之下，即主播、平台、公会、观众之间（图 3 - 1）。

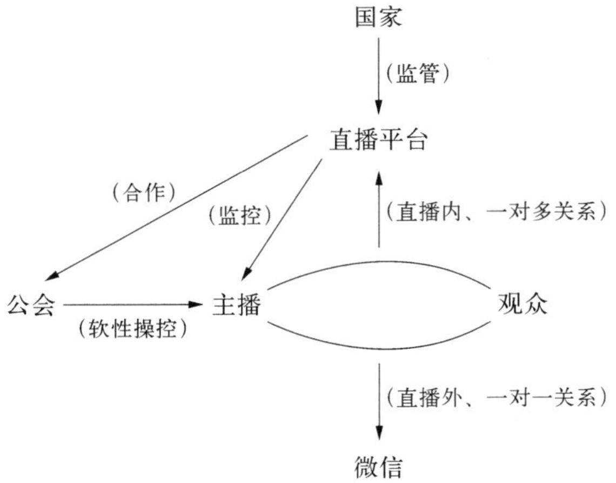

图 3 - 1　主播平台劳动的基本模式

来源：见注①。

① 董晨宇、叶蓁：《做主播：一项关系劳动的数码民族志》，载《国际新闻界》2021 年第 12 期，第 6 - 28 页。

在完成基本研究设定之后，作者历经12个月的入场观察、数据采集、观念提炼、观点反思等。分别从三个主题阐释主播行为。

首先，“亲密关系商品化”。平台的技术配置和公会的职业培训共同指向了对“关系”的“工具性”使用，主播的行为并非是“因表演本身而打赏”，而是与粉丝之间的长期互动而建立起来的“关系”在发挥作用。相比于“因表演本身而打赏”，人格亲密（personal intimacy）往往会制造出更大的经济价值。因此，无论是平台还是公会，都在通过亲密关系的商品化来实现对经济利益的追逐，本质上也都是一种“人的异化”。平台达成这一目的的方式是通过亲密度、礼物、PK等一系列的界面或功能设置；公会则会在培训手册中告诉主播，观众的打赏就是一种对亲密关系的投资——主播需要通过将礼物去货币化，用人情味浓厚的“家人”来模糊她们与观众之间的经济关系。“人际关系的商品化”在一定程度上主导了主播的工作；而主播在直播间之外与观众的交流，对于直播间内的收入至关重要。在运营看来，主播与观众之间的关系，本质上是一种“客户维护”。直播间外的关系劳动，最终目的是往直播平台“引流”，使得观众和主播的直播间的黏度更高，而并非鼓励主播和观众去建立私领域中的人际关系。[①] 作为一种谋生方式，秀场主播的确在通过顺应平台的界面设置、公会的职业化训练来谋取更高的经济收入，这也呼应了“平台依赖”“平台想象”这一系列概念中对于劳动者的描述。不过，这并不意味“亲密关系商品化”可以完全解释主播这一职业的主观体验。在长时间的观察发现，主播在对观众进行关系劳动时，会不断在经济关系与情感关系之间试图达到并不稳定的平衡。为此，她们往往会采取进一步的“区分”策略。

其次，区分“有些人走了，陪我的人就没了”。通过作者对于主播的访谈，在双方关系的建立过程中，主播会对自己的观众进行主观分类；对于不同类别的观众，也会采取不同的关系策略。例如，我们接触到的一份主播培训手册将经济收入作为唯一的分类指标：草根玩家、学生党、上班族、小老板、大老板、土豪、神豪。这一分类的目的是指导主播对不同类型的观众采取不同的关系策略，从而达到经济收益的效率最大化。这一分类并不能完全反映主播的主观体验。对于主播而言，除了礼物之外，她们同样在意观众对自己的陪伴。既有研究往往将观看直播的消费行为看作是一种“情感外卖”，甚至有研究者直接将这一行业中的主体打赏用户描述为“孤独的有钱人”。不过，一个少被提及却同样重要的视角却是，在直播过程中，主播也可能会产生极大的孤独感——提供“情感外卖”的人，同样需要甚至渴望陪伴和理解，这也体现了经济关系和亲密关系之间的一种协商。礼物是主播和观众之间关系的起点，而不是关系的终点。两个人会发展出怎样的关系，不仅取决于礼物，还取决于观众的人品、谈吐、真诚度，这些都不是礼物能取代的……要知道，有些观众走了，意味着收入没了；有些观众走了，陪伴的人就没了；有些观众走了，但和没走也没区别（图3-2）。

① 董晨宇、叶蓁：《做主播：一项关系劳动的数码民族志》，载《国际新闻界》2021年第12期，第6-28页。

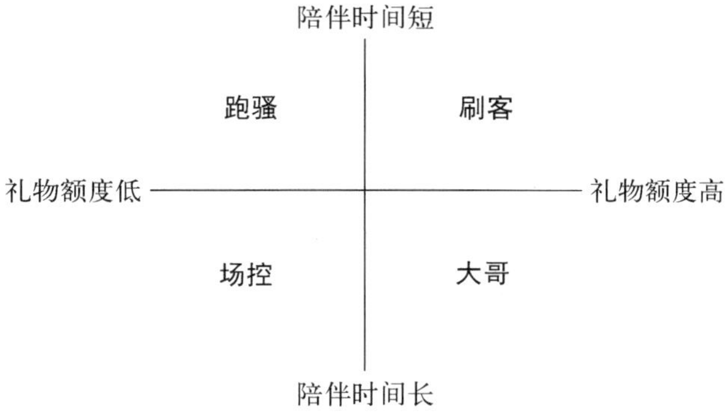

图 3－2　主播对于直播间观众常见的主观分类

来源：见注①。

最后，界限关系劳动中的边界协商。通过作者长时间的观察发现，主播会为自己与观众的亲密关系设置一个预期的"天花板"。在田野和访谈中，研究发现很多主播在和观众加微信前，都会单独准备一个小号。这一方面是一种自我保护；另一方面，象征着主播对现实生活关系和直播间关系的区分、工作时间与私人时间的区分。对于大部分女主播而言，绝对的"异化"是很难实现的，因为这可能会带来因"关系失调"而生的疲倦感和不道德感。不过，主播对观众的关系定位一旦越界，便很可能没办法继续从事这一职业。在运营看来，这种投入已经明显"越界"，从而成为她们获取经济回报的阻碍。因此，她们若是希望长期从事直播行业并获得可观的经济收入，主播所使用的关系策略，只能是一种"有界限的真实"，也就是在绝对异化和绝对真诚的光谱之间寻找暂时的平衡。

研究通过三类主题阐释了主播的行为特征与策略，并最终在聚合三类主题的基础上，提出了更为抽象层次上的总结：一方面女主播关系劳动中的"双重不稳定性"，表现于经济收入、关系两个方面；另一方面平台和公会在技术设置和职业化培训中强调了"商品化亲密关系"的逻辑，主播是否接收此类商品异化的逻辑，恰恰成为用以筛选和淘汰从业者的隐性标准。①

整个研究，依照民族志方法的传统进行。作者列举了许多原始的访谈记录原话，以主位视角来是展现调查对象的真实态度与观点，作者立足于对方的视角来理解主播们的日常行为。同时，作为研究者，在基于主位视角的发现上，又跳出主位，运用外部人的客位视角，再次理解与反思，综合主客位视角的发现，凝聚彼此间的共性与差异，进而形成关键的阐释维度(三类主题)。民族志方法的实施，并非完全是故事化、口语化的表述，其演绎的过程可以如此，需要有学术化、概念化的术语来加以统领。在此研究中，例如双重不稳定性、观众区隔、社会联结、亲密关系商品化等，均是具备统领性特征术语，对于对象的细描起到综合提炼作用。

① 董晨宇、叶蓁：《做主播：一项关系劳动的数码民族志》，载《国际新闻界》2021 年第 12 期，第 6－28 页。

【启示】（1）民族志的研究重点并不是叙事，而是强调反思。民族志方法不像扎根理论那样突出概念，也不同于叙事研究的故事化描述；而是基于观察之上的对象理解与自我反思，进而其整个研究过程，需要在主客体位间不断切换与比较，从而形成综合性概念。本研究案例中，作者的主客位观察，贯穿于整个始末，主位的口语化描述，客位的理论化演绎，这是民族志方法不同于其他相近方法的重要区别。（2）发现往往出于细节。民族志方法的研究发现，很多情况下是通过特定细节所发现的，例如称呼、物件、仪式、符号、图片等，在研究过程中需要对于异常、特殊、有趣的细节进行重点把握。本案例作者则对主播的日常称呼进行聚焦，提炼出了独特的概念。这需要研究者在采样、数据搜集的过程中，突出对典型、最大差异的方面进行考虑。（3）有限的普遍性推演。民族志研究作为定性研究方法，经常会遇到外在效度问题，结论的普遍性启示意义不强，在于观察对象、群体的特殊性。克服此类问题的做法，则是尽可能选择从普遍、共知的规模性群体入手，开展相关的研究，其结果可有一定量群体的覆盖，结果更容易被接受与复制。同时，避免将特定对象的结论推延至相近或广泛群体来加以证明，例如发生于某些群体的行为规律，概括为整个群体的普遍性特征，进而会削弱结论的有效性。（4）民族志方法也可适度量化或可视化表达。民族志研究作为定性研究，并不排斥量化研究，由此又出现了类似量化民族志的方法。在强调观察、细化、对话、反思的过程中，也可对特定资料进行的量化分析，例如对行为次数、物品数量、文本频数等，可进一步支撑最终结论的翔实性。同时，民族志方法也能促进对于理论、机制、模式的形成，这就需要研究者能在提炼学术概念时，关注其概念性关联、结构等方面的可视化表达，以此梳理概念间的逻辑关系。就如本案例中，就使用了诸多可视化形式，表达了不同概念间的结构与关联关系，在清晰模式、机制同时，增进了研究的科学性。

三、延伸阅读

● 王丽，李理. 网络主播的污名化及其伦理困境：一项网络民族志研究[J]. 新闻与传播评论，2018，71(4)：107－117.

● 郭建斌，张薇.“民族志”与“网络民族志”：变与不变[J]. 南京社会科学，2017(5)：95－102.

● 蒋逸民. 自我民族志：质性研究方法的新探索[J]. 浙江社会科学，2011(4)：11－18＋155.

● 阮极. 人情对贿赂及其“道德化”的影响——基于找关系入学的民族志研究[J]. 社会学研究，2018，33(2)：189－213＋246.

● 邢海燕，黄爱玲. 上海外卖“骑手”个体化进程的民族志研究[J]. 中国青年研究，2017(12)：73－79.

● 郑春风.乡村家庭、儿童手机实践与父母媒介干预困境——基于 GH 乡的民族志考察[J].新闻记者,2022(2):71-82.

● 赵晨,付悦,高中华,等.城管执法冲突的微观互动过程、诱因与结果——基于互动仪式理论的民族志研究[J].公共管理学报,2020,17(4):87-97+171.

● 吴忭,王戈.协作编程中的计算思维发展轨迹研究——基于量化民族志的分析方法[J].现代远程教育研究,2019(2):76-84+94.

● 何菊.中国民族志早期实践中的主体建构——基于《江村经济》《金翼》的分析[J].广西民族大学学报(哲学社会科学版),2016,38(4):13-19.

第四章 现象学方法

一、方法理解

（一）方法的解读

【一句话定义】现象学是理解人们对生活经历意义的研究方法，聚焦对现象的主观体验，旨在通过人们体验事物的方式来解释事物本质，该方法专注于参与者对特定事物（或现象）主观意义的挖掘与呈现，回答的是参与者对某一活动、经历、概念的体验是什么。

现象学是哲学的一个分支，涉及主观经验和意识的研究，其认为事物的本质只能通过在经验中呈现给我们的方式来理解，而不是通过分析的客观属性或功能来理解，现象学是一类揭示参与者主观认知与体验感知的定性研究方法。现象学研究方法源于哲学家埃德蒙・胡塞尔（Edmund Husserl），他在《欧洲科学的危机与超越论的现象学》一书中所用的德语"Lebenswelt"，在英文中为 life-world，指个体"直接体验的世界"。因此，现象学的研究方法指的是描述一个或多个个体对某个现象的意识和体验。目的是了解研究对象的研究生活，以理解他们"经历过的体验"从而建构起来个人意义。[①]

按胡塞尔所言，现象学的研究动力"不是来自各种哲学，而是来自事实和问题"，现象学的目的"不是向上建筑，而是一再地向下挖掘，以给既有洞见奠定比以往更加坚实的基础"。现象学"带着属于真正哲学科学之本质的极端态度，不接受任何现有的东西，不承认任何传统的东西为开端，而是在对问题本身及其产生的要求的自由献身中获取开端"。因此，现象学的研究方法是坚持"无前提性"的，并且借助体验者所处的环境来探寻知识与行动的根源。维尔坎特（Vierkandt）在《社会学：哲学社会

① 罗伯特・索科拉夫斯基：《现象学导论》，张建华译，上海人民出版社 2021 年版，第 77－82 页。

学的主要问题》一书中进一步明确现象学方法在社会科学领域中的应用。他把社会科学视为是对社会现象进行彻底的形式研究，即社会科学研究要以现象学方法直观地把握社会互动和社会群体生活中的“本质类型”“终极事实”以及“整体意义”，通过对社会现象的本质进行分析归纳，从而对群体内的社会生活方式进行总体上的把握。①

现象学的目标就是要让了解和经历了某一体验的人明白他的体验对他来说意味着什么，以及把这些体验描述出来。简单来说，现象学要描述生活体验和发现体验的意义，是对生活体验本质的研究。其最终目标是把所研究体验的描述还原到基本要素或本质。现象学就是研究生活体验的本质，在生活事件体验的基础上形成新的知识，使得“现象”成为人类科学和所有知识的基础。体验是现象学研究选题的核心。比如说，现象学关心“学生学习这一事物的体验的本质是什么，与恋人分手后心里的感受是什么样的”，而不关心“这些学生是如何学习（这一事物）的，与恋人是如何分手的”。后者关注于学习事实、分手原因的本身，而前者关注于学习体验、失恋体验的内在结构。现象学是要求研究者从科学主义指导下的旧客观主义理想中解放出来，回到人们的生活世界，面对“生活世界”本身。②

（二）方法的演变历程

1. 哲学时期。

19 世纪 50 年代及后续一段时间里，现象学被作为哲学理论体系的一个分支，其理论的根基相当于上述分类中的胡塞尔现象学时期、存在论时期、综合研究时期。

2. 心理学时期。

这一时期大约为 19 世纪 50 年代至 70 年代，这一时期的特点是，现象学被当作一类研究方法，被请出哲学体系之外，在教育学、心理学、医学等社会科学研究中予以应用，并概括出可应用于研究实践的一整套程序和步骤。

3. 社会科学时期。

这一时期大约为 19 世纪 70 年代至今，现象学的运用领域得以拓展，扩展至各个社会科学领域。其中最具代表性的，则是在心理学研究中提炼出了较为体系化的研究方法论与具体实施方法。除此以外，该方法在绘画、美学、教育学、电影、文学、社会学、历史学、语言学、宗教学、文学等领域有所较多运用。③

（三）方法的观点

1. 关注人

主要是指在研究活动中关注人的精神和意识，而不是将人加以物化、抽象化。这是现

① 丹·扎哈维：《胡塞尔现象学》，李忠伟译，商务印书馆 2022 年版，第 293－302 页。

② 胡塞尔：《现象学的观念》，倪梁康译，商务印书馆 2018 年版，第 163－165 页。

③ 德尔默·莫兰：《现象学：一部历史的和批评的导论》，张浩军译，中国人民大学出版社 2017 年版，第 225－230 页。

象学对实证主义无视人及人与物关系的一种激烈“反抗”。由于人的精神和意识中包含有丰富的内容，如经验、态度、信仰和价值等。现象学把人的精神和意识纳入研究的视野，使其研究成果更丰满、更真实地反映人文社会科学的现实。实证主义恰恰无视“人”的情感，抛弃了研究对象中的人的因素；即使在介入人的因素的研究中，也在强调一般和普遍性的总原则之下，经验的材料必须经过层层筛选过滤，其所蕴含的丰富的思想和情感被涤荡得干干净净，由此获得的结果，或者失之偏颇，或者难以令人确信。但正如一些现象学研究者指出的，现象学关注的人，是精神层面的人，而不是生理层面的人。现象学对实际的存在不感兴趣，它不研究实在的对象，比如对象的物理空间、范围、属性，而重视作为研究对象的精神的人。这也正反映了现象学一个特点，重视对主体的体验和意义的揭示。将这一观点引入社会科学研究的进步意义就是，研究者要重视研究对象的主体以及主体的精神存在。

2. 在“直观”中认识事物

现象学研究的目的是要剥开人们在生活世界中所受的道德、伦理、社会和文化等的层层积淀，从前反思的生活世界里，揭示现象本身所蕴含的意义。“剥开”的途径是“悬置”“自我显现”“直觉”，切断“现象”与已有知识、预见、偏见的联系，让“现象”自身给予，并从中认识事物。这对于社会科学研究具有积极的意义。现象学研究的旨意在于，努力揭开叠加在主体观念意识之上的层层影响，还原人的认识的原意。

3. 现象学方法是发现、揭示意义

现象学研究者阿米德·吉戈吉认为，现象学是一种发现的方法。既然是“发现”，那就不是无中生有的创造，而是原本蕴藏的意义再次出现在人们意识之中的过程。现象学“发现”的是已经蕴含在生活世界之中的含义，它不提出“现象”本身以外新的信息。这也是主张现象学是一种发现方法的“发现”范围。发现的内容是人的体验及其意义。在“发现”的过程中，要求研究者保持开放的态度，以尽可能地让现象中的各种意想不到的意义显现出来。这种“发现”的方法，在很大程度上是依赖于研究者的创造或建构的。与“发现”方法不同的是，在范梅南看来，作为方法的现象学主要是一种人文科学的描述方法，通过探讨和描述生活世界中呈现的现象，在现象中寻求意义。

4. 聚焦“现象”

现象学方法中的“现象”，是人们脑中的意识。这种意识更具体来说，主要指人们生活经验过程中留下的体验。现象学研究的主题包括人们所看到的、听到的、触摸到的、闻到的、品尝到的、感觉到的、知道的、直觉到的对象、事件、情景等的体验。现象学研究也被人们分为光、颜色、建筑、风景、场所、关系、友谊、权力、经济、交际等现象学。所有现象学都从“现象”开始。一个现象在本质上就是向人们显现的东西。人的认识都是基于某一层面的主观认识，因为它总是和参与认知的人有关，并由他们建构的。因此，现象学在一定程度上是主观的，它的对象是与主体相关，但不能说它完全是主观的。[①]

---

① 亚历山大·席勒尔：《什么是现象学?》，李岱巍译，福建教育出版社 2022 年版，第 102－112 页。

(四) 方法的要点

1. 生活世界。

生活世界是现象学方法的重要概念，是指未经人们反思的世界，或者说前反思的世界。在生活世界中，人们才有生活体验，在生活世界中，人们采用自然态度。与生活世界相对的是经过思考、定义、分类、概括、理论化的世界。这个世界是已经被“人化”的世界。现象学要建立严格的科学，就要撇开这个“人化”世界，从前反思的世界的基础上建立科学。生活世界可界定为：直接体验(immediate experience)的世界。例如对教育来说，生活世界是教师改进教学，探讨教育工作的基地，是关注儿童的生活世界。①

2. 生活体验。

生活体验(lived experience) 与生活世界不同，是人们在一定的时间、地点下生活的体验。生活体验源于生活世界，生活体验是现象学的核心概念。现象学把生活体验作为研究的基础。没有生活体验，现象学就没有可供探讨和研究的现象。范梅南在他的《研究生活体验》一书中指出，生活体验是现象学研究的起点和终点。

3. 意识。

意识是现象学研究的对象，阿米德·吉戈吉在《现象学方法的理论、实践和评价》一书中指出，那些在生活世界中显现自身的事物，必然是意识的组成部分。这些事物的存在受到意识的认可。如果某一事物的存在没有被人们所意识到，那么它们就不会成为人们生活世界的组成部分。现象学探讨生活世界中的现象，是探讨现象在生活世界背景下呈现给意识的东西。而意识在某种程度上就表现为人的体验，意识的基本结构是意向性。②

4. 直觉。

直觉是人类与生俱有的才能，天生能够产生有效和正确的判断。由此，直觉是人类知识生产的基础，它不受日常感觉和自然态度的影响。借助怀疑、理解、支持、拒绝、期望、反对、感知等直觉反思过程，可将看到的内容进行转换，现象学方法清晰明了所研究的事物。

5. 悬置。

悬置是把人们所不知或未曾证明的观点进行暂时搁置，不作讨论，也不作否认，然后在这个基础上构建知识。悬置是现象学还原的第一步，其要求研究人员尽可能地把有关某一现象的所有前认识放置在一边，充分理解主体的体验。悬置其实是为新知识的产生做准备。它在拒绝成见、偏见、预见的过程中，使事物、事件和人能以新颖的方式进入人们的意识之中，并以第一次看到它们一样地去考察和看它们，从而发现新的意义。

---

① 丹·扎哈维：《现象学入门》，康维阳译，商务印书馆 2023 年版，第 65－72 页。

② Beck C：*Introduction to phenomenology: Focus on methodology*，New York：SAGE Publications，2021，pp351－362.

6. 主题提炼。

主题提炼是现象学方法的另一重要步骤。在这一步骤中，研究人员把与研究主题相关的有意义陈述提炼出来，经提炼形成的各个主题应予以同等的重视。①

7. 意义归并。

意义归并是研究者把各个意义相同或相似的意义单元进行归类，并删除意义重复的意义单元。此过程与扎根理论的编码过程较为相似。

8. 体验(或意义)结构。

找出体验的各种意义，并在此基础寻找意义的基本结构，所有参与者都具有的体验要素构成体验的基本结构和本质。

9. 现象学描述。

现象学描述是展现事物如何勾连(Articulated)的方式。现象学描述要求我们按照经验现象与我们的(超越)意识建立的原初、直接的接触，进行如实、纯粹跟多重样态的描述。现象学描述要暂时中止自然态度的见解、预设对各种偏见的影响，以继续针对对象给出其本质项的勾连形式及与直观相符的充盈描述。②

10. 还原。

从自然态度转入现象学态度的辛苦且严谨的反思运动。最基本的操作是悬置(存而不论)我们的自然态度的惯性思路，尽可能暂时中止各种理论知识对我们的干扰(遮蔽)，好以事物自身呈现的方式来认识、描述它；目标是考察特定经验现象的无可置疑、绝对地被给予的经验现象的本质项，及其关联形式的认识和把握。现象学还原可分为五种：(1) 事实—现象学心理还原。(2) 本质—现象学心理还原。(3) 事实—超越现象学还原。(4) 本质—超越现象学还原。(5) 本质还原。③

(五) 方法的适用

现象学在不同学科方面都有运用。

1. 心理学。现象学用于研究患有心理健康状况的主观体验。例如，可分析广泛性焦虑症患者的焦虑体验，或重度抑郁症患者的抑郁经历。

2. 医疗保健。现象学用于探索患者的主观体验，并开发更多以患者为中心的护理方法。例如，针对改善慢性疼痛患者的疼痛管理策略，现象学方法可了解疼痛的个体经历，以及患者应对这种经历的不同方式，以便根据患者的个体疼痛体验制定有效的疼痛管理策略。

---

① Billups F: *Qualitative data collection tools: Design, development, and applications*, New York: SAGE Publications, 2021, pp181 - 195.

② Butler-Kisber L: *Phenomenological inquiry*, New York: SAGE Publications, 2018, pp58 - 65.

③ Dibley L, Dickerson S, Duffy M: *Doing hermeneutic phenomenological research: A practical guide*, New York: SAGE Publications, 2020, pp264 - 372.

3. 教育。现象学可用于研究学生的主观体验，并制定更有效的教学策略。例如，研究可了解学生的学习经验，以便制定更侧重于学习者个人需求和经验的教学方法。

4. 商业。现象学可以更好地了解消费者的主观体验，并制定更有效的营销策略和用户体验。例如，探索使用特定产品或服务的体验，以确定需要改进的领域并创建以用户为中心的体验。

5. 设计。研究可用于理解用户的主观体验，并创造更多以用户为中心的产品和体验。如分析特定应用程序或网站的体验，以确定改进用户界面和用户体验方法。[①]

（六）方法的实施步骤

依照现象学研究的传统，可以分为不同的类型，例如超验现象学、存在主义现象学、解释现象学、语言现象学、伦理现象学、实践现象学等诸多类别。其中，解释现象学（IPA）研究方法与分析策略，在日常的研究开展中有着较为广泛的运用。同时，其已具备一定的标准化程序与实施步骤可参照，在此就分析步骤加以说明。

1. 文本的反复阅读。

解释性现象学分析的第一个分析阶段要反复阅读文本。此阶段研究者要记录广泛的、漫无目标的笔记，以此反映研究者在对文本作出反应时可能希望记录的最初思想和观察结果。这些笔记可能包括联想、问题、总结、对语言使用的评论、离题情况、描述性标签等。在这一阶段产生的笔记是最为开放的注释，并且不同于扎根理论中所使用的“开放式编码”。这些笔记仅仅是记录研究者最初接触文本时所想到的问题的一种方法。

2. 主题凝练。

第二个分析阶段要求研究者找出并标定可以表示文本每一部分特征的主题。这些主题可以记录在文本的空白处。主题的标题是概念性的，并且应该充分表现文本内容的某些本质特性。这一阶段可以使用心理学术语。例如，从一名慢性疼痛患者的访谈中所生成的主题包括“丧失”“社会性比较”和“自我感”等。

3. 归类与聚合。

第三阶段要将结构引入分析中。研究者在第二个阶段列出了已找出的主题，并思考它们之间的关系。其中，某些主题可以形成天然的概念类群，因为它们具有共同的意义或关系，而其他主题的特征表现为彼此间的层次关系。例如，诸如“童年记忆”“去上学”和“与母亲的关系”等主题可能形成“童年”的类群。主题类群的名称必须充分体现其本质。这些名称可以是受访者本人使用的原生的术语、简短引语或者描述性标签。例如，包含“童年记忆”“去上学”和“与母亲的关系”的类群可以称作“当我小的时候”（原生的/引语）或者“早年”（描述性的）。此阶段要确保本阶段所找出的主题聚类与原始资料相比合乎情理。这意味着研究者必须往返于试图使之结构化的主题列表与起初产生主题的文本之

① 克拉克·穆斯塔卡斯：《现象学研究方法：原理、步骤和范例》，刘强译，重庆大学出版社2021年版，第24-34页。

间。报告中确定的主题关系，必须反映在受访者陈述的细节中。

4. 结构化主题。

制作出结构化主题的一览表，附上说明每个主题的引语。一览表中只应列入那些可以充分体现参与者经验的某些品质的主题。这意味着，阶段二中所产生的某些主题将不得不排除在外。这些舍弃的主题可能在文本中没有得到很好的表现或者它们对于所研究的现象而言处于边缘地位。研究者对主题取舍的决定，不可避免地受到自身兴趣和取向的影响。一览表应该包括类群标签以及从属的主题标签、简短引语和参考来源（页码和行数）。[①] 一览表形式见表 4-1。

表 4-1 主题一览表

类属标签 1				
	主题标签 a	引语/关键词	主题描述	页码与行数
	主题标签 b	引语/关键词	主题描述	页码与行数
	主题标签 c	引语/关键词	主题描述	页码与行数
类属标签 2				页码与行数
	主题标签 c	引语/关键词	主题描述	页码与行数
	主题标签 d	引语/关键词	主题描述	页码与行数
	主题标签 e	引语/关键词	主题描述	页码与行数

所确定的类群和主题的数量可能差别很大，并且完全取决于所分析的文本。一些类群包括许多主题，而另一些类群所聚焦的范围要狭隘得多。同时，可能会有非常多的引语来支持某一特定主题，而有些主题在文本中的引语则很少。一览表应该反映能使参与者的陈述结构化的意义，而非研究者对可接受的类群和主题数量的预期。

（七）方法的特征

1. 注重主观体验。关注个人的主观经验，而不是客观事实或数据，试图了解个人如何体验和解释他们周围的世界。

2. 强调生活体验。突出生活经验的重要性，或者个人通过自己独特的视角和历史体验世界的方式。

3. 还原为本质。试图将主观经验的复杂性简化为其本质特征或结构，以便更深入地理解意识、知觉和人类存在的本质。

① 徐辉富：《现象学研究方法与步骤》，学林出版社 2008 年版，第 183-208 页。

4. 强调描述。关注描述主观经验的特征和结构，而不是从潜在的原因或机制来解释它们。

5. 放弃预设。搁置对世界的先入之见和假设，以便以开放和公正的视角接近主观经验。

6. 方法的双重性。现象学既是一种哲学方法，又是一种方法论方法，有着双重属性，涉及一套研究主观经验的特定技术和程序。①

（八）方法的优势和局限

【优势】

1. 提供丰富、深入的见解。侧重于理解个人在特定背景下的主观体验，从而可以对他们的经历、情感和感知进行丰富而深入的探索。

2. 以参与者为中心的研究。研究优先考虑参与者的经验和观点，这使其成为以参与者为中心的方法，有助于确保研究对参与者相关且有意义。

3. 提供灵活的方法。该方法是一类灵活的方法，可适应不同的研究问题和背景，有着广泛的研究领域。

4. 洞见新的观念/概念。研究可发现对主观经验的新见解，并且挑战对特定现象或经验的已有假设和信念。

5. 混合性方法的结合。现象学方法可与其他研究方法（如定量方法）结合使用，以提供对特定现象或经验的更全面的理解。②

【局限】

1. 有限的外部有效性。方法侧重于主观经验的探寻，这意味着研究结果在推广到更大群体或其他组织时，会受到主观认识、偏见的影响而变得较难复制。

2. 偏见的可能性。现象学研究在很大程度上依赖于研究人员对数据的解释和分析，这可能会带来潜在的偏见和主观性。

3. 耗时且资源密集。现象学研究通常耗时且资源密集，其涉及深入的数据收集和分析，整个数据分析过程需要具备较强的专业性，且有一定的抽象与创新能力要求。

4. 标准化程序难以统一。由于现象学存在多种类型与变体，因而在形成统一化实施程序方面，存在一定的难度。由此，其不同的方法与实施步骤，会受到不同观点持有者的质疑。③

---

① Pernecky T：*Epistemology and metaphysics for qualitative research*，New York：SAGE Publications，2016，pp311－332.

② Sultan N：*Heuristic inquiry: Researching human experience holistically*，New York：SAGE Publications，2019，pp241－265.

③ Richards L，Morse J：*Readme first for a user's guide to qualitative methods*，New York：SAGE Publications，2013，pp11－28.

二、典型案例

（一）案例来源

刘明：《Colaizzi 七个步骤在现象学研究资料分析中的应用》。[①]

（二）案例拆解

1. 问题提出

该研究是针对于现象学实施步骤的示范化研究，旨在运用 Colaizzi 的七步骤方法，对特定体验或感知进行概念化诠释。选定了较具典型性的医疗领域，以探讨护理学生的实习体验为基础，尝试通过对实习生的真实世界生活经历与体验，来挖掘他们对于实习本身的认知及体验感知。该研究的程序化的实施步骤，不仅在此问题上得到有效运用，还为各类相似主题或烈性的研究提供了在实施策略上的参照。

【启示】(1) 研究的议题需具备体验性。现象学研究需要参与对象在特定场景、情境下有一定时间的体验与反思，对所研究的议题能产生较为深度的理解与感受。(2) 问题的实践性。现象学研究是强调具体实践、真实世界的具象化研究，问题紧密贴近于生活化。(3) 问题不宜太大。现象学方法，不同于扎根理论的理论构建目标，仅是对特定现象、体验的解读与理解，进而在问题选择上不以特别中观、宏观的大问题。

2. 研究方法运用策略

该研究旨在对护理学生在实习过程中的体验感知进行研究，进而梳理其所感受到的真实实习认知，依照 Colaizzi 的七步骤方法逐一实施。

第一步：充分熟悉资料。仔细、反复阅读每一个文本，并结合现场笔记充分熟悉和了解研究参与者所提供的所有资料。这个阶段就应该将自己的预设“悬置”，只要求研究者对所研究现象有一个整体印象或感觉，尽量避免做出任何抽取主题的行动或标记有意义的单元。

第二步：识别有意义的陈述。逐字逐句阅读文本，将反复出现、与研究问题相关的重要的词、句画线(表 4－2)。

表 4－2　意义的识别

编号 1，第 1 页，1～8 行 A：啊。。。身为护士学生，在临床实习感觉就是两个字“压力”，因为总担心出错，功课也很紧(多)，每个晚上都得要做学校老师和临床老师分配的作业；B：被他人叫“姑娘”不好意思(自己是男同学)。不过有时也有自豪感，因为可以帮到那些有需要的人。所以，有时候也认为护理是伟大的职业，但很

① 刘明：《Colaizzi 七个步骤在现象学研究资料分析中的应用》，载《护理学杂志》2019 年第 11 期，第 90－92 页。

辛苦。C：责任心很重要，压力很大，需要记忆的东西太多，如各种药名。在医院里病人以为我是护士，问很多问题答不好，压力很大。有些技术操作学校与临床不一样，临床护士会批评。还有感觉随时都会出错。临床上出错就是大件事。 编号 3，第 1 页，3～8 行 D：临床实习很辛苦，压力大，学了护理才知道护理并不只是发药，打针，要学习很多，与患者或别人沟通技巧很重要。有时患者以为我们是姑娘，提出问题，不知道该怎样回答，感到很没面子。E：有些学校学习的技能与临床不同，感到很混乱。有些临床老师避讳学生跟着她，他们甚至会说不要跟着我，感到很受伤害。实习时最担心发生意外，因为听师姐讲过给药错误，差点发生大件事影响患者的安危。F：担心对患者造成伤害，越担心越害怕，甚至害怕去操作。特别担心做一些侵入性操作，做不好令患者受伤，带教老师的批评，当然还有分数。

来源：见 P44，注①。

第三步：构建意义单元。对反复出现的观点进行构建/编码含义，尽可能"悬置"自己已有的与现象相关的预假设，研究者用专业敏感性和开放的态度从重要陈述中进行意义单元的构建（表 4－3）。

表 4－3　意义单元

重要陈述	构建意义单元
— 临床实习感觉有压力	临床实习压力大
— 很辛苦，压力很大，需要记忆的东西太多	学习内容多
— 学校教授的知识和临床实际情况不一样，临床护士会批评	带教老师的批评
— 最担心发生意外	担心发生差错
— 不知道该怎样回答	角色混淆
— 有自豪感	有自豪感
— 护理并不只是派药、打针，还要学习很多	护理很重要
	需要多种知识、技能
— 责任心很重要	要有责任心
— 沟通技巧很重要	

来源：见 P44，注①。

第四步：类主题聚类。对所有意义单元进行推敲、反思与想象，并类聚为主题，过程中并非只关注所罗列的意义单元，在推敲、反思与想象中还应该参考每一个重要的原始陈述，因此，研究者的直觉在这一步发挥重要作用（表 4－4）。

第五步：详细描述。这一步主要是对第四步骤中所产生的每个雏形主题进行定义和描述，并可摘取和插入一些典型的原始陈述在每个主题描述中。一般情况下，每一个主题中最多可以有 3～4 个原始陈述。例如：主题（护理学生在临床实习期间有很大压力，而且压力来自许多方面）、定义与描述（护理学生在临床实习中经历着很大的压力，而这些压

表 4-4　聚类主题

意义单元	类聚主题雏形
— 临床实习压力大 — 学习内容多 — 带教老师的批评 — 担心发生差错	护理学生在临床实习期间有很大压力，而且压力来自许多方面
— 有自豪感 — 护理很重要 — 需要多种知识、技能 — 要有责任心	从认为护理是简单操作到需要很多知识、技能，有责任心并为能帮助他人而自豪

来源：见注①。

力来自多个方面，包括学习负担、带教老师的批评、与他人的沟通交流以及担心出现差错及角色混淆等。如 A:“身为护理学生，在临床实习感觉就是两个字‘压力’，因为总担心出错，功课也很紧……”C:“压力很大，需要记忆的东西太多，如各种药名。有些技术操作学校与临床不一样，指临床护士会批评；还有感觉随时都会出错；在医院里病人以为我是护士，问很多问题答不好，压力很大。”B:“被他人叫‘姑娘’不好意思。”)①。

第六步：产生基本结构。将类似的主题雏形及其描述放在一起进行反复比较，辨别和抽取出相似的观点；然后构建一个简短而具密集意义的短语，即主题(表 4-5)。

表 4-5　主题化

主题雏形	主题
护理学生在临床实习期间有很大压力，而且压力来自许多方面	主题一强大而多方面的压力
从认为护理是简单操作到需要很多知识、技能，有责任心并为能帮助他人而自豪	主题二对护理的认识改变

第七步：验证基本结构。将所产生的主题结构返回给研究参与者，进行求证，询问是否捕获了他们的真实经验，以确保结果的准确性。如果有偏悖，研究者必须从第一步开始重新逐步分析。②

【启示】(1) 现象学方法是一类洞察方法。该方法是对特定行为、经历、现象的洞察，挖掘其背后的共性理解与感受，从而形成普遍化概念或主题。方法不局限于学术领域，在诸多商业领域也有较广的使用空间。(2) 整个过程需要突出闭环。现象学方法与过往研

① 刘明：《Colaizzi 七个步骤在现象学研究资料分析中的应用》，载《护理学杂志》2019 年第 11 期，第 90-92 页。
② 同①。

究不同之处在于，其基于参与者的感受与描述进行概念或规律体验。同时，其发现又需返回于研究参与者进行确认与修正，这是其他方法所不常采用的，实现了研究的整体闭环。(3) 现象学方法的要素组合性。此方法的主题提炼部分，与扎根理论的编码过程较为相似。在对主题进行描述与引用时，又与叙事研究法较为相似。进而，现象学研究借鉴了扎根理论的编码技术、叙事研究法的描述方式，是多重技术要素的组合，需要加以灵活运用。(4) 方法结果可用于指导实践。现象学方法并非以理论、机制构建为目标的方法，仅是对特定经历或主题的洞见理解，其结果突出对真实世界特定现象问题的解释，便于具体举措的提出与实施。

三、延伸阅读

- 刘良华.何谓"现象学的方法"[J].全球教育展望，2013，42(8)：43－50.
- 叶浩生.身体的教育价值：现象学的视角[J].教育研究，2019，40(10)：41－51.
- 胡露红，席新学，熊沫，等.住院患者参与用药安全核查认知及态度的质性研究[J].护理学杂志，2019，34(13)：11－14.
- 张莉，孙晓宁，朱庆华.社会化搜索用户信息素养结构研究——基于现象学方法[J].现代情报，2021，41(3)：44－51＋93.
- 王敬宇.论公共行政的现象学方法[J].湘潭大学学报(哲学社会科学版)，2018，42(1)：36－40.
- 张祥龙.什么是现象学[J].社会科学战线，2016(5)：1－10＋292.
- 代福平，辛向阳.基于现象学方法的服务设计定义探究[J].装饰，2016(10)：66－68.
- 范龙，王潇潇.现象学方法在传播学研究中的应用前景初探[J].新闻大学，2010(1)：45－50.

第五章 内容分析法

一、方法理解

(一) 方法的解读

【一句话定义】内容分析法用于分析和解释多模态非结构性数据(例如文本、图像或音频)的特征,系统地分析这些材料的内容、识别模式、主题和其他相关特征,并根据调查结果得出推论或结论。

内容分析可用于研究广泛的主题,包括社会问题的媒体报道、政治演讲、广告信息和在线讨论等。以定性、定量两种形式进行开展,可与其他方法结合使用,以提供对特定现象的更全面的理解。

定性方法路径:涉及对内容的含义和上下文的解释和理解。对内容的系统分析,以确定主题、模式和其他相关特征,并解释这些特征的潜在含义。定性内容分析通常用于研究访谈、焦点小组和其他形式的定性数据,研究人员有兴趣了解参与者的主观体验和感知。

定量方法路径:采用此类分析路径涉及对特定通信形式(例如文本或视频)的内容进行系统和客观的计数和分类。然后对获得的数据进行统计分析,以确定不同变量之间的模式、趋势和关系。[①]

(二) 方法的策略

内容分析方法有定性、定量两类分析路径,二者虽然不同,却有着相似的解释与分析策略,主要体现于以下两个方面。

---

① 罗伯特·菲利普·韦伯:《内容分析法导论》,李明译,上海人民出版社 2019 年版,第 42-50 页。

1. 概念分析策略

通过概念分析，将确定内容中是否存在某些概念并确定其频率。概念分析通常侧重于显式数据，这意味着将分析重点放在特定概念上，以确定其在内容中的存在并确定其频率。运用概念分析测试，需事先选择一个概念进行检查，分析涉及量化和计算其存在，目的在于检查数据中所选术语的出现情况。术语可以是明示的，也可以是隐含的。明确的术语很容易识别，隐式术语的编码更加复杂，需要研究者主观(可靠性和有效性的问题)进行判断。

概念分析策略，需要确定研究问题并选择一个或多个样本进行分析。接下来，必须将文本编码为可管理的内容类别。这基本上是一个选择性还原的过程，通过将文本减少到类别，研究人员可专注于为研究问题提供的特定单词或模式进行编码。概念分析策略的大致实施，可以分为：

(1) 确定分析级别。单词、词义、短语、句子、主题。

(2) 决定要编写多少个概念。开发一组预定义的类别或概念。在确定过程中，或采用灵活方式、添加类别，或依照预定义的类别集进行实施。

(3) 决定是否为概念的存在或频率编码。在对概念的存在进行编码时，如果一个概念在数据中至少出现一次，无论它出现多少次，研究人员只会计算一次。在对概念的频率进行编码时，研究人员会计算概念在文本中出现的次数。

(4) 制定文本编码规则。这一步阶段，研究人员开始制定将文本转换为代码的规则。这将使编码过程井井有条且保持一致，研究人员可以准确地编码所需编码的内容。

(5) 去除不相关信息。对于不需要、不相关的信息进行忽略或删除，用于重新检查编码方案，以防它会影响编码结果。

(6) 对文本进行编码。可用手动或计算机两种方式，当前已可通过使用软件，研究人员可以输入提前预设的类别，并通过软件程序自动、快速、高效地完成编码。

(7) 结果解读。处理不相关、不需要或未使用的文本，重新检查、忽略或重新评估编码方案，解释结果以确定总体趋势和模式。①

2. 关系分析策略

关系分析始于概念分析，观察的是概念之间关系。独立的概念被认为没有内在意义的，意义是概念之间关联的产物。要开始关系分析，首先确定一个研究问题，然后选择一个或多个样本进行分析，研究问题必须有重点，以便概念类型的可解释、可总结。有关系的划分维度，可以有三类：第一类，影响提取。是指根据情感属性评估概，相关情绪通常映射到量表上，例如李克特量表或从 1 到 5 的评分量表，其中 1 表示“非常悲伤”，5 表示“非常高兴”。如果参与者谈论他们的成就，就可得到 4 或 5 分，这取决于对象感知态度。如果参与者正在

① 李秀霞、邵作运：《引文分析与内容分析融合的知识发现——理论、方法与应用》，经济管理出版社 2022 年版，第 132－142 页。

描述创伤事件，其分数可能会低得多，要么是 1 分，要么是 2 分；第二类，邻近维度。评估文本中明确概念的共存，文本被定义为称为“窗口”的单词字符串，用于扫描概念的类属，旨在将它们分组以提取主题并发展意义。当寻找确凿的事实而不是情感、文化或背景因素时，通常会使用邻近维度。例如，如要分析一个政治演讲，研究者只关注已经说过的内容，而不是含义或隐藏含义，为此，可使用显式数据，忽略语音的任何潜在含义，并将不同的概念进行归类和主题化；第三类，认知映射。认知映射涉及获取不同的文本并以视觉格式(即认知地图)进行比较，可以用作可视化影响提取或邻近维度的一类方式，以图形地图等形式呈现。例如，名为“pro-ana”和“pro-mia”的运动激增，这两项运动促进了饮食失调作为一种生活方式而不是精神疾病。如果研究者要对其诸多涉及的概念进行认知映射，则需要评估这些社区中使用的术语是如何随着时间的推移而发展形成的[①](图 5 - 1)。

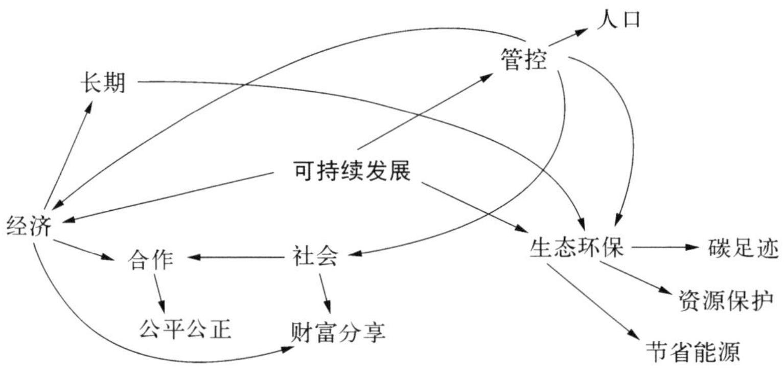

图 5 - 1　认知映射示范

来源：见注①。

关系分析策略的实施，相关的步骤如下：(1) 确定分析类属。研究人员需要确定要检查的关系类型和分析层次，例如单词、词义、短语、句子、主题；(2) 探索概念间关系。主要涉及关系强度(强弱程度)、关系标志(正负相关)、关系方向(例如，“X 表示 Y”或“X 出现在 Y 之前”或“如果 X 则 Y”等)；(3) 统计分析。在编码过程中探索差异或寻找已识别变量之间的关系；(4) 表意可视化。以图示化方式，对于不同概念间的关联关系进行可视化表示，达成认知映射。[②]

(三) 方法的适用

内容分析法的实施目标，系统地分析和解释各种形式的交流内容，如书面、口头或视觉，以识别模式、主题和意义。适用于研究广泛领域的传播，包括媒体研究、政治学、心理学、教育、社会学和营销研究，其具体典型域涉及：

---

① 周翔：《传播学内容分析研究与应用》，重庆大学出版社 2020 年版，第 95 - 101 页。
② 金伯莉·纽恩多夫：《内容分析方法导论》，李武译，重庆大学出版社 2020 年版，第 253 - 262 页。

1. 媒体研究。以检查媒体内容中不同群体的代表性，例如种族、性别和性取向，可用于研究媒体框架、媒体偏见和媒体效应分析。

2. 政治传播。用以研究政治议题以及政治传播对舆论、公众行为影响，包括政治演讲、辩论和政治事件等。

3. 商业研究。可用于研究与产品或服务相关的广告信息、消费者评论和社交媒体、探究有关消费者偏好、态度和行为的见解。

4. 健康传播。包括在媒体中对健康问题的呈现、健康运动的有效性以及健康信息对行为的影响。

5. 教育研究。提供对不同主题、观点和价值观的见解，包括教科书、课程和教学材料。

6. 社会科学研究。内容分析可用于广泛的社会科学研究，包括社交媒体、在线社区和其他形式的数字通信研究，源于访谈、焦点小组和其他定性数据源。

依照可适用的领域，相关的示范可表现于：针对性别的媒体表现，检查电影、电视节目和新闻报道等流行媒体中不同性别的代表性；针对社交媒体帖子的分析，以研究与特定主题相关的社交媒体帖子，以检查社交媒体用户的态度和信念；针对教学材料，以研究教科书和课程等教材中不同主题和观点的表述情况；针对于产品评论，电子商务网站上的产品评论，以确定消费者提到的共同主题和问题；针对健康问题的新闻报道；针对于在线社区，例如论坛或社交媒体，以了解社区成员的语言、态度和信仰。[①]

（四）方法的实施步骤

1. 根据主题设计研究问题和/或研究假设。

研究者在实施内容分析之前，通常都必须首先形成可验证的研究问题或研究假设，这是成功的研究设计的关键环节。当研究问题特别是研究假设很明确时，“量化内容分析才是最有效率的”。出于学术研究目的而开展一项内容分析研究时，往往会先做些探索性考察，这种考察有助于完善最初的研究问题，也有助于研究假设的提出和展开内容分析所必需的参考资料的创建。虽然量化内容分析的研究目标重在发现，因此以验证为目标的研究假设相对较少，但提出恰当的一般性研究问题以引导研究方向的情况在实践中也经常会出现，所不同的是，研究者可以借用质化研究的路径，在对具体资料进行分析的过程中调整或引入新的研究问题，用扎根理论的话来说，就是一个不断扎根的过程。在一些根本就没有预先提出研究假设或研究问题的内容分析中，其研究性质多半为探索性研究，往往会在具体分析中使用偏向质性的浮现式编码。[②]

2. 界定总体和选取样本。

尽管内容分析研究的结构取决于所要回答的具体的研究问题，内容分析本身还要求

① 彭增军：《媒介内容分析法》，中国人民大学出版社 2012 年版，第 252 - 260 页。

② Krippendorff K：*Content analysis*，New York：SAGE Publications，2019，pp121 - 134.

研究者遵循一套完整的程序以发展出有效而可靠的测量和推论。在研究问题或假设的指导下，研究者首先要界定研究问题所针对的传播内容总体和抽样单位，然后从该总体中根据一定的方法选取样本，样本大小取决于多种因素，比如研究目标、研究总体的大小、研究推断的置信水平和置信区间等。内容分析可以运用多种方法来抽样。克里本多夫指出，抽样方案必须“在对(所研究的)现象已有的知识的限定下，确保每个样本单位在样本搜集中都有同样的机会被代表”。而这种严格的要求在实际的内容分析研究中并不容易实现，尤其是在网络传播研究中。①

3. 确定分析单位。

内容分析往往包括两种类型的内容单位。一是分析单位，也即被研究的现象或一般目标，比如研究新闻报道的平衡性问题，分析单位可以是每篇新闻报道，也可以是新闻报道中出现的每个新闻消息源。确定恰当的分析单位，即确定哪一个或谁将是一项内容分析研究中所要描述或解释的个体单位，本身就是一项完整的工作，而且这项工作关系到内容分析下一个步骤——编码的成功与否。分析单位界定不清，往往会导致编码表题项的错位进而造成编码的混乱，这是我国许多内容分析研究(包括个别国家级教材中有关内容分析编码表的示例)中经常发现的一个普遍问题。另一个单位类型是记录单位，也即在个体层面上所测量的具体单位，比如在以单篇新闻报道为分析单位的研究中，可将单个新闻消息源作为记录单位，以此来计算来自官方或不同党派、学界精英、普通民众等不同消息源在每篇新闻报道的消息源总数中所占比例，因此记录单位有时等同于计数单位或测量单位。

4. 类目建构与制定编码方案。

在内容分析中，类目建构是联系理论架构和实际操作的最直接、最关键的一座桥梁。出色的类目建构可以成为一项内容分析研究的亮点，拙劣的类目建构则可能导致整个内容分析流于表面化、流于泛化平庸，甚至毫无意义。恰如贝雷尔森所指出的，内容分析成功与失败的关键取决于类目建构。类目(categories)本质上是一个概念的设计，类目建构建立在概念界定或传播现象概念化(conceptualization)的基础上，这样一个过程其实也就是概念化的编码设计过程，具体到操作层面上来讲即确定与研究问题(假设)或研究目的相关的变量并对其进行归类。②

5. 编码/记录与编码员信度测试。

克里本多夫认为，编码/记录是在单位化的文本与对文本的阅读之间，在图像与人们从图像中所看到的之间，或者在观察与对它们的情境阐释之间搭建桥梁。编码是否成功有效，除了取决于变量识别、类目建构和编码方案制定的科学性和有效性以外，编码员对变量和类目体系建构的理解和对文本内容的把握也相当重要，因此编码员的培训在内容

① 里夫：《内容分析法—媒介信息量化研究技巧》，嵇美云译，清华大学出版社 2010 年版，第 75－77 页。

② Neuendorf K：*The content analysis guidebook*，New York：SAGE Publications，2017，pp82－92.

分析中是一个重要环节，进行编码员间的信度测试也成为内容分析的一个关键组成部分，这是国际传播学界早已广泛达成的一个共识。

6. 数据分析与报告。

文本一旦在以编码方式进行记录后，就要运用分析概念、构思和具体方法来处理编码所获得的数据，从而有效识别数据模式和数据之间的关系，并揭示数据隐含的意义，从而做出一定的推断。传统的定量内容分析经常使用描述性，如频数、百分比、平均值和排序等，除此以外，推断性统计方法，如卡方检验、t 检验、方差分析和回归分析等在当代内容分析研究中也越来越受到重视和推广使用

基于上述几个关键步骤，评价一项内容分析的研究也相应地至少需要从六个方面的标准来评估。

- 研究假设：是否有明确的问题或假设？如果有推论，推论是否合乎逻辑？
- 抽样样本：样本是否有很好的代表性？样本的推导对于结论是否合理？
- 分析单位：分析单位是否明确？是否与分析内容相吻合并一以贯之？分析单位是否与结论推导在分析层面上一致？
- 内容类目建构：分类标准是否由理论导出？分类标准是否统一？所划分的种类之间是否满足穷尽性和互斥性原则？分类是否详尽或有遗漏？
- 信度：研究报告是否有信度检验？不同的评分者能否得出同样的结论？
- 效度：研究者建立的分析单位和类目是否能测出所要测量的内容？[①]

（五）相近方法的辨析

1. 内容分析法与引文分析法辨析

内容分析法与引文分析法都是运用统计方法以内容的相关分析和特定主题的聚类为中心揭示深层的、非直观的信息。从性质上看，两者基本上是定量方法，属于文献计量学，而内容分析采用词频统计等反映内容的特征，引文分析法是形式化的分析，采用引用关系来反映内容相关性和研究微观科学结构。

由于引用关系存在着引而不著等虚假现象，以及作者受文献可获得性的影响与外文水平的限制，引文不一定能充分反映文献的质量与文献利用程度，使引文分析法对内容相关关系的测度（引用关系）不如内容分析法直接，揭示文献内容上不如内容分析法深刻、客观。从适用范围上区分，引文分析法的对象是科学文献及与此相对应的著者、学科、学术团体、期刊等，而内容分析法的适用范围要大得多，广泛用于任何有交流价值的信息。[②]

2. 内容分析法与文献计量学辨析

首先，内容分析法本质上是文献计量学方法。在图情领域，一切以文献为基础的定量

---

① 周翔：《传播学内容分析研究与应用》，重庆大学出版社 2014 年版，第 242 - 251 页。

② Grbich C：*Content analysis of visual documents*，New York：SAGE Publications，2013，pp74 - 88.

统计分析研究都属于文献计量学内容范畴。其次，内容分析法侧重于分析文献内容特征的“量”；文献计量学方法侧重于分析文献形式特征的“量”，它从定量的角度分析文献规律，只是间接反映内容的相关关系。最后，内容分析法适应范围广，文献计量学仅适用于科学文献。因此，文献计量学在从定量角度揭示文献内容的深度方面不及内容分析法。

3. 内容分析与文本分析、话语分析辨析

内容分析依靠数据对传播内容进行量化或定性研究。而文本分析与话语分析则是从语言学、语义学的角度探讨文本内容背后意义的不同解读方式和意识形态力量等，属于完全的定性研究方法。

4. 内容分析法与调查法、实验法辨析

内容分析法就是运用非亲身访查的技术对获得的非结构化的研究资料进行量化分析。研究者只对已经公开的信息成品进行测量和考察，无需像调查法那样亲身访问受试者，也不用像实验法那样去直接观察受试者的行为、心理等方面的变化。相比之下，内容分析法获取研究资料的工作要简单、自由得多，研究者可以自己选定时间和地点来观察和收集信息，非亲身访查的特点避免了研究者的意图和行为对研究对象可能产生的影响，有助于获取更切实的研究资料。但是这些资料是研究者事先无法规定和设计的，资料本身对研究者来说呈现无结构的状态，需要研究者对其作出分类和计量。因此，虽然研究者收取资料方便，但处理和分析资料的工作量却比较大。

研究者总可以在调查法、实验法行不通时采用内容分析法，而且内容分析法弥补过失比其他研究容易得多。研究者只需要对资料重新编录，而无需一切从头开始。而调查法若结果不理想，重做一遍要耗双倍时间和经费；实验法的研究若做坏了，要重做也许根本不可能。另外，由于调查法、实验法等所研究的都是现时的情景，往往难于用来进行回溯研究与趋势分析，内容分析法在这方面具有独特优势。[①]

（六）方法的优势和局限

【优势】

1. 客观与系统性。该方法是一类客观、系统的研究方法，较大程度上可消除分析中出现人为偏差和主观性的可能。

2. 大样本量。内容分析允许分析大样本数据，增加了分析的统计能力和结果的普遍性。

3. 数据多元性。研究适用于各种数据类型，包括书面、口头、音频、视频数据等，各类数据源均可转化为文本数据被加以分析。

4. 适用范围广。方法可用于研究各种背景和领域的传播，包括媒体、政治、心理学、教育、社会学和营销研究等诸多领域。

① Billups F: *Qualitative data collection tools: Design, development, and applications*, New York: SAGE Publications, 2021, pp142 - 158.

【局限】

1. 捕获非语言信息的能力有限。内容分析仅限于分析书面或记录形式捕获的交流内容,会错过对非语言交流信息的分析,例如肢体语言或语气等。

2. 编码的主观性。虽然内容分析旨在客观,但在编码过程中可能存在主观性。不同的编码人员可能会以不同的方式解释内容,这可能会导致结果不一致。

3. 确定因果关系的能力有限。内容分析是一种相关研究方法,这意味着其无法确定变量之间的因果关系,仅能识别变量之间的关联。

4. 耗时。整个方法实施过程是一种耗时的研究方法,尤其是在分析大量数据样本时,对于需要在短时间内完成的研究项目,会是一个的薄弱点。①

二、典型案例

(一) 案例来源

闫岩、毛鑫:《失真的镜像——对优酷视频中“城管 vs.商贩”冲突的内容分析》。②

(二) 案例拆解

1. 问题提出

在当代舆论场域中,“城管”具有固定的负面刻板印象,其背后蕴含有“城管—商贩冲突”复杂的社会成因与表现,在媒介呈现方面,“城管—商贩冲突”有着刻板化的呈现模式和固定化的价值判断。为了对这一社会现象加以最为贴近真实的描述,从而揭示这一现象的现实情况与媒体的刻板呈现,以及公众的刻板感知之间的差别,我们探讨新闻镜像失真背后的新闻生产规范和价值判断。在此,选择以优酷网中用户自生产内容所呈现的“城管—商贩冲突”为分析对象,考察这一社会冲突的准事实呈现。为此提出 4 个具象的关键问题,即 RQ1:城管—商贩冲突的暴力情景(起因、过程和结果)有何特点? RQ2:城管—商贩冲突的涉事双方有何特点? RQ3:城管—商贩冲突的攻击行为(攻击形式和攻击手段)有何特点? RQ4:城管—商贩冲突视频的内容呈现与生产和传播有无联系?

【启示】(1) 研究问题的情境性。此研究问题,基于较具热点与争议色彩的“城管—商贩冲突”为问题指向,问题本身契合了学界、业界与社会公众的探究需要,能很快地唤起研究者与读者之间的共情,从而体现出问题选择的公众性、共通性。有关“城管—商贩冲突”

① Curtis B, Curtis C: *Content research - coding and counting*, New York: SAGE Publications, 2011, pp52-58.

② 闫岩、毛鑫:《失真的镜像——对优酷视频中“城管 vs.商贩”冲突的内容分析》,载《新闻与传播研究》2015 年第 2 期,第 71-88 页,第 127 页。

的争议讨论，往往是将发生的线下场景，进行线上传播与发酵，选取互联网情境为观察场景，探讨该议题，有着较为鲜明的情境化色彩。将研究问题搁置于特定情境中进行分析与观察，在聚焦范围的同时，也能较好聚焦现象研究的特定性，有助于凸显研究问题与传统研究的差异性、新颖性。(2) 研究的适用性。当问题提出时，需要将问题与研究方法一并进行思考，此项研究是以互联网的信息传播为主要信息承载，相关的视频、文本信息的分析是运用内容分析法的传统，且在诸多信息传播研究中有所运用，相关的研究范式有较为丰富的借鉴可能。故而，在日常考虑研究问题与方法时，需要同步考虑在方法选择上的不相适应。要注意的是，在研究方法的适用性上，需要考虑该类方法的研究传统与过往运用，切莫仅是求新、求奇而造成在研究上的实施困境。(3) 数据的可获取。该研究有着鲜明的信息来源平台，即优酷网。其有着一定的相关视频量来加以保证样本的充足性，且相关的信息数据是公开、可获得的，这对于研究开展起到积极作用。因此，在研究方法选定时，需要充分考量研究对象、样本、信息等一系列要素，在内容支撑、数据储备、可获得性等方面的情况，以此判断该方法在实施层面的可操作性。在实际研究开展中，困难并非在于所有研究问题的最佳研究方法难以得到实施，而在于数据可获得性。在此情况下，往往会从操作性角度选择较优的研究方法来加以研究实施。

2. 研究方法运用策略

该研究于 2014 年 3 月展开，通过对优酷网中以“城管与商贩冲突”为标题或主题词的视频进行内容分析。

(1) 研究群体与研究样本

该研究的研究对象是所有关于“城管—商贩冲突”的网络视频。研究选择优酷网作为视频平台，其原因有二：第一，优酷网是我国最早的自媒体视频平台之一，也是目前最大的自媒体视频平台，支持用户上传、分享、收看、转载视频；第二，目前我国各类网络视频平台上的内容高度相似，其他网络视频平台中的视频库或者与优酷网视频库内容大量重合，或者就是其子集。基于这两个原因，研究者将优酷网作为抽样的视频库来源。

研究者以“城管打人”“城管暴力执法”“城管商贩冲突”为 3 个关键词，通过优酷网的搜索功能进行搜索，共找到有效视频 936 条。研究者将视频按发布时间从近到远排列，而后每页选取两个视频。优酷搜索的默认结果为每页 10 条，于是，研究者从一个随机数字 2 开始，每一页选取第 2 个和第 7 个视频作为分析对象。如果每页的第 2 个或第 7 个视频不符合视频选择标准，则顺次递推，如果递推超过四项(例如，从第 2 项递推到第 7 项)依旧不符合要求，则前向递推 4 项，如果前后递推均无符合要求的样本出现，则此项抽样跳过。

视频选择遵循两个标准：第一，全部选择非专业记者拍摄的视频。这出于两个原因，一方面，绝大多数“城管打人”的视频都来自非专业记者；另一方面，即便以电视/网络新闻方式出现的“城管打人”报道，其第一手内容也几乎全部辗转来自非专业记者。这一标准是为将样本生产者限制为普通用户。第二，仅包含暴力内容的视频才得以入选。暴力行为的认定需要同时满足以下三个条件：(1) 两个或更多的人之间发生的；(2) 以伤害为目的；(3) 肢体接触。①

(2) 编码类目

该研究的目的是考察视频中的暴力冲突情况，包括两个分析单位，一是视频的基本描述属性，二是视频中的暴力冲突场景。

分析单位一：暴力冲突视频

● 发布时间：按视频的发布时间记为四类：一月之内、超过一月但在一年之内、超过一年但在两年之内、两年以上。

● 访问类数据：视频的优酷指数、点击量、转发量、顶、踩、收藏、评论七项数据均记为编码当日的实际值。

● 视频时长：记为视频的全部时长，以秒为单位。

● 暴力时长：从可辨识的肢体接触开始计时，到肢体接触完全结束为止。在包含多段暴力冲突的视频中，如果冲突双方身份不变，则暴力时长记为从第一段暴力冲突起到最后一段暴力冲突止的总时长；如果冲突双方身份发生变化(如施暴者和受害者身份互换)，则视为新的暴力行为，以该段冲突的可辨识肢体接触点为起始计时点；对于没有展示暴力冲突之始终，而只展示了冲突结果片段的视频，将暴力时长记为视频时长；对于只展示了暴力结果的视频，暴力时长记为 0。

● 暴力冲突起因：记为暴力冲突的发起者的，分别为：a 城管主动挑起；b 商贩主动挑起；c 无法判断，包括没有展示冲突起因的情和无法分辨冲突起因的情况两类。

● 暴力冲突过程：记为涉事双方在冲突过程中的角色，分别为：a 城管为主要施暴者，商贩为主要受害者；b 商贩为主要施暴者，城管为主要受害者；c 无法判断，包括双方势均力敌，无法明确区分谁占绝对优势的情况，以及双方扭成一团、无法判断谁处于绝对优势的情况两类。

● 暴力冲突结果：记为可观察的暴力冲突结果的最严重值，分别为：a 仅遭受身体攻击，没有可观察外伤；b 有明显流血特征；c 昏厥/倒地不起；d 死亡。

● 暴力冲突涉及者的人口统计学特征：记为可观察的暴力冲突涉及对象的特征。由于“城管—商贩冲突”的主要涉事对象为成年男性，因此，研究只统计了非成年男性的情况，分别包括：a 受害者是否涉及老年人；b 受害者是否涉及未成年人；c 受害者是否涉及女性；d 受害者是否涉及残疾人。这四类人群的统计均记为 1=是，0=否。

分析单位二：暴力冲突参与者

● 进一步细分为两类：施暴者和受害者。施暴者是指冲突过程中的主要攻击者，并且在冲突过程和冲突结果中处于优势。受害者是指冲突过程中的主要攻击对象，或者是被

① 闫岩、毛鑫：《失真的镜像——对优酷视频中“城管 vs.商贩”冲突的内容分析》，载《新闻与传播研究》2015 年第 2 期，第 71－88，第 127 页。

动反抗者，在冲突过程和冲突结果中处于劣势。

#施暴者#

● 数量：记为可观察到的实际涉入暴力行为的施暴者数量；若人数过多且不易分辨，则记为能辨识的最大值；如果施暴者不超过三个，则每个人单独编码；如超过三个，则选择对冲突涉入最深的三个施暴者进行统计。

● 身份：a 城管、b 商贩、c 无法判断。

● 性别：a 男、b 女。如果有多名施暴者，以多数人性别为准。

● 年龄：a 儿童、b 青少年、c 成年、d 老年、e 无法判断。如果有多名施暴者，以多数人年龄为准。

● 暴力类型：a 肢体推搡、b 肢体攻击、c 财物破坏。此类目为并列多选项，均记为 0=无，1=有，2=无法判断。

● 暴力手段：a 徒手、b 危险器械(棍棒或者刀具等，棍棒等是指城管的配备警械，刀具等是指商贩所持的伤害性工具)、c 随机工具(如砖块、木棍、桌椅、货物等)。此类目为并列多选项，均记为 0=无，1=有，2=无法判断。

#受害者#

● 身份：a 城管、b 商贩、c 无法判断。

● 数量：记为可观察到的实际涉入暴力行为的受害者数量；若人数过多且不易分辨，则记为能辨识的最大值数；如果受害者不超过三个，则每个人单独编码；如超过三个，则选择对冲突涉入最深的三个受害者进行统计。

● 性别：a 男、b 女。如果有多名受害者，以多数人性别为准。

● 年龄：a 儿童、b 青少年、c 成年、d 老年、e 无法判断。如果有多名受害者，以多数人年龄为准。①

(3) 编码过程与可信度检验

两名编码员另外选取了抽样样本以外的 20 个视频进行分析。编码间可靠性在 Cohen's Kappa 算法下为 $\alpha=0.86$，单个变量的编码一致性在 0.74(暴力时长)和 1.00(是否涉及老人/未成年人)之间。

(4) 数据分析

通过前期对文本的编码进行数据层面的统计分析，针对于研究问题与重点，运用编码后的数据统计来加以回应。例如回应“研究问题 1”，考察暴力冲突的情景特点。频率分析显示，56.5%的冲突无法明确判断起因；在那些能够明确判断起因的冲突中，城管(22.4%)和商贩(21.1%)，作为冲突发起者的比例是相近的。一旦挑起冲突，城管(76.4%)而非商贩(13%)就成为主要的施暴者，在暴力冲突中处于绝对优势；绝大多数的

---

① 闫岩、毛鑫：《失真的镜像——对优酷视频中“城管 vs.商贩”冲突的内容分析》，载《新闻与传播研究》2015 年第 2 期，第 71－88 页，第 127 页。

暴力冲突止于身体接触阶段(81.4%);回应"研究问题 2"考察暴力冲突涉事双方的特征。绝大多数冲突在成年人之间发生。城管全部为成年男性。商贩中,有 44.7%涉及成年女性,11.8% 涉及老年人,1.9%涉及儿童,1.2%涉及残疾人;回应"研究问题 3"考察暴力冲突的攻击行为。几乎全部冲突都包含肢体推搡(93.7%)和肢体攻击(92.4%),三成半涉及财物破坏(35.8%);回应"研究问题 4"……

(5) 结论

通过内容分析法,针对 4 个关键问题进行了数据统计分析,综合回应此项研究的问题,即"城管商贩"之间冲突的真实状况如何?"聚焦于城管和商贩的冲突呈现出一幅与人们的刻板认知截然相反的图景:商贩并非天然手无寸铁的无辜者,城管也并非天然穷凶极恶的有罪人。城管和商贩都有可能是暴力冲突的发起者,并且在比例上不分伯仲。大部分暴力冲突都止于身体接触阶段,包括推搡和殴打,极少数才会发展成媒体大肆渲染的流血或死亡事件……"[①]

【启示】(1) 文本的预编码模式。相较于扎根理论、叙事研究、现象学等定性研究方法,内容分析的编码方式,常常采用预编码为主。即依照理论基础、过往研究或研究者的观察重点,有针对性进行概念类属设定,并建立编码表。之后,依照编码表有针对性地对于文本信息进行逐一编码统计。(2) 定性与定量的集合。内容分析方法,是以对文本本身为分析对象所进行的研究。其本身可有定量、定性两类实施路径,定量路径突出了对文本编码后的量化统计,探究关键要素的关系。而定性路径,则是对于文本信息采用建构、诠释方式进行主观阐释。进而,内容分析方法有着双重属性,通过一种方法即可实现质性与量化的结合,这又与多种研究方法组合所形成的混合研究方法有所区别。(3) 偏实务性的方法。可以看到,内容分析方法往往可对政策文本、演讲内容、媒体信息等进行分析,就是以媒体信息为主要分析素材。其有着特定的目的性,不以理论为本身的方法实现目标,而是为了解释与还原某些特征、情况或要素关联为重点,因而具备较强的实务性特质,在判断与解释某些具体问题或关联属性上有着较强的实践性。

三、延伸阅读

- 赵欣.国际传播视野中的中国故事叙事之道——"第一主讲人"人类命运共同体意涵的国际分享[J].新闻与传播研究,2021,28(1):5-25+126.
- 高海涛.我国企业如何参与互联网治理——基于百度、阿里和腾讯(BAT)的案例研究[J].新闻与传播研究,2021,28(2):53-69+127.

① 闫岩、毛鑫:《失真的镜像——对优酷视频中"城管 vs.商贩"冲突的内容分析》,载《新闻与传播研究》2015 第 2 期,第 71-88+127 页。

- 林颖颖，刘娜."少年的烦恼"如何被看见——我国青少年心理健康报道的内容分析与框架研究(2012—2019)[J].现代传播(中国传媒大学学报)，2021，43(5)：53－57.
- 徐敬宏，黄惠，游鑫洋.微博作为性别议题公共领域的理想与现实——基于"男性气质"微博话题的计算机辅助内容分析[J].国际新闻界，2021，43(5)：106－124.
- 钱宇星，李浩，倪珍妮，等.论坛式网络信息服务适老化困境与应对——以"银龄网"关停为例[J].图书情报知识，2021(2)：68－78＋109.
- 唐琼，蓝丽婷.我国主流媒体报道语境下的公共图书馆影响力表现维度研究[J].图书情报知识，2021，38(3)：74－87＋13.DOI：10.13366/j.dik.2021.03.074.
- 徐亚萍，李爽.疾痛身体的媒介化"活力"——对癌症患者社交视频日志的内容分析[J].新闻与传播研究，2021，28(7)：59－78＋127.
- 吴晔，樊嘉，张伦.主流媒体短视频人格化的传播效果考察——基于《主播说联播》栏目的视觉内容分析[J].西安交通大学学报(社会科学版)，2021，41(2)：131－139.
- 邱均平，邹菲.关于内容分析法的研究[J].中国图书馆学报，2004(2)：14－19.

第六章 行动研究法

一、方法理解

(一) 方法的解读

【一句话定义】行动研究是一类合作式的定性研究方法,强调多主体的共同参与,与社会情境参与者进行持续自我反思的调查形式,目的是提高实践的合理性与质量,促进对实践的理解与发现,以及所处的状况、特征与规律发现。

"行动"和"研究"在西方社会科学工作者那里,是两个用以说明由不同的人从事的不同性质的活动的概念。"行动"主要指实践者、实际工作者的实践活动和实际工作;"研究"则主要指受过专门训练的专业工作者、学者专家对人的社会活动和社会科学的探索。而行动研究通过把"行动"与"研究"结合起来,强调实际工作者的实践行动与研究的结合,由实际工作者针对自己在实践中所遭遇到的实际问题进行研究,寻找解决问题的途径和策略方法,并通过在实际行动中付诸实施,进而加以评鉴反思、回馈修正,最终解决实际问题,提高工作质量。理解行动研究的一个关键方面是对关键行动的关注,这意味着研究人员不仅仅是为了收集数据,而且要利用这些数据来推动有意义的变革。通过与社区成员或其他利益相关者合作,研究人员可以确定需要改变的领域,并制定解决这些问题的策略。从本质上讲,这种方法涉及规划、行动、观察和反思的迭代过程,随着时间的推移可以持续改进,通过反复参与这个循环,逐步完善相关实践方法。[①]

库尔特·勒温(Kurt Lewin)通常被认为是20世纪40年代行动研究的主要开发者。勒温表示,行动研究可以"改变……不相关的个人,在他们的前景和利益上经常对立,组成合作团队,不是基于甜蜜,而是基于准备现实地面对困难,应用诚实的

① 克雷格·A. 莫特勒:《行动研究方法:全程指导》,重庆大学出版社2022年版,第34-45页。

事实调查,并共同努力克服它们”。其行动研究的发展,存在有两类说法,由此影响着方法属性与应用。①

第一种说法: 把“行动”和“研究”两者结合起来表述为“行动研究”是 20 世纪 30 年代的事情。美国的柯利尔在 1933—1945 年担任美国印第安人事务局局长期间,安排专业人士和非专业人士结合一起研究改善印第安人和非印第安人关系的方案。在这一过程中他得到启发,认为专家研究的结果还需依靠实际工作者执行和评价,倒不如让实际工作者根据自身的需要,对自身工作进行研究,或许效果更好。②

第二种说法: 行动研究是美国社会心理学家勒温在 20 世纪 40 年代提出的,目的在于提高人际关系的质量。勒温工作的一个重要方面是关注社会冲突的实践背景。组织成员可以通过行动研究学习到新的管理技术,改变固有的态度,解决实际问题。行动研究丰富和发展了调查、反馈、测量、培训的方法;并对团体动力学研究、应用人类学研究、应用心理学研究、社会学研究、运筹学研究的发展起了推动作用。③

(二) 方法的特点

1. 以解决实际问题为重点

行动研究从任务上看是以解决实践者在实际工作中所遇到的问题为宗旨,如改善学校、班级或个人的情况与境遇,参与研究者根据某时某地发生的问题作为研究课题,并将各种方法作为变量,然后系统地在研究过程中加以检验。所以,行动研究不囿于某一学科的主张或某一种理论知识,而是主动容纳和利用各种有利于解决实际问题、提高行动质量的经验、知识、方法、技术和理论,特别重视实际工作者对实践问题的认识、感受和经验。

虽然行动研究把解决问题放在第一位,但并不等于说行动研究无助于也不关心“一般知识”和“理论”的发现、产生。实际上,在进行行动研究时,往往是一边研究,一边解决问题,在实践中发现一些规律。

2. 行动研究的主体与研究成果的受用者角色合一

在传统的研究中,研究人员只负责研究,行动人员只负责工作的执行,这就导致应用研究结果的人只是应用而不去研究,即便是在应用的过程中,往往也是机械照搬,照葫芦画瓢,不管其应用的理论是否符合自己的需要。若无研究结果,实际工作者便固步自封、因循守旧、得过且过。行动研究避免了传统研究的这个缺点,将研究成果的应用者和研究者集双重角色于一身,使研究者从“局外人”直接进入“当事人”的角色,从而克服了研究主体与研究结果受用者之间的角色分离,也因此扫清了研究成果难以从理论形

---

① 玛丽・路易丝・霍莉等:《教师行动研究》,祝莉丽等译,中国人民大学出版社 2014 年版,第 133 - 143 页。

② 杨静、吉家钦、夏林清:《行动研究经典读书札记》,社会科学文献出版社 2015 年版,第 52 - 68 页。

③ 杨静、夏林清:《行动研究与社会工作》,社会科学文献出版社 2013 年版,第 145 - 168 页。

态转化为实际运用的障碍。行动研究对广大实践者解决教育教学问题具有不可替代的特殊作用。

3. 研究与行动相结合

行动研究是一种动态的研究。它以自我诊断、自我修改和自我完善为主线,力求在有效的实际操作中解决问题,揭示规律。研究者与参与人需要不断地根据目的,检讨、调整、修正自己的行动,并形成新的行动,行动研究本身也是一个科学性的研究过程。其要求研究者的各类发现不停留于理论、机制的发掘层面,而是能直接指导或运用于具体实践,有着鲜明的问题、方法与策略导向性。[①]

(三)方法的模式类型

1. 勒温的螺旋循环模式

勒温是行动研究重要的先驱,不仅首先提出行动研究这个名词和方法,还提出行动研究包含计划、行动、观察和反省四个环节的概念,并建立行动研究螺旋循环操作模式(图 6-1),后来又对螺旋循环模式作了修正,成为行动研究操作基本架构(图 6-2)。[②]

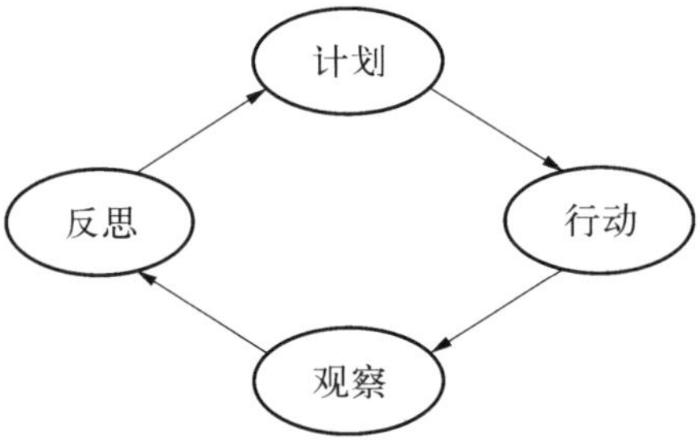

图 6-1 经典螺旋循环模式

来源:注②。

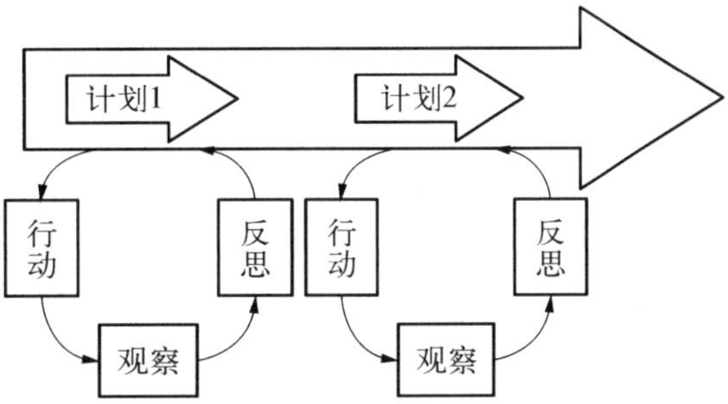

图 6-2 修正螺旋循环模式

来源:注②。

2. 埃利奥特(Elliott)行动研究模式

埃利奥特(Elliott)行动研究模式(图 6-3)实际上也是一个时间进程模式,模式包括几个循环,每个循环包含有以下进程:确定初步设想;对设想进行考察即通过分析资料判断设想是否合理;如果认为基本合理,则制定总体实施计划;在总体实施计划中同时考虑几个行动步骤的计划,然后先进行第一个行动,并对第一个行动进行监测,了解其效果;根据监测获得的资料,分析失败的原因;在此基础上修改总体计划,尤其是对下一次行动的步骤作出调整。[③]

① 欧内斯特·斯特林格:《行动研究 协作型问题解决方案》,郭蔚欣译,北京师范大学出版社 2017 年版,第 205-218 页。

② Coghlan D, Shani A. *Introducing action research*, New York: SAGE Publications, 2018, pp152-158.

③ Greenwood D J. *Introduction to action research*, New York: SAGE Publications, 2007, pp189-199.

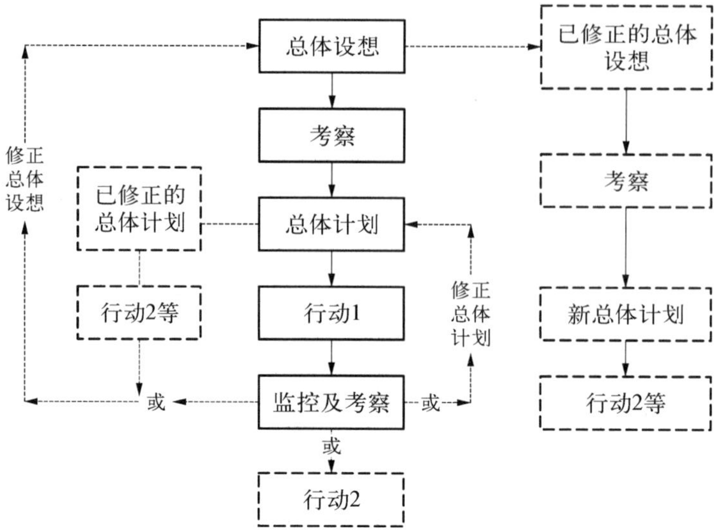

图 6-3　埃利奥特(Elliott)行动研究模式

来源：见 P63,注③。

3. 麦柯南时间进程模式

麦柯南行动研究模式是一个时间进程模式,按照时间的发展,行动研究应包含几个行动循环,每个循环包括：确定问题、需求评价、提出设想、制定行动计划、实施计划、评价行动、作出决定等 7 个基本环节,根据行动结果再次确定第二次行动循环需要研究的问题(图 6-4)。[①]

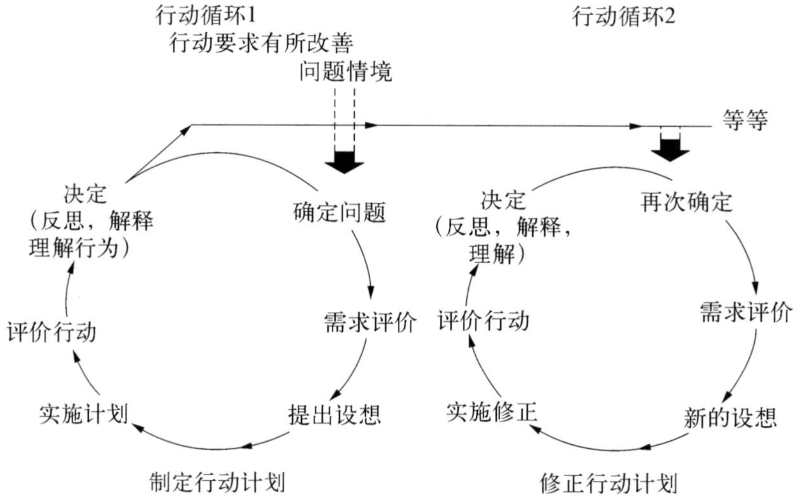

图 6-4　麦柯南行动研究模式

来源：见注①。

① Mertler C：*Action research*，New York：SAGE Publications，2017，pp212-231.

(四) 方法的实施步骤

有关行动的实施步骤,国内外学者形成有不同的步骤模式,主要有以下几类方式。

1. 国外学者的主流实施步骤

(1) 艾略特六步骤模式

第一步: 诊断或发现问题。行动研究者坚持用批判的态度对待每一个看似平常的问题,并进行探究分析,了解社会状况,发现问题。

第二步: 初步研究分析。对发现的问题进行初步讨论,务求做到各抒己见、集思广益。若有必要,研究者、教师或各有关人员应组成研究小组。讨论的结果可成为拟订总体行动计划的重要意见。搜集、阅读相关资料,明确研究问题的本质与现状。

第三步: 拟订整体计划。这是行动研究的蓝图,较重视全盘设计。设计强调灵活性、能动性和开放性,以适应没有预计的制约因素;同时强调行动中的反馈信息,以便对整体计划进行修订和完善。

第四步: 制定具体计划。把整体计划分解和具体化,具体的行动方案。

第五步: 行动。一方面按照计划进行实践探索,一方面观察、记录和评价具体行动研究过程中的各种情况。

第六步: 评价行动研究。这是对整体行动计划的总结。总结可以包括两个主要部分: 一是对所研究的问题作结论,即分析行动研究是否完成目标;二是对整个行动研究的计划、策略、步骤等进行分析、反思和批判,为下一个(循环)计划做准备。前部分是有关行动研究目标成效检讨;后部分是有关行动研究本身作评价,如弄清楚研究过程中所遇到的问题和限制。①

(2) 凯米斯四环节模式

凯米斯(Kemmis)认为行动研究是一个螺旋式发展的过程,每一个螺旋发展圈都包括了四个互相联系、互相依赖的环节: 计划、行动、观察和反思,也称为"凯米斯程序"。

第一步: 计划。它包括对问题的分析与解决问题的设想。对于行动研究来说,它不要求设想完善的计划,而是要求任何计划都要在实施的过程中,根据情况的发展变化作出调整和修改。

第二步: 行动。实施计划,即按照目的和计划行动。这里采取的行动,就是对研究对象的干预,即施加自变量的影响。

第三步: 观察。这一环节的任务是搜集资料,从而对行动的整个过程、获得的结果、行动的背景等尽可能有详细的了解。

第四步: 反思。是对行动结果及其原因进行思考。这一环节包括: 整理和描述,评价解释。

---

① Taylor C, Wilkie M, Baser J: *Doing action research*, New York: SAGE Publications, 2006, pp12 - 31.

以上四环节是不断循环的，每一次循环都有所改进提高。[①]

2. 国内学者的主流实施步骤

（1）模式一

研究过程可分为八个步骤。

第一步：发现问题。在实践工作中，通过思考发现存在的问题。

第二步：问题确认。从所发现的问题当中选择研究的课题，调查问题存在的原因，为有效解决问题奠定基础。

第三步：查阅文献。做好行动研究的策划和筹备成立课题研究小组，利用研究者自身的现有条件，深入研究有关文献和信息，了解与掌握"问题"研究的国内外现状，选择解决问题的相关理论。

第四步：建立假说。假说是某种行动可能产生某种结果的预测，是未经证实的结论。包括两部分，一是将要采取的行动，二是对行动结果的预测。

第五步：拟订计划。遵循可行性、协调性、同步性和操作性等原则拟定计划，应包括如下内容：标题、目的、假说、被试的选择、变量的控制、方法、步骤、材料与实施工具的选择、人员与分工、经费、研究时间及研究措施等。

第六步：实施行动。根据计划和研究假说进行研究行动，在行动过程中，通过观察、调查、问卷、测验等研究方法，不断搜集各种资料和数据，并根据行动中得到的信息，不断对计划内容加以改进。

第七步：结果评估。实施研究行动结束后，对于所发现的内容进行审核与评估，进一步提炼相关的机制、模式与规律，以作为研究的最终发现。

第八步：反馈。将行动研究获得的科研成果运用到原本实践中去，用实践检验其发现的有效性。与此同时，发现新的问题，在以往基础上转入下一轮行动研究。[②]

（2）模式二

第一步：预诊。这一阶段的任务是发现问题并进行反思，再根据实际情况进行诊断，得出行动改变的最初设想。

第二步：收集资料初步研究。这一阶段成立由研究人员、参与人组成的研究小组对问题进行初步讨论和研究，查找解决问题的有关理论、文献，充分占有资料。参与研究的人员共同讨论，听取各方意见，以便为总体计划的拟定做好诊断性评价。

第三步：拟定总体计划。这是最初设想的一个系统化计划，行动研究法是一个动态的开放系统，所以总体计划是可以修订更改的。

第四步：制定具体计划。这是实现总体计划的具体措施，以实际问题解决的需要为前提。

---

① Duesbery L：*100 questions（and answers）about action research*，New York：SAGE Publications，2020，pp92－111.

② 王攀峰：《行动研究的理论与方法》，首都师范大学出版社 2013 年版，第 176－195 页。

第五步：行动。此阶段是整个研究工作成功的关键。此阶段特点是边执行、边评价、边修改。在实施计划的行动中，注意收集每一步行动的反馈信息：可行的，则可以进入下一步计划和行动；反之，则总体计划甚至基本设想都可能需要作出调整或修改。研究的目的不是为了检验某一设想或计划，而是为了解决实际问题，发现其中的规律与内容。

第六步：总结评价。需要对研究过程进行考察，内容涉及行动背景以及影响行动的因素；行动过程包括什么人以什么方式参与了计划实施、安排了什么干预措施、有什么结果变化、如何排除干扰等；行动的结果包括预期或非预期、积极或消极。此阶段，是对于原本各类假设的验证与观察，由此得出相关的结论，并分析在实际应用中的成效。

可以看到，有关行动研究的实施步骤，不同学者有着不同的实施策略，但总结而言，大体上离不开对问题的发现与诊断、合作人员的选择、干预措施与研究方式的计划、具体的实施，以及最终结论的论证与推演。整个研究存在着强烈的问题导向，过程中有着多种对其他各类研究方法的借鉴与运用，例如实验、问卷、访谈等，方法的混合在其过程中都有集中体现。在方法实践过程中，需要把握对研究目标、理论框架、数据搜集、分析策略、研究贡献、实践建议、措施方法等方面的综合思考。[①]

（五）方法的比较

比较的行动研究研究法与常规性研究的差异，可从研究对象、过程、分析等多个维度来加以辨析。在研究方法实施过程中，研究者认为研究对象或参与人不再是常规研究中“冷冰冰”的客体，不再是“生硬刻板”的“信息收发员”，其本身也是研究的主体，具有主观能动性。在合作研究的过程中，研究对象与研究者协商对话，尽量扩大自身的“行动空间”，从而使研究目标和研究过程相互塑造，研究过程呈现出非线性、不连续的过程，这个过程同时也是各方利益追求平衡的过程。[②] 由此可见，在行动研究中，所谓的“研究”与“行动”之间的边界在外表看来已变得相当模糊，是各个利益主体在统一的过程中相互协作，又各有侧重，共同推动研究目标的实现[③]（表 6 - 1）。

表 6 - 1　行动研究与常规性研究比较

对比维度	行动研究	常规研究
研究为了什么？	行动（已包含“理解”）	理解，可能后来也有行动
研究为了谁？	当地人、机构、研究者个人	研究机构、研究个人和职业兴趣
谁的知识重要？	当地人的	研究者的

① 陈向明：《在行动中学作质的研究》，教育科学出版社 2003 年版，第 143 - 155 页。
② 王伊欢、叶敬忠：《农村发展干预的非线性过程》，载《农业经济问题》2005 年第 7 期，第 45 - 57 页。
③ 李小云、齐顾波等：《行动研究：一种新的研究范式》，载《中国农村观察》2008 年第 1 期，第 7 - 9 页。

对比维度	行动研究	常规研究
优先领域的选择受什么影响?	当地人的优先需求	资助机构的优先需求、研究机构日程和研究者职业兴趣
在选择研究方法时主要考虑什么?	赋权、相互学习	学科惯例、客观、真实
研究者的作用	协助者和学习者,积极参与当地变化与赋权的过程	是客观的观察者,负责收集信息以做诊断、计划和评估研究;与外界分享信息
当地人的作用	当地人参与确认研究问题、界定研究目标、制定研究计划、监测评估以及散发研究成果等全过程	研究成果被动的接受者
谁参与了研究过程?		
问题的确认	当地人、研究者	研究者
数据的收集	当地人、研究者	研究者、调查员
解释	当地概念和框架(学科概念和框架为此服务)	学科概念和框架
分析	当地人、研究者	研究者
研究结果的展示	当地可以获得的、有用的方式	通过研究者向其他学术团体或资助单位进行传播
根据发现采取行动	整合进研究的过程	独立的、或可能根本没有发生
谁采取行动?	当地人(在外界或没有外界的支持下)	外部机构(指非研究机构)
谁拥有研究结果?	研究者和当地人共同分享	研究者
强调的是什么?	过程(结果是过程的自然延续)	结果

来源：见 P67,注③。

(六) 方法的优势和局限

【优势】

1. 较强的实践性与参与性。该方法旨在对于特定问题的改善或规律研究发现为目标,整个实施过程聚焦于实践本身进行开展。参与研究的,除研究者以外还有诸多参与者类型,进而在实践、参与性两方面,较其他方法有所不同。

2. 多种研究方法的综合使用。行动研究法的实施,涉及多种的研究方法综合运用,包括问卷、实验、聚焦会议等，能实现不同方法的组合，促进主方法的功能发挥与结果产出。

3. 适应性和灵活性。方法能适用于较广的运用领域，并在实施的过程中，依照实际情况不断调整研究方案。

【局限】

1. 偏差因素。行动研究存在诸多偏差因素的影响，例如选择偏差、主观偏差、社会期望偏差或其他类型的认知偏差。

2. 复制困境。行动研究法所实现的规律发现、措施举措，由于受到研究本身在样本抽样、实施方式、评估方法等方面影响，有时会遇到难以复制的情况，从而降低了研究结果的外在效度。

二、典型案例

（一）案例来源

张亚妮、程秀兰：《基于"学习故事"的行动研究对幼儿园教师实践智慧生成与发展的影响》。[①]

（二）案例拆解

1. 问题提出

在幼儿教育中"学习故事"是一类有效的启发式教育方法，该方法是新西兰幼儿教育专家卡尔教授（Margaret Carr）等人所首创的，并在新西兰6个早期儿童中心开展了行动研究。其理念在于，提高实践者的反思和行动研究水平，根据国家课程框架去编制适合自己的课程计划，才是适宜早期儿童教育的课程。[②] 而当前摆在我国学前教育理论与实践领域的一个突出问题是：如何在理解《3－6岁儿童学习与发展指南》（以下简称《指南》）的基础上，借鉴"学习故事"评价方法，准确评价幼儿，实施有效的支持与引导，促进幼儿智慧成长，提升教师的实践智慧？

【启示】（1）问题精准且务实。行动研究法是一类结合行动（A）、研究（R）与培训（T）（简称：ART）的方法，其所针对的问题往往是实践工作中所遇到的具体且现实问题。此项研究以探究"学习故事"的实施效果、评价及影响为研究议题，以研究者自身实践改善与提升为出发点的行动研究，其研究成果有助于在实务层面上精准解决所面临的困

---

① 张亚妮、程秀兰：《基于"学习故事"的行动研究对幼儿园教师实践智慧生成与发展的影响》，载《学前教育研究》2016年第6期，第50－59页。

② Margaret Carr, Helen May, Valerie N: *Learning and teaching stories: Action research onevaluation in early childhood in Aotearoa New Zealand*, European Early Childhood Education Research Journal, 2002(2): 42.

境。(2) 议题的共情性。在研究中,好的研究问题是能触发特定群体共情、共鸣的,此议题能较大程度上可引发对幼教工作者、研究者的关注,其广大的群体规模,决定了研究的实践价值。(3) 研究议题需突出三个"性",分别为紧迫性、重要性、阻碍性,即幼儿教育在重要性方面毋庸置疑,在实践"学习故事"教学方法上有着紧迫性,但遇到了在评价、实施等方面的困境(阻碍性)。正是由于三个"性"的凸显,进一步提升了该项研究的意义。

2. 研究方法运用策略

(1) 研究团队组建。该研究采用协同式行动研究方法,以高校学前教育专业教师和幼儿园教师为主体成立研究共同体,以幼儿游戏和学习活动观察指导为切入点,以"学习故事"为抓手,实施了历时三个周期的行动研究。从 M 园的 21 名专任教师中筛选出 8 名年龄为 28～35 岁、教龄为 7～15 年的中青年骨干教师参与。在行动研究法实施过程中,研究者与行动者往往是统一的,很多研究者具备有双重身份,就如此研究,教师本身既是研究者,又是行动者。

(2) 具体方法采用。在整个行动研究过程中,对于行动的效果与状况了解,采用了半结构式访谈的方式收集研究资料,为此与教师进行了面对面的深度交流,访谈总时长近 600 分钟,根据访谈内容逐字整理成稿,原始资料近 6 万字。其对文本数据的分析方法,则采用了 Charmaz 的初始、聚焦、轴心三阶段编码方式进行了相关主题概念与范畴的提炼。

(3) 研究步骤。行动研究方法往往需要多轮计划、行动、观察、反思的过程,是一个"发现问题—实践行动—寻找规律—再发现问题"的循环迭代过程。该研究则设立三轮行动。具体实施步骤如下:

【第一轮】"睁大眼睛",发现"魔法时刻"。

明确问题:如何对儿童游戏与学习活动进行准确评价,恰当适时地引导?

拟定计划:采用"学习故事"对儿童游戏与学习活动进行观察、评价和指导。

实施行动:开展"学习故事"培训,书写"学习故事",进行集体研讨和分享。

观察反思:发现问题,注意部分能较轻松完成,但可能还不知如何准确识别与恰当回应。

【第二轮】"一案多析",准确识别并恰当回应。

修订计划:通过"一案多析",由大中小班教师自主筛选"学习故事"案例,通过观察视频,分析、解读并研讨支持与回应儿童的策略。

实施行动:采用"一案多析",解决识别和回应中遇到的问题。

观察反思:针对行动研究中出现的问题进行商讨,提出解决问题的办法。

发现问题:"学习故事"可能呈现零散、单一的碎片化,与课程内容的衔接不紧密。

【第三轮】"一串故事",教师叙事与"学习故事"并进。

修订计划:针对"学习故事"碎片化、与课程内容衔接不紧密进行再计划。

实施行动:以课程单元、儿童系列活动或主题活动为核心内容,呈现一串、一组连续性的"学习故事",与教师记录的教育叙事相互辉映和补充支撑。

观察反思:针对存在问题进行讨论,商讨解决办法。

(1) 结论呈现。通过多轮行动研究,对各轮的访谈资料、反思笔记进行编码后,得出以下主题(表 6-2)。

表 6-2 访谈与反思编码表

聚焦编码			轴心编码
行动研究前	行动研究中	行动研究后	
被动学习专业知识(a_1,d_1,h_2,b_4,c_4,d_1,a_5,e_4)	喜欢学习专业知识(c_5,c_6,c_7,e_1,h_1)	主动学习专业知识(a_9,d_{16},b_{10})	教育实践知识丰富
对儿童的观察流于形式、浮于表面(c_1,c_2,b_3,a_2,e_3,g_1)	观察、发现、了解孩子(a_7,f_8,e_9)	发现孩子的闪光点,向儿童学习(a_8,c_{10},d_{11},g_{15},g_{17},d_{13},e_{10})	观察与评价儿童能力提高
对儿童游戏和学习指导关注常规建立、高控游戏、急于干预(f_1,a_3,a_4,b_1,g_2,g_{14})	关注个体差异、给儿童自由,因材施教(f_2,f_4,f_7)	关注全体儿童,在理解的基础上给予适时指引和支持(f_{11},g_7,g_8,g_9,g_{10},g_{12},g_{13},g_{14},a_{10})	活动组织与指导能力提高
"睁大了眼睛也看不见"(b_2)	"看到以前看不到的"(g_3)	"眼睛变大了"(f_{10})	儿童观、教育观更新
理论与实践脱节(e_5)	理论与实践对接(f_5,f_6)	理论指引实践(b_{11},h_{18})	理论与实践融通
未建立学习共同体(a_{10},d_{15},h_{19})	学习共同体研讨、"一案多析"效果好(a_6,d_6,d_7,e_6,h_4)	学习共同体研讨、专家引领很重要(a_{13},c_{14},d_{14},h_{13})	学习共同体研讨丰富教师实践知识
和家长沟通不畅(c_{16},h_{20})	获得家长支持(a_{11},c_{11})	获得家长认可(a_{12},c_{13},h_{11})	获得专业认同
自我感觉较好(a_{16},b_{15},b_{18})	发现自身存在的问题(e_5,h_3,b_7,b_8)	获得专业成长和职业价值感(h_8,h_9,b_{12},c_{12},h_{12},g_{18},g_{19},h_{14},h_{15},h_{16},h_{17})	

来源:见 P69,注①。

通过编码与提炼,得出了有关"学习故事"教学的关键评价与要点,它们是:更新教育理念(科学的儿童观与教育观、获得专业认同感)、丰富教育实践知识(幼教知识的自主化学习、教育实践的集体化讨论、"一案多析"的教育实践知识激活)、提升教育实践能力(注重实质提升观察意识与能力、支持自主游戏提升活动组织与指导能力、异质化教育提升"因材施教"能力)、融通教育理论与实践。

(2) 行动建议与举措。在研究发现的基础上,研究者还就行动研究进行了自我反思,涉及了对三轮行动研究本身在方法、策略上的回顾与总结。同时,进一步提出了下阶段的行动设想与建议，即开展“学习故事”的本土化探索、实施基于教师实践智慧水平的行动研究、在准确理解“学习故事”精神实质的基础上理性借鉴。①

【启示】(1) 方法的循序渐进。行动研究法有着多轮迭代的特征。即，要在发现问题、解决问题的过程中，探寻规律与机制。在整体研究过程中，需要保持对研究问题、细节的敏感性，抱有对事件、现象诊断的态度来加以观察与分析。对于问题或横向拓展，或纵向深化，以此两个维度来持续行动研究的循环迭代。(2) 具体方法的综合运用。部分学者认为，行动研究法是一类更高的维度研究方法，其可以对其他各类研究的统筹运用，以保证方法的有效性。该研究中结合使用了扎根理论来加以实施，在其他相类似的研究中，诸如问卷、实验等也均有使用。可以灵活纳入其他各类具体研究方法来加以补充与完善研究，以此寻求更为深刻的发现。(3) 结论与发现的可落定。该方法既是一类研究方法，又是一类指导、解决具体实践问题的方法策略，其研究结果需突出对实际工作、具体行动者的实用性。行动研究法本身就是鉴于传统方法中专业研究与实际工作相分离问题而创设的方法，进而在运用该方法时则需要突出专业研究与实际工作间的反馈与联系。

三、延伸阅读

- 陈向明.什么是“行动研究”[J].教育研究与实验，1999(2)：60－67＋73.
- 董树梅.行动研究是研究方法吗——对行动研究归属的方法论解读[J].上海教育科研，2013(7)：30－32.
- 于文浩.“翻转课堂”的学习满意度——高校课程教学行动研究[J].开放教育研究，2015，21(03)：65－73.
- 孙秀霞，孙谋轩，朱方伟，等.团队互动行为与项目角色认同：一项行动研究[J].南开管理评论，2021，24(2)：171－185.
- 朱方伟，宋昊阳，王鹏.项目化变革情境下企业如何克服组织惯性的束缚——基于行动研究法的路径与策略分析[J].管理评论，2018，30(8)：209－224.
- 罗晓杰，牟金江.反馈促进新教师教学反思能力发展的行动研究[J].教师教育研究，2016，28(1)：96－102＋74.
- 马一.线上线下混合式教学行动研究——信息技术与思政课教学融合创新[J].教育学术月刊，2020(7)：97－105.
- 阮晓蕾，詹全旺.混合式学习视域下的大学英语“线上＋线下”课程建构行动研究[J].外语电化教学，2021(5)：101－106＋15.

---

① 张亚妮、程秀兰：《基于“学习故事”的行动研究对幼儿园教师实践智慧生成与发展的影响》，载《学前教育研究》2016年第6期，第50－59页。

第七章 案例研究法

一、方法理解

(一) 方法的解读

【一句话定义】案例研究法是一种定性研究方法，旨在对正在研究的案例进行详细和全面的了解。案例研究通常涉及多个数据源，包括访谈、观察、文档、日志、影像等，这些数据使用各种技术进行分析。案例研究的结果通常用于发展理论，为政策或实践提供信息，或产生新的研究问题。

斯特可认为案例是一个有界限的系统，是一个对象而非过程。例如，教师可以是一个案例，但他的教学不能称之为案例，因为教学缺乏特殊性，且其界限也不够明确。再如，一个革新方案可以是一个案例，某一地区所有学校也可以是一个案例，但学校变革的关系并不能称之为个案，因为主题太宽泛而不具有独特性。案例可能是一个整体，也可能是一个群体，如家庭或团体，一个机构，如学校、工厂或医院，或一个社区，如城镇、社群等。确定案例研究，可从两个具体的因素来判断：第一，它是一个有界限的系统；第二，系统中存在某种行为形态，研究者可以借此行为形态或活动性质来了解系统的复杂性和过程特征。对案例一词有了初步的了解之后，就可思考什么是案例研究。①

Merriam 对于案例研究的定义，则是采取比较开放的态度，认为只要是对一个有界限的系统，如方案、机构、个体、家庭、社区或村落等，做全貌式的描述和分析，就是所谓的案例研究。罗伯特(Robert K. Yin) 所提出的案例研究观点，可以视为是对 Merriam 的回应。罗伯特认为，只要研究者运用多元资料来源，深入探讨真实生活情境的社会现象，就是所谓的案例研究。他在 *Case Study Research* 一书中将个案

---

① 罗伯特 · K. 殷：《案例研究：设计与方法》，向文平译，重庆大学出版社 2017 年版，第 63 - 75 页。

研究定义为：研究者通过多重资料来源，对当前真实生活脉络的各种现象、行为和事件所做的一种探究式的研究。综合上述学者的观点，不难发现：案例研究具有归纳整合、经验理解、独特性、深描、启发作用和自然类推的特性。案例研究的主要目的是探讨一个个案在特定的情境脉络下的活动性质，以了解它的独特性和复杂性。对案例研究者而言，研究的兴趣在于了解过程，而不在结果；在于了解脉络而非一个特定项目。案例研究法是一种个别的、深度的、描述的且偏向定性的研究方法，研究者期望通过对案例的深入了解，来探究其与全体的相同与不同之处。案例研究是一种探索及分析社会单位生活过程的方法，以收集事实、精密诊断、适当处理、正确记录为步骤。其所指单位，不一定以个人为限，可以扩展到家庭、机构、文化团体，甚至整个社区。从研究范围看，自形成背景、发展过程到组织内容皆可做全面、详尽、深入的研究。①

（二）案例研究的具体方法

在整个案例研究过程中，可采用多元的研究方法组合，以实现对案例的全面、深刻解读。

1. 调查研究

调查研究是较为经常使用的方法，受访者被要求完成一份包含开放式和结构化问题的问卷。通过面对面访谈、邮寄问卷或电话访谈进行，也可以通过在线调查来完成，调查研究可在较大程度上增强在覆盖面上的代表性。

2. 结构化访谈

对于案例研究研究，结构化访谈也是较为常用的方法。这涉及研究人员通过倾听其他人所说的话来了解该主题，需要通过对样本化对象的一对一的访谈来实现。半结构化访谈具有更大的灵活性，可以获得调查研究无法获得的信息，发现其数据背后的深层次含义。②

3. 案面研究

案例研究是对各类形式文档的搜集与分析，包括日志、笔记、录像、图片、器物、报告、备忘录、电子邮件、信件，以及与案例研究相关的各类文档材料，其搜集方式可通过正式或非正式渠道组合实现。

4. 焦点小组访谈

研究人员邀请相关人员参加关于某些主题或主题的开放式讨论，典型的团体人数为5～15人，该方法使研究人员能够深入地研究人们的意见、观点和经验，能在一定范围内把握群体的共性观点与态度。

5. 参与式观察

指研究者深入所研究对象的生活背景中，不暴露研究者真正的身份，在实际参与研究

---

① 道森・R. 汉考克、鲍勃・阿尔戈津：《案例研究：入门实用指南》，李超平等译，北京大学出版社2023年版，第212－224页。

② 李亮、刘洋、冯永春：《管理案例研究：方法与应用》，北京大学出版社2020年版，第17－28页。

对象日常社会生活的过程中进行隐蔽性的观察。

6. 文献研究

是指在搜集与整理研究领域相关文献的基础上，对文献进行研究之后形成新认识的一种研究方法，要求研究者做到全面且客观。在案例研究中，对于初次涉及的案例，通过文献研究法作为初始方法运用，有助于研究者系统全面地了解研究有关领域的情况，从而解释研究内容，形成研究结果。[①]

不同的研究方法组合，实现对案例研究在资料、数据上的三角验证，使得研究更为全面与科学性。

（三）方法的类型

1. 以研究对象的数量来划分

许多从事质性研究的工作者，都会依据研究个案的数量，将个案研究法进一步划分为单一（single）个案研究和多重（multiple）个案研究两种类型。

（1）单一个案研究

所谓单一个案研究，是指在整个研究过程中，研究者主要是针对一个个体、家庭、团体或社区，进行与研究相关的资料收集工作。研究者在进行资料收集之前，就必须思考究竟要进行单一还是多重个案研究。当研究目的是着重于单一个案，且研究者仅针对单一个案进行研究时，就称为单一个案研究。在进行单一个案研究时，研究者应该尽量降低可能的错误诠释，并让个案相关资料的收集饱和度能达到最大程度。因此，研究者在选择个案时，有三项原则应该考虑：一是关键个案（critical case）。这种个案可以满足所有条件，并且能够支持理论的前提假设。二是独特性个案（unique case）。这种个案呈现出一些独特特点，可以让研究者详细完整地了解个案的本质内容。三是启发性个案（revelatory case）。这种个案可以提供许多信息，并且这些信息可供研究者深入观察和分析。[②]

（2）多重个案研究

所谓多重个案研究，是指在整个研究过程中，研究者同时针对几个案例，比如分别来自家庭、团体或社区的，进行与研究相关的资料收集工作。当研究者同时针对两个或两个以上的个案进行研究，就成为多重个案研究。相较于单一个案研究，多重个案研究有其优势和不足。单一个案研究对于研究对象的选择，主要是建立在独特性、关键性和启发性等原则上。然而，当研究者进行多重个案研究时，往往需要耗费更多的时间和精力，收集更广泛的资料。多重个案研究对于研究对象的选择是建立在可替代性的原则上，但是千万不可以将替代性原则视为一种抽样逻辑。研究者到底应该运用单一还是多重个案研究方法来收集研究资料呢？主要还是取决于研究问题和研究目的。如果研究目的是针对单一

① 罗伯特·K.殷：《案例研究方法的应用》，周海涛等译，重庆大学出版社 2014 年版，第 145－163 页。

② 约翰·吉尔林：《案例研究：原理与实践》，黄海涛等译，重庆大学出版社 2022 年版，第 142－152 页。

个案进行深入的了解,就以单一研究对象为主。如果研究目的是着重于个案之间的比较,就必须选择多重个案进行资料收集工作。[①]

2. 以研究目的划分

除了以研究对象的数量作为个案研究类型的分类外,我们还可以根据研究的目的,将个案研究方法划分为三种类型。

(1) 本质型个案研究

当研究者想要对特定的研究对象进行比较深入和全面的了解时,比较适合运用本质型个案研究方法来收集资料。其研究目的,是深入了解研究现象的本质,而不在于发现理论或概念。因此,不适合运用于对一般社会现象的探讨,比较适合运用于针对特定社会现象或特殊事件进行研究。

(2) 工具型个案研究

研究者主要是通过特定案例的研究过程,深入了解议题或现象本身的意义。个案本身往往不是研究者兴趣所在,所以常常扮演支持性的角色,在研究过程中促使研究者进一步了解现象,所以工具型个案研究中,个案选择的标准在于其必须有助于研究者进一步深入了解现象本质。

(3) 集体型个案研究

强调研究者必须运用多重个案研究,通过对多重个案的比较分析过程,深入了解研究现象本身的异同,从而还原研究现象的本质。

3. 以研究目的和个案数量交叉划分

除了按照个案研究数量和目的划分外,罗伯特·K.殷认为还可以把二者交叉进行分类,包括探索型个案研究、描述型个案研究和解释型个案研究。

(1) 探索型个案研究

研究的目的着重强调对问题的界定,或者决定研究设计或步骤的可行性,探索型个案研究往往研究对象用来作为预研究。

(2) 描述型个案研究

研究目的主要是对研究现象或行为的脉络进行详细、完整、全面的探讨。

(3) 解释型个案研究

研究目的着重强调对研究资料进行因果关系的确认、分析和解释。[②]

(四) 方法的实施步骤

1. 设计研究问题

研究者在开始进行研究方案设计之前,应该考虑的是其研究问题是属于何种类型

① 李平、杨政银、曹仰锋:《再论案例研究方法 理论与范例》,北京大学出版社 2019 年版,第 78 - 92 页。

② 苏敬勤、崔淼:《工商管理案例研究方法》,科学出版社 2018 年版,第 234 - 242 页。

的问题。通过这次研究，研究者试图回答的是“怎么样”（如何）、“为什么”还是“是什么”的问题。对许多研究者而言，研究过程最困难的部分，莫过于如何将研究主题逐步发展成明确、具体、可行的研究问题。一个好的问题往往是研究成功与否的关键。因为好的、明确的、可行的问题，将提供给研究者一个明确的研究方向，引导整个研究设计顺利进行。①

可以将从研究主题到研究问题的发展过程视为一个聚焦的过程，研究者可以通过相关研究报告和文献的阅读，进一步帮助自己厘清研究的焦点，也可以通过接触研究对象的方式，进一步帮助自己对研究主题产生比较清晰的轮廓。当然，研究者还可以通过和相关领域的人士交流，进一步厘清研究问题的重点。

2. 理论假设（研究假设）

如果说把研究问题的设计称为方案第一个要素，则理论假设可以称为个案研究方案设计的第二个元素。理论假设可以引导研究者关注研究问题，例如，假设你要研究组织之间的关系，你首先要提出问题是：“为什么几个组织会联合起来？”是为了共同提供该产品的售后服务吗？它们是怎么联合起来共同提供服务的？这属于“为什么”和“怎么样”的问题，首先应该分析的是，它是否适合采用案例研究方法，是否揭示了你所研究的、也是你最感兴趣的问题。但是，仅此还不足以指导研究的进行。只有明确提出某种具体的假设后，研究才会有正确的方向。例如，可以想象几个组织、企业之所以联合起来，可能是因为可以通过联合达到互惠互利的目的。这一假设除了反映出重要的理论问题（如导致合作、联合的其他动机并不存在）之外，还能告诉你到哪里寻找相关的资料或数据。虽然理论假设与研究主题范围有关，但是并非所有的研究都需要理论假设。一般来说，探索型的案例研究只需要描述研究即可，不需要进一步针对研究问题提出理论假设。另外，部分长期从事个案研究的工作人员会用研究议题来替代理论假设。他们认为，案例研究关注个案的独特性和复杂性，如果提出理论假设后，往往会大大减少对案例所处情境的了解和认知。②

3. 资料收集

对案例研究的资料收集，经验丰富的研究者和研究新手的做法是不一样的。对于研究新手来说，所有与研究有关的资料收集工作，都必须是在研究问题提出之后，才能够着手进行，这种方式常常可以帮助新的研究者避免在研究过程中过度失去焦点。相反，对于经验丰富的研究者来说，这种方式并不一定适合。一位有丰富经验的研究者，往往会用先前已经掌握的知识，来帮助自己规划研究设计和资料收集工作。同时，在研究过程中，都会以比较开放的态度，来面对研究现象和应对研究过程中各种可能发生的状况。一个优

① 范明林、吴军等：《质性研究方法（第二版）》，格致出版社 2022 年版，第 184－185 页。

② 罗伯特·E. 斯塔克：《案例研究的艺术：好的故事、好的分析、好的报告》，赵丽霞译，世界图书出版公司 2022 年版，第 58－64 页。

秀的个案研究者在资料收集的过程中，还应该注意几项技巧：

- **设计问题**。好的个案研究者必须能问出好的问题，并对这些问题给出适度的提示。

- **倾听**。好的个案研究者除了会问问题外，同时，也要是一个很好的听众。所谓好的听众，就是在倾听的过程中，不会将自己的意念或价值观强加给回答问题的人。

- **适应力和弹性**。研究者需要具有高度的环境适应力，在访问过程中，要以开放的态度，与研究对象或研究情境互动，将新的情境或刺激视为机会而不是潜在的威胁。

- **降低偏见**。研究者需尽量避免因个人偏见而影响研究资料的收集或对研究结果的诠释，在资料收集过程中，应对研究问题保持高度敏感性。案例研究者必须像资深的、有经验的工作人员一样，在整个研究过程中放下身段，不断地重新调整自己的步伐，而不是死板地根据一些严格的要求或规定，来进行资料收集工作。①

4. 分析单位

在资料收集之后，研究者如何进行相关资料的分析工作呢？首先，研究者必须界定所要分析的资料的单位是什么，这是资料分析的前提。这个问题与研究者如何理解研究中的“案例”有着密切的关系。例如，案例可能是一个单独的人，在这些案例中，研究对象是单一个人，单一个人就是分析的基本单位。如果把相关的多个个人资料都收集起来，就形成了多案例研究。当然，个案分析单位也可以是比个人、个体更难界定的事件或实体，如决策、实施过程、组织变化等。界定分析单位的一般指导原则是，研究者对分析单位的尝试性界定是与其对所要研究问题的类型的界定联系在一起的。对分析单位的不同界定，会导致采用不同的研究方法或者不同的资料收集方法。当准备对要研究的原始问题进行更精确的分析时，就会面临选择合适的分析单位的问题。如果此时研究者无法决定何种分析单位优于其他分析单位，那就表明要研究的问题要么太模糊，要么数量太多，这必然会给研究增加麻烦。但是，如果已经决定采取某种分析单位，那也不要一成不变。随着资料集过程中出现新问题和新发现，研究者对分析单位应该进行修改完善。②

5. 资料的逻辑思考与诠释

从事案例研究的研究者，面对着经由访谈、观察或文献档案等方式收集的庞杂资料时，如何把它们有效地整合起来，成为研究者必须面对，且非常关键的一环。研究者在进行案例资料与诠释的过程中，先对研究对象的特点进行描述性说明；其次，研究者再针对研究过程、自我的反省与检讨进行反复分析；最后，研究者根据配对结果对研究资料进行诠释。研究者在对研究资料进行诠释的过程中，应尽量做好对照式的分析，依据资料的差异性作为区分类型的基础，并尽量找出足够资料，作为辅助诠释的参考。③

---

① Tight M：*Understanding case study research*，New York：SAGE Publications，2019，pp402－411.

② Swanborn P：*What is a case study?* New York：SAGE Publications，2010，pp341－351.

③ Ledolter J：*Analyzing textual information: From words to meanings through numbers*，New York：SAGE Publications，2022，pp47－54.

(五) 案例研究的策略

1. Yin 的六阶段研究法

作为案例研究的先驱，Yin 在其撰写的《案例研究：设计与方法》中描述了具体案例研究的设计和方法，其中涉及案例研究的初始启动、资料分析、报告撰写等，弥补了长久以来社会科学领域中案例研究设计与方法的空白。Yin 认为，案例研究包含 6 个阶段①(图 7－1)。

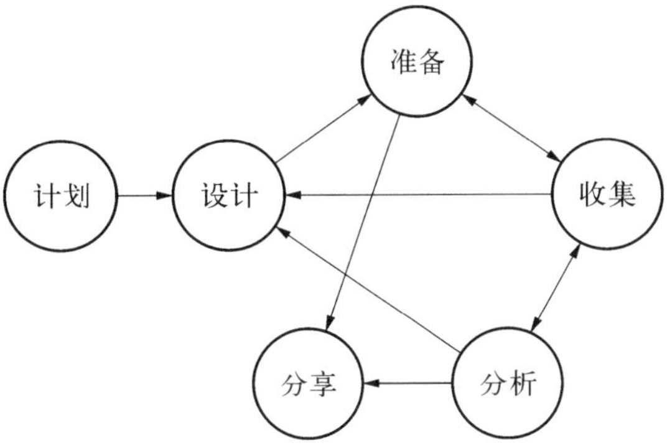

图 7－1　Yin 的案例研究流程

来源：见注①。

在计划阶段，需先判断研究是否适合采用案例研究方法，主要根据三个前提条件来判断：研究是否需要回答"how"或"why"的问题；研究者对研究对象和事件的控制权是否极低；研究重心是否是当前发生的事情。在设计阶段，要注意构建理论假设和清楚界定分析单位，进行案例设计。案例设计包括整体性单案例研究、嵌入性单案例研究、整体性多案例研究、嵌入性多案例研究，在案例设计完成后进行案例研究，并在各阶段加强案例研究的质量，以保证案例的信度和效度。准备阶段包括案例研究者技能的准备，还包括进行案例研究的准备(培训、拟订草案、案例筛选、开展试验性研究)。研究者应具备提出好问题和"倾听"的能力，还要注意牢牢驾驭主题，避免偏见或被受访者引导的现象发生。案例研究包含 6 种主要数据来源：访谈、直接观察、参与式观察、文件、档案纪录和实物证据。每种来源都有其优缺点，不同的数据来源可以相互佐证。因此，在收集阶段，应运用不同的数据来源，将证据相互融合，形成"证据三角形"，以验证研究结果的合理性。分析阶段的总策略是：依据理论假设，进行案例描述，整合质性和量化数据，检验"对立的竞争性解释"。研究策略具体体现为 5 种分析技术，在分析过程中与研究策略一起被运用，分析技术包括：模式匹配、建构性解释、时序分析、逻辑模型和跨案例聚类分析。

2. Eisenhardt 的八步骤研究法

与 Yin 的观点不同，Eisenhardt 认为案例可用于构建理论，由此归纳出理论构念、关系和逻辑。她提倡理论抽样，主张通过复制逻辑进行多案例研究和跨组织研究，选取案例个数的标准取决于增加案例所获得的信息。Eisenhardt 主张的案例研究包含 8 个步骤(图 7－2)。

① 刘志迎、杨重、张孟夏、徐毅：《案例研究方法比较——以 Eisenhardt 和 Pan 的论文为例》，载《管理案例研究与评论》2022 年第 6 期，第 685－697 页。

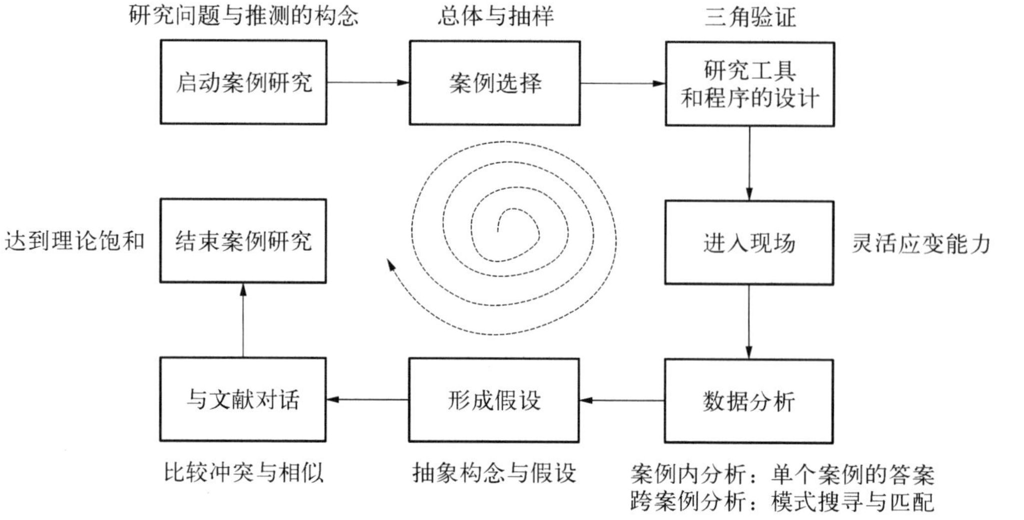

图 7－2　Eisenhardt 的案例研究步骤

来源：见 P79，注①。

案例构建理论是一个不断反复的过程，启动案例研究，需要先确定研究问题，带着明确的问题深入组织，识别预设构念，有助于研究者在研究过程中精确地测量构念。但不要预设理论观点或命题，否则可能影响案例构建理论的研究效果。案例选择过程中，应选择特定总体，以便控制环境变量和排除其他因素的干扰。在案例选择过程中，应根据理论抽样的原则抽取样本，即根据理论需要而不是统计需要来选择可能复制或拓展新理论的案例，也就是说，选择那些“对将要构建的理论而言能够排除其他因素的总体、能够展现理论全貌的抽样以及能够特别清晰说明理论的极端案例”。在研究工具和程序的设计过程中，应综合运用定性和定量数据。定量数据有利于揭示现象背后的逻辑关系，定性数据有利于揭示关系背后的原理。此外，团队成员应该多样化，以便实现见解的相互补充，并得到收敛趋同的观察结果。在进入现场后，数据搜集和数据分析应同时进行，在搜集过程中，研究者应采用灵活的方式对研究问题进行不断修正和改良。此外，在数据搜集过程中需要结合三角验证、实时数据与回溯性数据的交叉使用等方法进行。数据分析包含案例内分析和跨案例分析。案例内分析包括对每个案例的详细描述，采用表格和图表等形式来组织数据。跨案例分析就是从多种不同途径来分析比较多个案例数据，克服信息处理过程的偏差。跨案例分析方法主要有三种：第一种是分类别或分维度比较法，寻找组间相似点和不同点；第二种是分组案例配对比较法，发现每组案例的相似点和不同点；第三种是分数据来源法。形成假设是一个反复比较和检验的过程。首先应提炼构念，其次检验构念间关系是否与收集证据相符。此外，采用复制逻辑来提升效度的可信性，通过案例反复验证变量间关系。与文献对话是指将形成的构念、假设和理论与现有文献进行比较。与矛盾的文献相比较，可以发现更多的创新机会。与相似的文献相比较，将通常不相关的现象通过内在相似性联系起来。最后，当达到理论饱和时，即新获得的知识增量变得极小时，便可结束案例研究。

3. Pan 的 SPS 案例研究法

澳大利亚新南威尔士大学的 Pan 教授开发出一套更适合中国实际情况的案例研究方法，其涉及"结构化—实用化—情境化"的研究过程，简称 SPS 研究法，具体包括 8 个操作流程（图 7－3）。

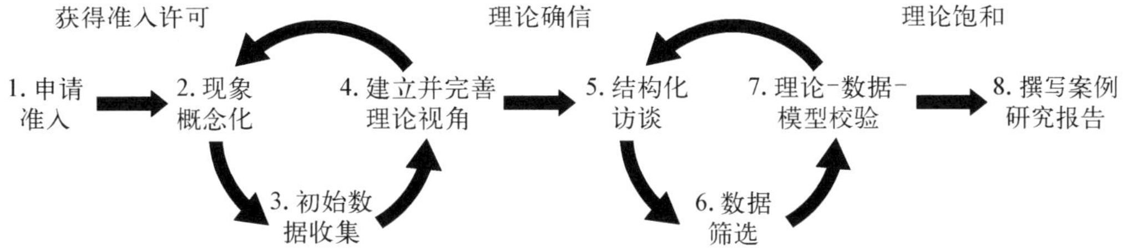

图 7－3　Pan 的 SPS 研究流程

来源：见 P79，注①。

首先，申请准入，获得准入许可后进入设计循环环节。设计循环包括三个步骤，即现象概念化、初始数据收集、建立并完善理论视角。具体来说，在收集初始数据前，应该了解该企业的背景信息和所感兴趣的现象以及相关理论，以此来对现象形成一个印象。接着，进行初步的全局性访谈，在研究中提炼和印证研究者对现象的观点，经过搜集和整理初始数据为理论化奠定基础。理论化的初步阶段可以建立并完善初步的理论视角，该理论视角可以指导与现象相关概念的提炼并有利于更多数据的收集。额外的数据迭代使用后，进一步促进新构念、假设的提炼，直到达成理论确信，设计循环才停止。理论确信的达成，意味着研究者对该理论视角非常有自信，经过案例数据的证实，该视角是对现实的准确反映，可以对理论和实践有足够的贡献。①

接着，研究进入提升循环。在提升循环阶段，研究者需要搜集额外数据，将观点转化成一个成熟的理论。通过质性数据分析方法，将之前所有的数据进行编码、组织和检验。逐渐形成的模型，应与实证数据和已有文献相一致。这就是理论、数据、模型相互校验的过程。通过这个过程，提炼出模型的核心机制，达到理论饱和。理论饱和的达到意味着新收集的数据呈现出重复性，新数据的采集再也不能对理论模型产生影响，此时理论模型已经达到了完善的状态。在提升循环之后，研究者可以根据最终结果，撰写案例研究报告。

（六）方法的适用

案例研究法在各个领域和行业中都有广泛的应用，以下是一些示例。

---

① 刘志迎、龚秀媛、张孟夏、徐毅：《Yin、Eisenhardt 和 Pan 的案例研究方法比较研究——基于方法论视角》，载《管理案例研究与评论》2018 第 1 期，第 104－115 页。

1. 商业与管理

案例研究法广泛用于商业和管理，以检查现实生活中的情况并培养解决问题的能力，案例研究有助于深入了解商业概念、理论和实践。

2. 医疗

案例研究法用于医疗保健中，用以检查患者护理、治疗方案和结果。案例研究可帮助医疗保健专业人员培养批判性的思维技能，诊断复杂的病例，制定有效的治疗计划。

3. 教育

案例研究法用于教育，用以检查教学和学习实践。可帮助教育工作者制定有效的教学策略，评估学生的进步情况，确定需要改进的领域。

4. 社会科学

该方法在社会科学中广泛应用于研究人类行为、社会现象和文化实践，可以帮助研究人员发展理论、检验假设并深入了解复杂的社会问题。

5. 法律与道德

案例研究法可用于法律和道德领域，用以检查法律和道德困境，帮助律师、政策制定者和道德专业人士培养批判性思维技能、分析复杂案件并作出决策。

该方法有着较为广泛的应用，其关键点在于：(1) 理论或概念构建。用于说明和解释理论概念和框架，提供如何在现实生活中实现理论或概念运用的示例。(2) 发展假设。可帮助产生关于不同因素和结果之间因果关系的假设，这些假设可以通过进一步的研究来检验。(3) 告知实践或政策。该方法可用于需要确定最佳实践途径、吸取经验教训并加以改进的领域。[①]

(七) 方法的优势和局限

【优势】

1. 深度探索。该方法可以应用于在现实生活中对特定现象、问题进行详细的探索和分析，实现对案件及其动态的全面了解，这是其他研究方法难以实现的。

2. 丰富的数据。用该方法开展研究可生成丰富而详细的数据，包括访谈、观察和文档等定性数据，有助于获得对案件细致入微的理解。

3. 整体视角。用该方法对案件进行整体分析，同时考虑促成案件及其结果的各种因素、过程和机制，可对案件有更准确和全面的了解。

4. 理论发展。可通过提供经验证据和具体例子，来帮助研究者发展和完善理论和概念，从而对现实实践运用理论或概念来加以解释。

5. 实际应用。可通过该方法确定最佳实践途径、获取经验教训，为实践决策提供有价值的信息。

---

① Simons H: *Case study research in practice*, New York: SAGE Publications, 2009, pp383 - 392.

【局限】

1. 有限的普遍性。案例研究法因为通常集中在单个病例或少数样本上，所以限制了研究结果的普遍性。案例的独特性可能不适用于其他背景的人群，因而研究的外部效度有限。

2. 抽样偏差。研究依赖于有目的或方便的抽样，这可能会导致在样本选择过程中掺杂偏见，从而限制样本的代表性和研究结果的权威性。

3. 主观偏见。方法依赖于研究人员的主观解释，研究人员自己的偏见、假设可能会影响研究结果，即，影响研究结论的客观性。

4. 有限的控制。研究过程通常在自然环境中进行，研究人员对环境和所研究变量的控制有限，削弱了研究人员在变量之间建立因果关系的能力。

5. 耗时性。案例研究法非常耗时，通常会涉及对特定案例的详细探索和分析，这会在客观上降低多个案例研究同步的可行性。

6. 资源密集型。该方法实施需要占用大量的资源，包括时间、资金和专业知识，在客观上将直接影响研究人员的研究实施能力。①

二、典型案例

（一）案例来源

田雪莹、黄旭、张欢：《社会企业价值共创的特征和过程机制——基于携职旅社的案例研究》。②

（二）案例拆解

1. 问题提出

中国经济社会转型情境下的社会企业如何突破孤军奋战的窘境，与其他主体“同力协契共创价值”，是一个富于挑战的理论谜题。现有研究大多从特征、作用、影响因素等探讨社会企业及其发展，而社会企业与其他利益相关主体的协作互动行为远未得到足够重视。价值共创理论强调主体间交互协作以共同创造价值，但共创主体间相互作用的模式以及价值的实现过程尚未得到系统阐释。该研究案例运用价值共创的视野投射到社会企业领域，围绕“社会企业价值共创”主题，一方面需提炼出主体、资源和互动三个价值共创特征，

---

① 马尔科姆·泰特：《案例研究：方法与应用》，徐世勇等译，中国人民大学出版社 2019 年版，第 42 - 56 页。

② 田雪莹、黄旭、张欢：《社会企业价值共创的特征和过程机制——基于携职旅社的案例研究》，载《管理案例研究与评论》2022 年第 4 期，第 387 - 401 页。

对社会企业价值共创多元主体类型、异质资源的交互过程和双向互动联结程度进行区分；另一方面，通过对社会企业价值共创的主体识别，剖析各主体间价值共创的资源整合和互动联结过程，构建社会企业“价值共识—价值共生—价值共享—价值共赢”四阶段共创模型，以打开社会企业多主体价值共创过程的“黑箱”。

【启示】(1) 补足研究缺口。可以看到，价值共创的研究成果已较为丰富，但由于研究视角的局限，企业与其他利益方的价值共创未受到重视，且相互间的作用机制和实现方式还未系统研究。很多情况下，研究问题的提出，需要与过往文献、研究实现对比对照，探寻研究的缺口，从而实现以独特的视角切入，体现研究的价值。(2) 问题的情境性。该研究问题的提出，紧密契合特定条件下(大学生求职旅社)的社会企业及多主体间的合作，具有强烈的对象性特征。在选择研究问题时，即使是传统的问题，也可将其放在新情境、新条件下重新进行观察，这有助于对现有研究问题的延伸与深化。

2. 研究方法运用策略

• **研究方法**。该研究案例采用了单案例研究策略，重点关注三个方面：首先，研究关注社会企业与其他主体合作通过资源共享实现价值共创。何谓社会企业价值共创、如何实现价值共创，是探索“WHAT”和“WHY”的问题；其次，采用单案例分析能深入剖析现象特征与发展历程，以及背后的规律与机制；最后，将价值共创这一概念投射到社会企业领域进行探讨，目前该领域的研究成果较为匮乏，作为探索性的研究，案例分析往往能带来新颖的见解。

• **案例选择与数据来源**。该研究选择杭州市携职大学生求职旅社(简称携职旅社)进行案例研究，携职旅社在关注所从事主业的同时，还关注大学生的就业技能提升等，符合社会企业的特质。在数据采集方面，研究采用了多元的搜集渠道，包括采取半结构化访谈、实地考察和二手数据查询等方式收集数据，对创始人进行深入访谈，对员工进行随机访谈，针对初次访谈数据信息再次进行电话访谈，以获取一手资料。二手资料主要源于携职旅社官方网站、研究报告、微信公众号、相关媒体报道、关于社会企业现有的研究文献等。丰富的数据来源与企业本身的多元性，为后续的分析提供了三角验证的机会，这也是在开展研究中经常使用的手段(表 7-1)。

表 7-1 数据来源

数据分类	数据来源			文字资料/万字
	方式	次数	时长/分钟	
一手资料	创始人深度访谈	2	124	1.3
	员工深度访谈	1	43	0.6
	电话访谈	1	35	0.5
	参与式观察	1	129	1.1

续　表

数据分类	数　据　来　源			文字资料/万字
	方　式	次　数	时长/分钟	
二手资料	携职旅社官方网站 携职大学生旅社公众号 携职电子商务平台公众号 内部非公开资料 相关媒体报道 书籍及文献			13.6

来源：见注①。

首先，历史纵线分析。依照个案研究的传统，会针对案例本身的发展脉络做一番叙述，案例对象会在整体面上有所呈现。在其历史纵线的分析上，聚焦内容与研究议题的相关与支撑性，是为突出议题本身服务的，而不仅是简单记流水账。因此该研究从 2008 年公司建立初始，以与各类相关组织实现共创行为为观察点构建的纵向叙述，能引导读者快速进入社会企业、相关利益组织、共创事件之中(图 7－4)。

其次，研究者对所搜集的数据进行分析，从行为发展演变、行为特征、过程机制三个方面进行案例阐释。在行为发展演变方面，将社会企业价值共创界定为：核心社会企业、客户、供应商、商业企业、政府机构、非营利组织等主体为实现价值主张，以协同研发、品牌合作、人才共享、政策和融资支持等形式开展协作，通过交互、配置和整合资源创造社会、经济和良好互动关系等多元价值，各主体在此过程中获益增值。初创阶段(2008—2009 年)：携职旅社致力于自身影响力建设，较少展开与其他利益相关方合作，主要精力集中于政府公关与媒体的宣传；发展阶段(2010—2013 年)：携职旅社开始协同更多的利益相关方，与政府建立合作关系的同时拓展与商业企业的联系，发展自身业务，扩大市场，使社会企业价值共创程度逐渐提高；扩张阶段(2014 年至今)：携职旅社协同的共创主体类型和数量均有所增加，提高了资源互用水平，创造了更大的社会和经济价值，使价值共创程度进一步提高[①](表 7－2)。

在行为特征方面，主要体现在：(1) 多元主体参与。将社会企业价值共创主体涉及的利益相关者(核心社会企业、客户、供应商、合作社会企业、竞争者、政府、高校及科研机构、投融资机构、志愿者、众创空间、媒体、公众、商业企业、非营利组织等)界定为社会企业价值共创主体，并将其分为主导型、参与型和支持型三大类。(2) 异质资源交互。社会企业实现价值共创离不开主体间的政策、资金、技术、人力、信息以及知识等共创资源的共享与整合。(3) 双向互动联结。初期阶段，顾客与社会企业相互沟通、及时反馈，达成供给与

① 田雪莹、黄旭、张欢：《社会企业价值共创的特征和过程机制——基于携职旅社的案例研究》，载《管理案例研究与评论》2022 年第 4 期，第 387－401 页。

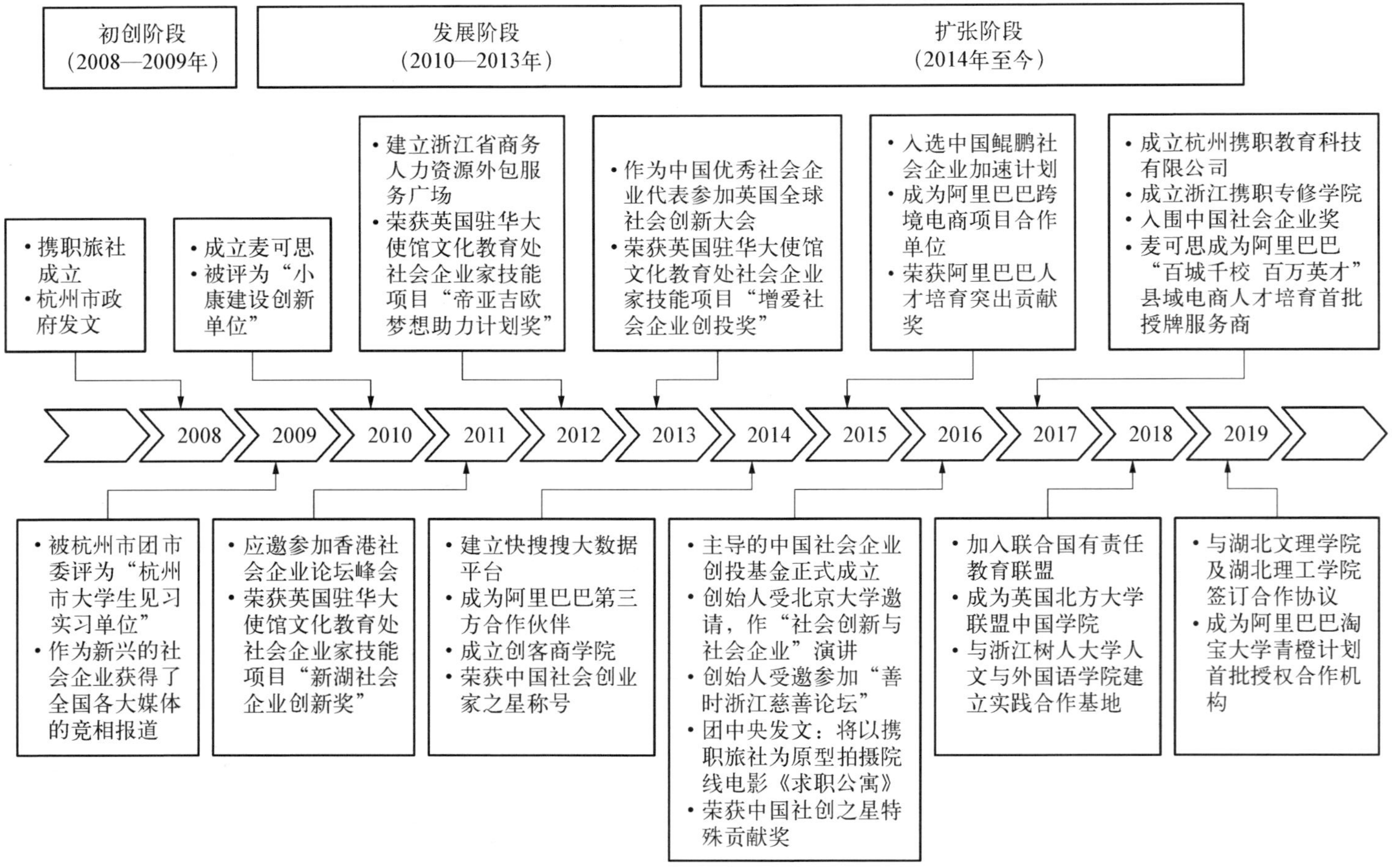

图 7-4　携职旅社发展历程与关键事件

来源：见 P85，注①。

表 7-2　携职旅社的价值共创行为

发展阶段	合作活动或项目	价值共创主体	资　源	共创价值
初创阶段	政府发文支持携职旅社活动	携职旅社 政府机构	宣传媒介	品牌宣传
	媒体宣传	携职旅社 媒体机构	宣传媒介	品牌推广
发展阶段	成立麦可思	携职旅社 政府机构	人力资源 政策信息资源	市场开拓 人才培育
	与政府合作建立浙江省商务人力资源外包服务广场	携职旅社 政府机构 商业企业	信息资源	品牌推广 社会资本积累
扩张阶段	建立快搜搜大数据平台	携职旅社 合作高校 毕业生	信息技术 数据资源	市场开拓 信息共享
	发起长三角社会企业联盟	携职旅社 非营利组织 社会企业	知识资源 信息资源	社会美誉度提升 社会资本积累
	成为阿里巴巴第三方合作伙伴以及跨境电商项目合作单位	携职旅社 商业企业	资金和技术	市场开拓
	成立中国社会企业创投基金	携职旅社 合作高校	人力资源	品牌推广 人才培育
	成为"百城千校　百万英才"县域电商人才培育首批授牌服务商	携职旅社 商业企业 政府机构	交流机会 技术转移 人力资源 试验场地	品牌推广 市场开拓 人才培育
	建立校企合作和实践合作基地	携职旅社 科研机构	知识资源 实践基地 人力资源	品牌推广 人才培育

来源：见 P85，注①。

需求之间的共识。随着联结数量增加和联结程度加强，各主体日趋多样化的利益需求对社会企业价值共创提出了更高要求，在此过程中社会企业需要确定不同利益相关方的目标，通过利益分配和冲突管理等机制治理好各共创主体的网络交互，提升竞争合作水平（图 7-5）。

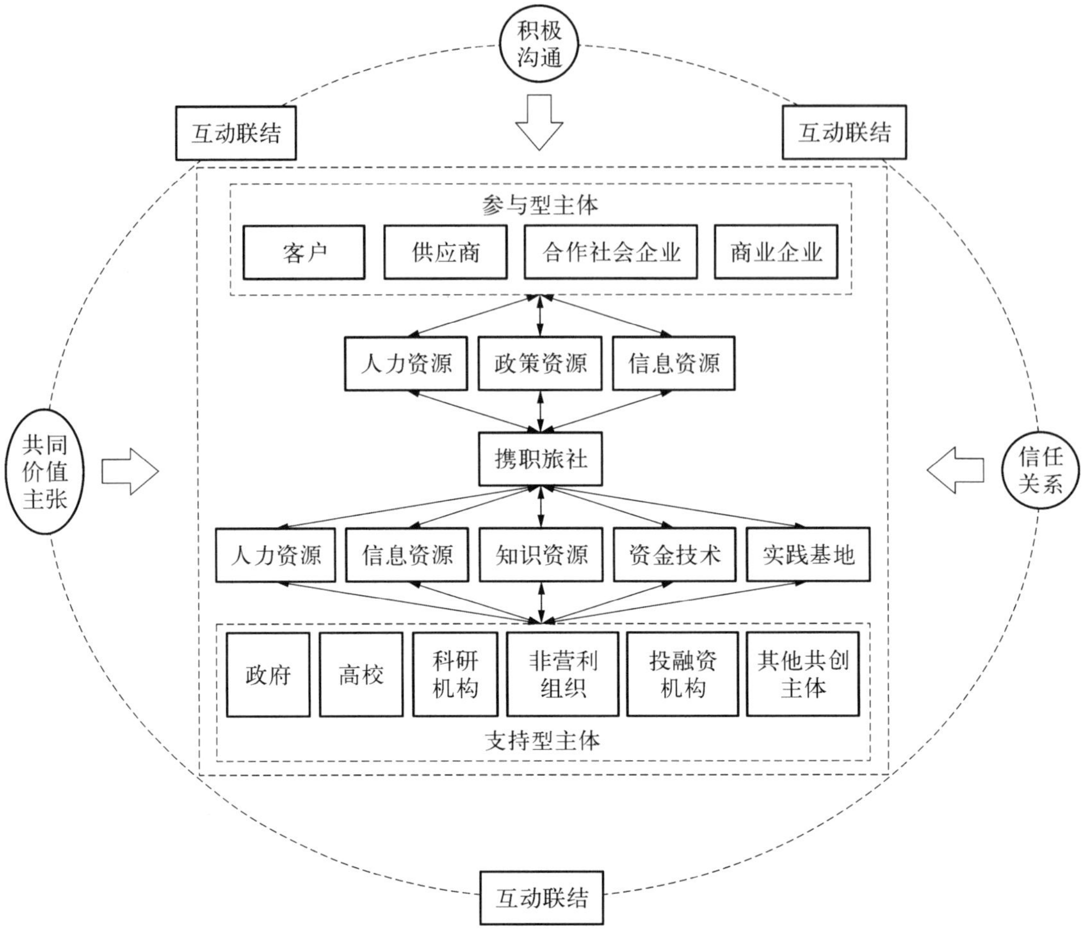

图 7－5　价值共创特征

来源：见注①。

从过程机制方面，依照研究者通过对案例的分析，提炼出共创行为得以实现的若干机制，体现于：（1）价值共识，即通过“交流”促进“资源识别”。社会企业通过提供与市场相匹配的产品或服务，实现其与顾客的共识，进而提出自身价值主张。（2）价值共生，即通过“交往”推动“资源利用”。多主体达成价值共识后，促进相互来往，交换并利用异质性资源，通过积极沟通，建立情感联系，化解矛盾。（3）价值共享，即通过“交互”实现“资源优化”。社会企业建立价值共创平台和协调机制，使多主体在平台上获取和发布信息，通过积极参与和互动，碰撞出新思想、新创意，优化完善相关合作方案，共同致力于社会问题的解决。（4）价值共赢。即通过多主体的支持和参与，较好地解决社会问题，其间各主体信任关系和互动程度加深，实现资源、思想、文化等共享与融合，最终实现价值共赢[①]（图 7－6）。

① 田雪莹、黄旭、张欢：《社会企业价值共创的特征和过程机制——基于携职旅社的案例研究》，载《管理案例研究与评论》2022 年第 4 期，第 387－401 页。

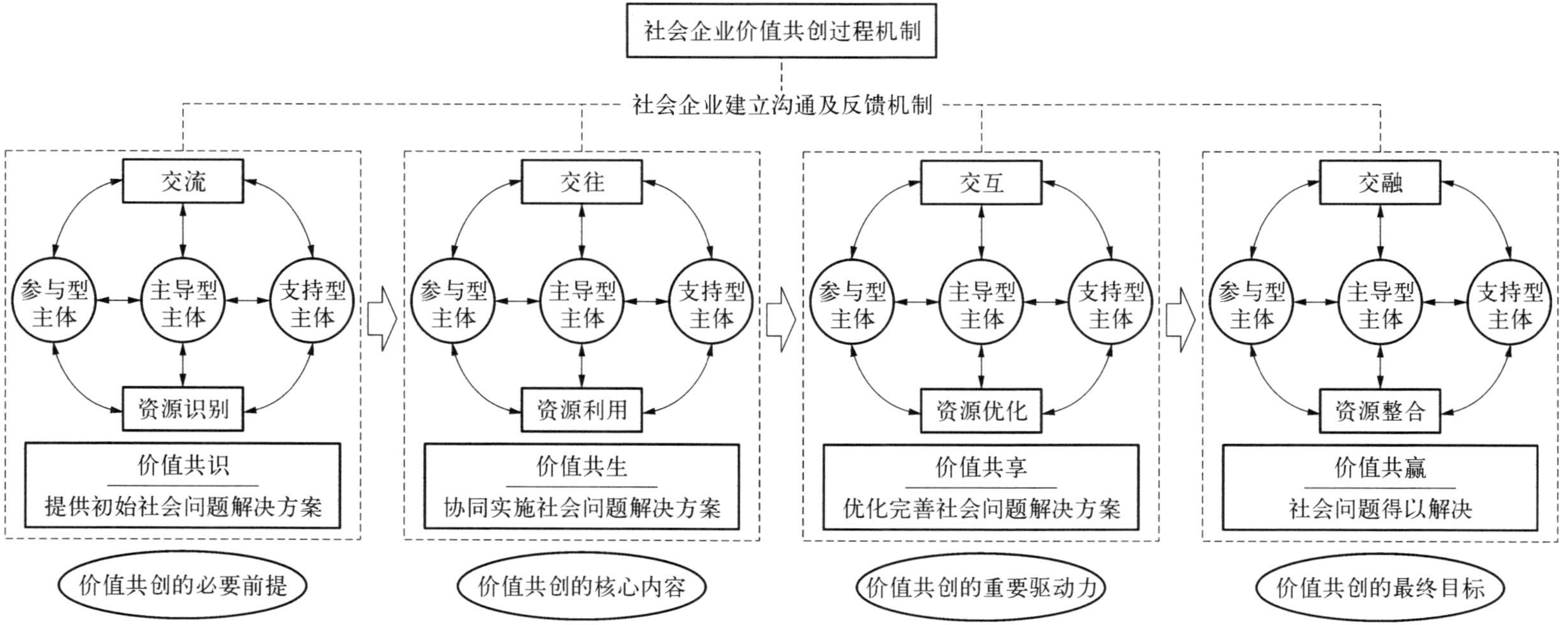

图 7－6　价值共创的过程机制

来源：见 P88,注①。

- **分析过程**。研究者依照行为演变、特征、机制三个方面，针对研究本身从理论、实践两个方面进行总结。在理论层面，研究将价值共创理论引入社会企业领域，拓展了理论的边界；明晰了社会企业与商业企业在共创主体类型和价值维度上的区别；构建出社会企业“价值共识—价值共生—价值共享—价值共赢”四阶段共创模型。在实践启示层面，社会企业应充分依托参与型和支持型主体进行资源整合、交互和配置，以解决自身资源不足的问题；社会企业应与共创主体积极沟通，培养主体间的信任关系，扩大联结主体数量，加强联结强度，提高合作意愿；社会企业价值共创是一个不断演化和递进的过程。

【启示】(1) 数据的多元有效。案例研究的数据类型、搜集方式的选择，是案例开展的核心，不同数据对结论的产生会产生很大的影响。在搜集过程中，需要关注数据多元化，访谈、日志、档案、记录等都是不错的数据源，可以帮助从不同维度解读案例。同时，也需要关注数据搜集的有效性，即关注搜集的效率，以及数据本身在支撑研究主旨上所能发挥的积极作用。在实际案例研究开展中，会遇到搜集不到数据或数据过载的情况，从而无法支撑案例研究的持续，进而需要提前有所预判与评估，避免中途出现进退两难困境。(2) 可视化呈现。案例研究的另一个技术与方法，则是尽可能将概念、要素等进行可视化呈现，进而可帮助读者获得较为清晰的理解。关键模型、机制的可视化，也有助于研究发现或总结能给更大范围的传播与借鉴，很多经典理论、模型或机制均可赋予可视化的表现。(3) 聚焦主线思维。研究者在案例中，会采集到非常多的各类数据，在对数据分析过程中，需要突出主线，有针对性地引用与借鉴，学会有所取舍，避免过度解读或集中堆积，因为那样会使研究的主线不清、内容繁杂，从而影响观点的表达。(4) 理论与实践结合。案例研究方法有助于对特定领域、现象等进行理论、机制、行为角度的深度洞察与解读，进而其结果需在理论、实践两个层面加以总结与提炼，以此发现对于案例及相关领域的指导、参考意义，需避免偏向于思辨化的价值评价，整体需保持较为客观的态度来对案例进行剖析，尽可能立场中立。(5) 方法的主要策略。对于单案例，主要采取选择不同维度来进行拆解性分析，或依照某个单一主题主线对案例进行递进性阐释；对双案例研究，较多采用最大差异法进行不同维度的比较分析，以此提炼影响要素；对于多案例研究，有两类的策略：一类是定性策略，秉承“求同存异”原则开展研究，提炼案例的共性与差异，以此形成结论；另一类则是量化策略，当前较为多采用是 QCA(定性比较分析)，通过对案例前因、结果的量化赋值，实现对影响要素的充分与必要条件分析。

三、延伸阅读

- 崔晶.“运动式应对”：基层环境治理中政策执行的策略选择——基于华北地区 Y 小镇的案例研究[J].公共管理学报，2020，17(4)：32-42+166.
- 孙海法，刘运国，方琳.案例研究的方法论[J].科研管理，2004(2)：107-112.

- 余菁.案例研究与案例研究方法[J].经济管理,2004(20):24－29.
- 李飞,李达军,马燕.服务型品牌和服务定位点的形成机理——海底捞和胖东来的双案例研究[J].管理案例研究与评论,2017,10(6):594－605.
- 李慧凤.社区治理与社会管理体制创新——基于宁波市社区案例研究[J].公共管理学报,2010,7(1):67－72＋126.
- 赵泉午,游倩如,杨茜,等.数字经济背景下中小微企业服务平台价值共创机理——基于猪八戒网的案例研究[J].管理学报,2023,20(2):171－180.
- 邢小强,汤新慧,王珏,等.数字平台履责与共享价值创造——基于字节跳动扶贫的案例研究[J].管理世界,2021,37(12):152－176.
- 焦建利,周晓清,陈泽璇.疫情防控背景下“停课不停学”在线教学案例研究[J].中国电化教育,2020(3):106－113.

第八章 主题分析法

一、方法理解

(一) 方法的解读

【一句话定义】主题分析的目标是在定性数据中确定可用于解释和理解数据的主题,这种方法使得研究人员可以根据访谈及其他语料数据,提取被访谈对象表达中包含的潜在动机、想法与假设。通过对搜集到的文本内容(如采访内容)进行归纳整理,从而提炼出一些主题。

主题分析的三个概念:

- code(**文本代码或文本编码**):对某一句话文字类数据的描述,受访者是老师,她说了“I give up”,我们可以把这个部分的 data 编码为“teacher resignation”。

- category(**codes 集合**):源自 code,可以看成是 codes 的合集,更加抽象和概念化。

- theme(**主题**):“主题”更加概念化,是把不同的 sub-themes/category 归纳到一起形成一个更为抽象的中心概念。例如合并 category1“运动爱好者”跟 category2 爱吃水果蔬菜,可归纳出一个 sub-theme/theme 为“健康生活的人”。

主题分析法侧重于检查数据中的含义主题或模式,该方法既可以强调数据集的丰富描述,也可以强调对含义的理论解释。主题分析不仅仅是计算文本中的短语或单词,更是探索数据中的明确和隐含含义,编码是通过识别数据中分析感兴趣的项目并使用编码标签标记这些项目来开发主题的主要过程。主题分析可用于探索有关参与者的生活经验、观点、行为、实践,影响和塑造特定现象的因素和社会过程,以及意义的社会建构和社会对象在特定文本和上下文中的表征;用于分析大多数类型的定性数据,包括访谈、焦点小组、调查日记、视觉资料、观察和实地研究、行动研究等。[①]

数据的主题分析过程可以归纳或演绎两类路径进行实施。在归纳方法中，所确定的主题与数据密切相关，这意味着编码过程的实施者不会试图将数据放入预先存在的理论或框架中。但在实践中，归纳学习过程很少是“纯粹自下而上”的，研究人员及其社区不可能完全摆脱本体论（现实理论）、认识论（知识理论）的假设，因而编码总是在某种程度上反映研究人员的哲学立场，以及个人/社区在知识和学习方面的价值观。如果你正在调查大学教师中典型的午餐时间对话话题，那么你在进入研究时会没有任何先入为主的代码、主题或预期结果。当然，你可能会对讨论的内容有想法（例如，学术问题），但目标是不要让这些先入之见影响你的分析。

另一方面，演绎方法更受理论驱动，这种形式的主题分析往往更具解释性，因为分析是由预先存在的理论和概念明确塑造和影响的。演绎方法可能寻求在数据集中识别其他研究中确定的主题，或者使用现有理论组织编码和解释数据。与归纳方法相比，演绎方法涉及使用一组预先确定的跳入分析。例如，研究特定心理干预对心理健康结果影响的研究人员可能会利用现有的理论框架，其中包括应对策略、社会支持和自我效能等概念，将这些作为一组预定代码的基础。[②]

（二）方法的类型

1. *编码可靠性方法。*

通过使用结构化和固定代码本来测量编码可靠性，由多个独立工作的编码人员将代码本应用于数据，测量评分者之间的信度（通常使用 Cohen's Kappa），通过编码人员之间的共识或协议确定最终编码。此方法是以小组形式实施的，将定性数据分析与定量程序相结合。在实施主题分析过程中，研究人员的主观性或“偏见”会对编码信度形成威胁，需要加以遏制和控制，以避免混淆“结果”。Boyatzis 将该方法描述为一种可以“弥合定量（实证主义）和定性（解释主义）范式之间的鸿沟的方法。一些定性研究人员对结构化代码本的使用、多个独立编码和评分者间可靠性措施持批评态度。

2. *代码本方法。*

代码本方法通常用于早期主题开发。在对资料进行分析与主题聚类前，先完善所有或部分主题的设定。继而对数据进行编码，即使用代码本作为指导将数据分配给预先确定的主题。代码本还可用于映射和显示每个数据项中的代码和主题。

3. *反身性方法。*

反身主题分析采用归纳方法，让代码和主题从数据中浮现出来。这种类型的主题分析非常灵活，允许研究人员在处理数据时更改、删除和添加代码。顾名思义，反身性主题

---

① 王凯：《社会科学研究方法概论》，格致出版社 2022 年版，第 23－42 页。

② Guest G, MacQueen K M: *Applied thematic analysis*, New York: SAGE Publications, 2012, pp56－62.

分析强调研究人员积极地对他们的假设、偏见和解释,以及这些如何影响分析进行批判性反思。反身主题分析通常涉及编码、解释和反思数据的迭代和反思循环,目的是对研究主题产生细致入微和上下文敏感的见解,同时识别和解决研究过程中理解的主观性。[①]

(三) 方法的实施步骤

1. 数据熟悉(预编码)

主题分析的第一步涉及了解数据并查看一般主题。在此阶段,需要初步考虑将编写的内容,分析哪些代码能准确描述内容。例如,如果想研究人们对不同类型狗的感受,则可以根据不同品种(例如,边境牧羊犬、拉布拉多犬、柯基犬),以及何时出现某些感觉/情绪来编码。

在数据熟悉阶段,研究者保持自我反思并进行备忘录、日记记录显得很重要。须写下:如何对数据进行编码?为什么以这种特定方式对数据进行编码?此数据编码的结果是什么?从一开始就使用反身性日记,可有助于反思编码过程并评估是否以可靠的方式编码,以及代码和主题是否有助于最终获得研究发现。反身性日志有助于提高可靠性,因为通过它可以系统且一致地分析数据。如果选择使用反身性日志,需要记录初始代码并将它们列在日记中,以便了解数据中反映的确切内容。在分析的后期阶段,可以更彻底地对这些数据进行编码。[②]

2. 编码(开放编码)

此阶段需对数据进行编码,编码意味着突出显示文本的各个部分,通常是短语或句子,并提出速记标签或"代码"来描述内容。在这个阶段,需仔细阅读各类文本资料,并突出显示所有相关或可能有趣的内容。除了突出显示与这些代码匹配的所有短语和句子外,还可以在浏览文本时不断添加新代码。例如案例(A):

我:那你是怎么找到东西的?

彼得:嗯,首先她(他的妻子)看了 HBO,建议我们看《硅谷》,但我不太喜欢喜剧节目。所以,然后她去了 Netflix 并推荐了不同的电影,但实际上没有什么让我感觉……但后来我想起了暑假前我们一直在看《最好叫索尔》,我真的不记得我们是否看完了所有的剧集,所以我们查了一下,结果发现我们在那一季中期就停了下来;所以,这就是我们观看的……

可以根据研究者需要为本节提供多个代码(为一个部分提供多个代码是完全可以的)。如果对不同的流媒体服务感兴趣,可以使用代码"Netflix"和"HBO"。如果你对人们如何合作感兴趣,则可以使用代码"达成协议"。因此,使用哪些代码取决于所说的内容和研究目的,编码还取决于研究者是执行归纳分析还是演绎分析。阶段 1 和阶段 2 之间没有明确的界限,初始编码通常在熟悉阶段进行。可以通过笔记或使用 Word 文档中的

---

① Bailey C: *A guide to qualitative field research*, New York: SAGE Publications, 2018, pp131 - 152.

② Ignatow G, Mihalcea R: *Text mining*, New York: SAGE Publications, 2017, pp242 - 252.

表格来编码。①

3. 主题生成(初始代码聚类)

主题通常比代码更广泛,大多数情况下,需要将多个代码组合到一个主题中。在此步骤中,需要检查归类为主题的所有内容是否确实符合分析需要,数据中是否确实存在主题?是否缺少任何主题?以及是否可以继续下一步?如果发现主题变得过于宽泛,并且一个主题下的信息太多,那么建议将其拆分为更多主题,以便能够更具体地分析。例如前页案例中,可以将代码"Netflix"和"HBO"组合成名为"流媒体服务"的单个主题。主题生成是一个迭代过程,可以在不断修正中形成不同的主题。绘制代码和主题地图或在便笺上添加代码,帮助研究者可视化不同代码和主题之间的关系和主题级别。在这个阶段,需要丢弃一些模糊或不够相关的代码,其他代码可能会成为主题本身,这取决于研究者试图找出的内容。②

4. 主题审核(选择性代码聚类)

在此阶段,需查看并优化在上一阶段确定的主题。通读与代码相关的所有笔记与反思日记,探索其是否支持主题?是否存在矛盾并查看主题是否重复?主题内的数据应该有意义地结合在一起,而主题之间应该有明确、可识别的区别。如果主题中存在许多矛盾或主题变得过于宽泛,则应考虑将主题拆分为单独的主题,或者将某些代码移动到更适合的现有主题中。此阶段是一个迭代过程,可以在主题、代码和数据提取之间来回切换,直至研究者认为已对所有相关数据进行编码,并具备正确主题来准确描述所搜集的数据。各类主题与研究主题、目标须保持一致,确保每个主题均能对研究提供支撑。

5. 定义和命名主题

命名并描述在前面步骤中确定的每个主题,当描述主题时,需要确定主题讲述的内容以及该内容与其他主题与研究问题间的关系。在分析过程中,各类主题可被连贯起来形成某种故事线或关联关系,各类主题需被清晰地定义。此外,如果发现主题过于多样化或复杂,以至于无法与其他主题相关联,则需要回到上一阶段并重新拟定主题。

6. 结论撰写

这是主题分析过程的最后一步,针对于研究者所拟定的研究议题或问题,结合各类"主题—代码"的关联性来加以解释。主题分析的结论,往往触及概念提炼、机制关联、态度认知等多类指向。③

(四) 方法的应用

主题分析可从一组定性数据(例如,采访记录、社交媒体资料或调查回复)中找出有关

① Cassell C, Cunliffe A L: *The sage handbook of qualitative business and management research methods*, New York: SAGE Publications, 2018, pp222 - 231.

② Gibbs G: *Analyzing qualitative data*, New York: SAGE Publications, 2018, pp143 - 149.

③ Kuckartz U: *Qualitative text analysis: A guide to methods, practice & using software*, New York: SAGE Publications, 2014, pp196 - 205.

人们的观点、知识、经验或价值观的信息。可以使用主题分析来回答某些类型的研究问题。例如：

- 患者如何看待医院环境中的医生？
- 年轻女性在交友网站上的经历是什么？
- 非专家对气候变化有什么想法和意见？
- 高中历史教学中的性别观念是如何构建的？
- 老年人对长期住在护理院的体验如何？
- 女性如何看待将社交媒体网站作为专业网络的工具？
- 金融分析师对加密货币有什么想法和看法？

要回答这些问题中的任何一个，都需要从一组相关参与者那里收集数据，然后对其进行分析。主题分析在解释数据时可以有很大的灵活性，并且可以通过将大型数据集分类为广泛的主题来更轻松地处理大型数据集。但是，可能存在数据中遗漏细微差别的风险。主题分析通常会偏向于主观，依赖于研究人员的判断，因此研究者必须仔细反思自己的选择和解释。

方法不仅在学术、科研领域，而且在商业和诸多时间领域，均有较好的运用空间。例如：产品优化，在分析产品评论主观反馈时，思考新产品和现有产品，改进或评估特定功能，或从反馈中获取方向以进行未来的迭代；用户体验改善，用于分析客户反馈数据集中的体验、想法和行为；员工意见反馈，主题分析可了解是什么推动了敬业度，并有助于改善消极的员工体验，这些见解可以传递给决策者，以便在公司范围内实现改进。进而，主题分析方法有着较多跨领域的应用，对于挖掘和更清楚地了解人们的态度、意见、认知等有着积极的作用。①

（五）方法的优势和局限

【优势】

1. 理论和研究设计的灵活性使研究人员能够将多种理论应用于各种认识论中的这一过程；

2. 非常适合大型数据集；

3. 编码和代码本可靠性方法旨在与研究团队一起使用；

4. 数据支持的主题解释；

5. 适用于超出个人经验的研究问题；

6. 允许从数据中归纳开发代码和主题。

【局限】

1. 如果研究人员在理论真空中使用主题分析，可能会错过细微的数据；

---

① Grbich C：*Qualitative data analysis*，New York：SAGE Publications，2013，pp431－439.

2. 方法的灵活性可能使新手研究人员难以决定关注数据的哪些方面；

3. 如果分析不是基于理论框架，则解释能力有限；

4. 由于专注于识别所有数据元素的主题，因此在各种主题说明之间保持数据连续性是一项挑战。

二、典型案例

（一）案例来源

袁定欢、黄小琦、鲍海君、林文亿：《深圳市城中村改造政策主题及演变过程分析——基于2009—2019年政策文本分析》。[①]

（二）案例拆解

1. 问题的提出

城乡土地二元制背景下，政府低价征用城镇郊区农业集体用地以实现城镇化，未被征用的农村宅基地和“经济留用地”渐渐被城市高楼包围，形成为数众多的城中村现象。深圳是我国最早一批出现城中村的城市之一，居住着全市近2/3的外来人口。然而，城中村所暴露出来的缺陷也日益凸显，使城中村与现代性不相容，进入21世纪以来，深圳市政府开始进行城中村改造，并在态度和方法上发生了几次阶段性的转变。该文试图通过对2009—2019年间政府公布的城中村改造政策进行文本分析，探讨近十年，深圳市城中村改造政策的主题类别有哪些？政策主题演变过程如何？通过回答这些问题，旨在厘清近年来城中村改造政策变迁背后的逻辑，并提出政策的优化建议。

从该研究的问题来看，城乡土地二元制是个长期的制度设定，由此带来的问题也是个存之已久的问题，研究者很快能点出研究的现实性与普遍共识。而深圳的城中村现状及改造，正是在此大环境下发生的。政府在此问题上的政策演变有其波折性，而态度变化的背后有着社会发展、治理目标、政策更替等多方面因素。正是这个波折性为研究提供了深化的可能，可把“变化—动因”结合起来考虑。在方法采用上，结合了研究目标达成的需要，即政策的主题类别、主题变化等，较好顺应了主题分析较为适用的领域。通过对主题的提炼观察其变化，总结其背后的动因与规律，从而提出思考与建议，由此建立起贯穿于整个研究的主线。

2. 数据源

在深圳市政府的门户网站（www.sz.gov.cn）输入关键词“城中村”，并限定政策成文日

① 袁定欢、黄小琦、鲍海君等：《深圳市城中村改造政策主题及演变过程分析——基于2009—2019年政策文本分析》，载《城市规划》2021年第2期，第92-98页。

期为 2009.1.1—2019.12.31。删除重复政策内容，该文最终选择了 64 份市一级政策进行分析。发文时间上看，2009—2019 年每年出台的有关政策均在 2 份以上，在 2018 年达到峰值；从发文机关上看，市政府发文最多，达 36 份，占全部政策的一半以上①(图 8-1)。主题分析所需要的数据是多元的非结构数据，政策文本是公开的，在较大程度上解决了数据的可获性。同时，政策文本有着在时间纵向上的优势，不仅能分析其在特定时期的主题，还能在时间线上实现纵向观察与截面观察结合。进而在开展主题分析时，研究者可以结合自身的研究需要，选择具备特定属性的数据源及本文信息作为开启研究实施的关键。

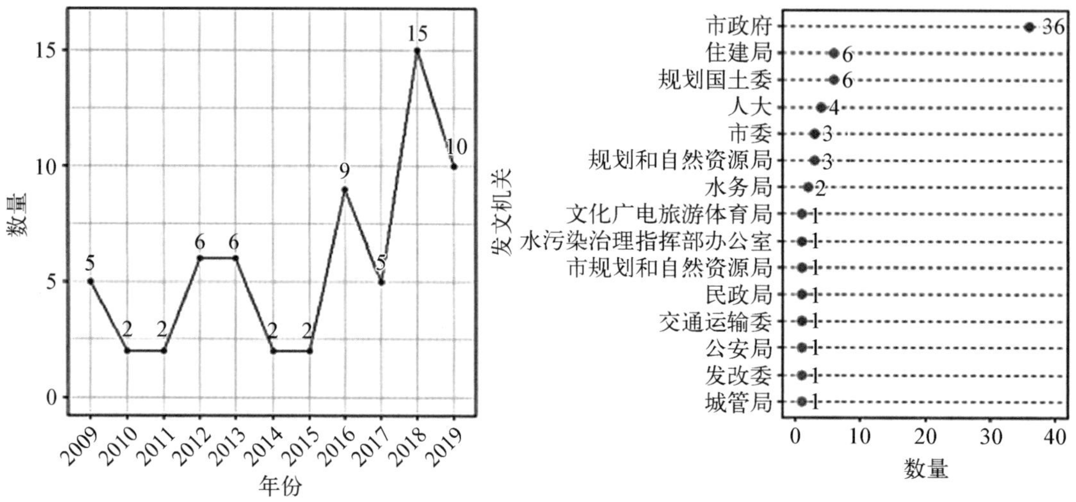

图 8-1　政策发文时间与发文机关

来源：见注①。

3. 主题分析实施

依照主题分析的实施方法，需要对文本进行编码、主题提炼与概念描述。首先，是赋予文本代码的过程。通过对 64 份城中村改造相关政策进行开放式编码，共得到 37 个初级子类目、8 个主题子类目及其出现的频数(表 8-1)。

表 8-1　开放式编码

编号	主题子类目(次数)	初级子类目(次数)
A	城市定位及目标(21)	科学推进(13)、可持续发展(9)、历史文化保护(7)、以人为本(3)、国际化和现代化(3)
B	改造模式(27)	综合整治(15)、拆除重建(13)、棚户区改造(8)、功能改变(5)、更新单元(4)、微改造(3)

① 袁定欢、黄小琦、鲍海君等：《深圳市城中村改造政策主题及演变过程分析——基于 2009—2019 年政策文本分析》，载《城市规划》2021 年第 2 期，第 92-98 页。

编号	主题子类目(次数)	初级子类目(次数)
C	改造利益主体(28)	村民及村民股份公司(16)、房地产(7)、政府及分区治理(18)
D	管理机制(19)	试点(6)、监督考核(6)、统筹安排(5)、智慧电子化管理(4)、立法推进(2)
E	支撑机制(19)	物业管理(10)、资金扶持(8)、投资管理(3)、拆迁补偿(3)、流程优化(3)
F	基础设施与公共服务(34)	消防治安等公共风险防治(22)、环境美化(18)、公共空间(8)、建筑改造(7)、交通(5)
G	住房保障(17)	公租房(13)、拆除配建(5)、人才房(5)、产业配套用房(3)、低成本空间(3)
H	土地利用与产权界定(22)	产权界定(17)、土地整备及存量开发(9)、地价管理(6)

来源：见 P98，注①。

其次，进行主题提炼。为进一步探索改造政策的维度结构，根据不同子类目之间的逻辑关系，对子类目概念进行了重新归纳，将 8 个主题子类目归纳进战略级别和工具级别两个主类目。战略级别为工具级别提供指引，工具级别为战略级别提供服务。此阶段基于前期编码结果，依照研究需要进行机制、关系的构建(图 8 - 2)。

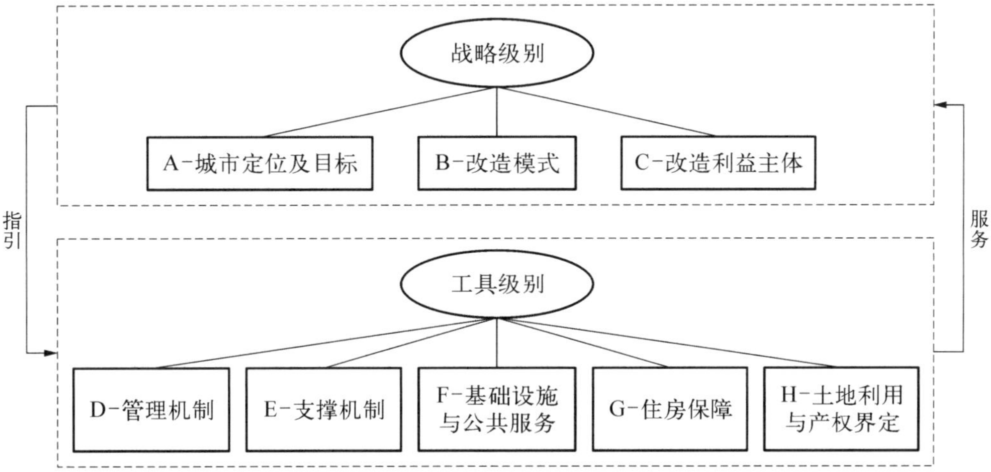

图 8 - 2　主类目编码结构

来源：见 P98，注①。

最后，概念描述。在完成主题提炼与关联建构之后，需要对各主题概念进行描述与阐释。其目的在于通过深描与实际工作进行匹配分析，以实现理论与实践的结合分析。列举部分描述与阐释为：(1) 城市定位及目标。“A1 -科学推进”所占比重最高。“A2 -可持续发展”主要表现在土地资源配置上，“A3-国际化和现代化”主要表现在加强城中村治理与产业转型，打造国际一流营商和宜居环境。2009年以来，“A4-历史文化保护”在改造中得到重视，“A5-以人为本”也开始出现在城中村改造政策中，人文关怀得到关注。(2)改造模式。“B1-综合整治”“B2-拆除重建”出现在较多政策文本中。“B3-棚户区改造”主要针对安全隐患大的危房的改造。“B4-功能改变”是指只变动建筑物使用功能，不改变土地使用权的权利主体和使用期限，保留建筑物主体结构，优先落实基础设施和公共服务设施。“B5-更新单元”是对城中村改造的统筹地块进行管理。自2019年以来，“B6-微改造”也开始出现在政策文本中，加强对细微之处的改造。(3)改造利益主体。“C1-政府及分区治理”有两个阶段：2009年初期，区政府在改造中大多是按市一级规划和标准去执行，2016年开始，深圳市提出“放权强区”，更多改造项目以试点的形式在各区开展。“C2-村民及村民股份公司”和“C3-房地产”在政策文本中出现的频率较高，2016年起，“鼓励”“促进”等积极词语出现频率增高，提出“政府—村民—企业”公租房共同开发模式，开展存量住房改造。(4)管理机制。“D1-试点”，通过试点、示范效应，积极推进改造工作。“D2-监督考核”表现在改造进度直接与改造经费挂钩，督办、特派员、绩效考核制度等方面。“D3-统筹安排”是通过规划实现的，包括更新改造年度计划、城中村综合整治专项计划等，稳步推进改造进程。“D4-智慧电子管理”，依托智慧城管指挥平台推动城管执法下沉，关联电子监察系统，实现改造工作网上审批。“D5-立法推进”，是指文本中相关的推进立法创新，例如提出“城中村改造的公共租赁住房”立法工作，但至今还没有立法实践等。该研究对8类主题分别进行描述与阐释，从其具体操作来看，突出了主题与政策实践的结合，并非停留于单纯的理论或概念说明。

4. 深化分析

研究在梳理主题类别之后，基于政策文本中的不同用词，划分了引导类、鼓励类、强制类三类政策属性，并分别阐释三类政策对于城中村改造的不同作用。即鼓励类政策体现出深圳政府意识到鼓励多主体参与改造的作用，强制类政策表现在市容市貌管理、消防治安等风险防治方面，引导类政策占比最大，体现在城中村基础设施改造建设、物业管理机构引入、城中村公租房改造实施标准、改造项目社会预期管理等方面。同时，为突出主题分析的纵贯性，该项研究还将政策演变划分为2个阶段，即改造方法突破阶段(2009—2015)、改造创新引导阶段(2016—2019)。①

5. 行动建议

在完成政策文本编码、主题提炼、描述阐释、类型划分、阶段分析之后，该研究提出了三方面的建议，即：(1)需注重非正式沟通。政策主要考虑了正式的城市规划和管理方法，但缺乏非正式干预的作用。(2)需加大对改造中弱势群体的关注。深圳市现有的改

① 袁定欢、黄小琦、鲍海君等：《深圳市城中村改造政策主题及演变过程分析——基于2009—2019年政策文本分析》，载《城市规划》2021年第2期，第92-98页。

造政策强调对各方利益主体的协调、促进社会融合，应加大对弱势群体的关注，增加城中村的公共文化空间，促进城中村社区的文化交流，考虑并保障这部分弱势群体的住房需求。(3) 加强相关的立法保障。规模化租赁改造工作是深圳市政府在城中村改造中的重要创新，但现阶段缺少相应的立法规定，相应的立法保障支撑应该得到增强。①

【启示】(1) 技术程序规范性。主题分析法有着规范且明确的操作程序，其不同于其他具有较大灵活性的定性研究方法，需要严格遵循其流程规范，由此才能促进最终研究结果的实现。(2) 厘清与其他定性方法的区别。主题分析法有着与扎根理论、民族志、现象学相似之处，即对非结构性数据的编码与阐释。主题分析法是一类研究方法，也可以理解为一类分析思维，其浸入各类定性研究方法之中，成为支撑文本分析与问题解决的策略。在实施过程中，研究者需要清晰了解其他各类相似定性研究方法的具体运用领域与特征，只有全面了解各类方法的适用性与特征，才能更为知晓主题分析应用的可行性。(3) 方法的实践性。主题分析方法有着较为广阔的适用领域，不仅是学术领域，还有商业运营、组织管理、产品设计等方面。进而这一方法是为解决特定问题而存在的，切莫将其过度运用于理论建构之中。(4) 借助工具辅助。当前，伴随研究工具的发展，主题分析不仅可以实现人工编码与主题提炼，也有部分网站或程序可实现自动化的主题分析，其能较大程度上提升研究的效率，克服定性研究在人和时间上的高消耗困境。

三、延伸阅读

- 邹韵婕，杨石华.守望童年：中国童书编辑的童年幻想主题分析[J].中国编辑，2023(Z1)：74－79＋84.
- 王呈珊，宋新明，朱廷劭，等.一位自杀博主遗言评论留言的主题分析[J].中国心理卫生杂志，2021，35(2)：121－126.
- 谢雨杉，柯青，王笑语，等.新冠疫情背景下情绪与信息行为的关系及情绪角色的主题分析[J].图书情报工作，2022，66(8)：102－112.

① 袁定欢、黄小琦、鲍海君等：《深圳市城中村改造政策主题及演变过程分析——基于 2009—2019 年政策文本分析》，载《城市规划》2021 年第 2 期，第 92－98 页。

第九章 话语分析法

一、方法理解

(一) 方法的解读

【一句话定义】 话语分析是指借助符号理论和话语理论，致力于对文本信息中的符号、象征、话语进行剖析，涉及对上下文语境中任何书面、口头、非语言和视觉语言等多模态数据的深入检查，从表象中发现其中隐含的深层次意义。

话语是人与人之间的口头或书面交流，话语不仅仅是语言，“语言”可以包括所有形式的语言和符号单位，语言研究可以侧重于单词的个体含义。话语超越了这一点，着眼于语言在上下文语境中传达的整体含义。这里的“语境”是指话语的社会、文化、政治和历史背景，重要的是要考虑到这一点，以理解通过语言表达的潜在含义。话语分析家对语言的意义赋予，可观察的是词汇、语法的使用、手势、面部表情、图像、语言技巧等，研究者分析的是整个块(而不是单个话语)的计划和自发的书面、口头和视觉语言。话语分析时需要嵌入一定的社会背景才能展开对语言的解构与分析，这意味着社会规范、政治气候、时间、地点、目标受众和演讲者的社会文化背景等，都必须被考虑在内，因为它们可以在语言的含义及其解释方式中发挥作用。詹姆斯认为，话语分析法关注语言与社会的内在联系，它不仅以文本(包括话语转写的文本)内容作为分析对象，而且巧妙捕捉文本语言形式上的特点，观察是谁把控着整个对话，挖掘词汇、语句背后的意味深长，从而探索意义的多元解读方式和文本中所隐藏的意识形态力量。因此，它既是具体的分析方法，帮助研究者从资料中获得结论，同时也是方法论，给予看问题的崭新视角。[①]

话语分析通过语料库或数据主体中呈现的语言来提取含义，这些数据包括一

① 詹姆斯·保罗·吉：《话语分析导论》，杨炳钧译，重庆大学出版社 2021 年版，第 133－143 页。

组访谈或焦点小组讨论记录等。虽然某些形式的话语分析集中在语言的细节(如声音或语法)上,但其他形式侧重于观察交流者如何使用这种语言来实现其目标。例如,评估语言如何用于表达对金融不平等的不同观点,以及参与者是否认可这种所谓的不平等。研究此类议题不是在细节上对于语言进行分析,而是关注于语言在特定条件下的应用方式与策略。诺曼认为,话语分析的独特之处在于,它假设社会现实是社会建构的,或者说我们对世界的体验是从主观的角度来理解的,话语分析超越了单词和语言的字面意义。①

为了使读者更好地感受话语分析的实际应用,在此列举三个小分析段落。分析 1: 从"你做得对"到"我也这么认为",妈妈的表达方式从评价转变为对话,可以看出妈妈希望和女儿建立一种平等、亲密的关系;分析 2: 这种转变是妈妈主动形成的,而她这么做的前提是她意识到了语言的作用,这与她知识分子的身份有关,可见话语行为受到说话人背景的影响;分析 3: 妈妈在跟朋友分享自己说话方式的改变时,用了"特别""都"这样的字眼,传达了一种肯定、积极的态度,表明妈妈对自己的改变非常认同。简单来说,从只言片语挖掘无限内涵,这就是话语分析法,其作为社会科学研究中的一种新颖、前沿的研究方法,在社会学、心理学、教育学、文化研究等领域都有广泛应用。

(二)方法的发展历程

1. 初始阶段

Harris 在 1952 年发表于 *Language* 杂志上的文章最早将话语分析(Discourse Analysis)这个术语引入人们的视线,此后一系列研究展现出对话语分析的兴趣,如系统功能语法、言语交际以及对语言和人类行为语位的研究,对话语分析的发展起到了促进作用。这一阶段的方法体系尚未形成,影响也不大。

2. 雏形阶段

话语分析于 20 世纪 60 年代末期到 70 年代渐具雏形,吸引了越来越多的研究者,成果大量出现。这一时期的研究中,传统的语法分析已经受到冲击。除了传统的语法分析,话语分析还加入了语言的运用、言语行为、篇章结构、认知和语境等新概念,为话语分析之后的方法发展做好了铺垫。

3. 快速发展阶段

20 世纪 80 年代话语分析领域发生了几件大事,大大地推动了话语分析的发展。首先,是 *Text* 杂志的创刊,话语分析有了自己的一片领地。其次,是影响力较大专著的出版,Brown 和 Yule 浅显易懂地概括了前人的研究、Longacre 则讨论了超句语法和话语分析框架的内容。此外,van Dijk 于 1985 年主编的 *Handbook of Discourse Analysis*,被认为是这类方法形成自我体系的标志。

---

① 诺曼·费尔克劳:《话语分析:社会科学研究的文本分析方法》,赵芃译,商务印书馆 2021 年版,第 213-231 页。

4. 成熟阶段

话语分析法作为一类定性研究方法，可分为三类：正式的话语分析，实证(经验)话语分析，批判话语分析。第一种研究方法主要从语料的语法语言语用等角度研究语料；第二种研究方法更偏实际运用，主要研究语料是如何构建起各类的社会实践；第三种研究方法与前两种不同的是其所选择的语料，此方法下的语料，注重特定身份在主题间所构建的话语体系，显示其所处场景、位置、身份的特殊性。例如“医生—病人”以及“老师—学生”两对关系的对话。这第三种方法的优点在于，其能更好地解释话语是如何构建起话语传播者和对象的思维方式，即他们在想什么和想说什么。①

(三) 方法的关键术语

- **话轮**。会话在两个或者更多的人之间展开，一般每次只有一个发话人，发话人在某一时间内连续说出的话语被称作一个话轮。
- **话轮转换**。当发话人结束当前话轮时，话语权移交给受话人，此时受话人接过话语权产生新的话轮，这个过程即话轮转换。
- **话语空白**。当会话之间的间隙增加时，话语停止，就会出现话语空白。主要包括话轮内话语空白和话轮间话语空白。
- **话语重叠**。会话中可能出现话语交叠，指一方会话人发话出现在前一个话轮结束前。它是会话中常见现象，它的出现是否对会话产生影响应视情况而定。
- **序列结构**。序列结构使话轮与话轮之间内容连贯。所谓序列，是话轮呈现出的一种秩序，如问和答、请求和答复、告知消息和接受告知、批评和回复等，这些有秩序的组合构成序列结构。会话人按照序列结构交流，实现不同的交际目的。
- **邻近应对**。序列结构常常呈现出组对的形式，这便构成邻近应对。邻近应对的典型搭配形式包括：提问—回答、邀请—接受/谢绝、抱怨—道歉等。每个对子由两部分组成，分成应对前部和后部，后部是对前部的回应。②
- **常用的符号含义**。见表 9－1。

表 9－1　话语分析符号含义

符　号	指　示　含　义
(())	双括号内的斜体文本是指转录者在视频数据中注意到的面部表情、手势、身体姿势等
(.)	带句点的括号用于标记一个短暂的非定时停顿
-	短破折号表示中断讲话

① 布朗：《话语分析》，罗选民译，外语教学与研究出版社 2000 年版，第 163－182 页。
② 詹姆斯·保罗·吉：《话语分析导论：理论与方法》，何清顺译，重庆大学出版社 2021 年版，第 216－232 页。

续表

符号	指示含义
—	长破折号表示非定时的长暂停
=	等号表示讲话中没有停顿
[	左方框括号表示重叠语音的开始
]	右方框括号表示重叠语音结束
。。	2 度范围内的讲话比周围的谈话更加柔和
(2.5)	带数字的括号用于标记定时暂停,数字代表沉默的秒数(十分之一秒的分辨率)
下划线	重读的音节用下划线标出
><	括号中的文本比周围的语音发出的速度更快
大写	不起语法作用,但用于讲话中表示重音
标点符号	用来表示语调,而不是出于语法目的(例如,在一个词的末尾加上句号表示句子或话语结束的语调)

来源:见 P104,注②。

(四) 方法的实施步骤

1. *定义研究问题*

确定想通过话语分析解决的研究问题。想了解特定上下文中的语言使用吗?想探索哪些关键概念或主题?

2. *数据选择与搜集*

确定要分析的数据类型,例如书面文本、语音对话或媒体内容。一旦确定,就可以开始研究如何搜集数据。话语分析中的数据来自不同形式的"谈话"和"文本",这意味着其包括访谈、民族志、讨论、案例研究、微信文章等。搜集的数据类型在很大程度上取决于研究问题(以及更广泛的研究目的和目标)。

在搜集数据时,需把握"内容"、"谁"和"为什么",这样所获得的语料库就不会充满不相关数据。话语分析有时非常耗时,因此需要确保不要在不相关的信息上花费过多时间。蒂姆·拉普利认为,在考虑潜在的搜集方法时,还应该考虑实用性:可以在现实中访问什么类型的数据?可以访问多少参与者?有多少时间来搜集数据并理解数据?这些都是重要的因素。[①]

---

① 蒂姆·拉普利:《会话、话语与文档分析》,游蠡译,格致出版社 2023 年版,第 153－168 页。

3. 解读上下文含义

话语分析的一个关键部分是理解语境中的意义，彻底和系统地解读话语背景是至关重要的。在编码过程中，确保能够回答以下类似的问题：

- 话语是什么？
- 为什么话语存在？话语的目的是什么？
- 话语是什么时候发生的？
- 发生在哪里？
- 谁参与了讨论？谁创造了它，谁消费了它？
- 话语对整个社会有什么看法？
- 在话语的语境中，意义是如何传达的？

确保在分析中包括话语上下文的所有方面，以消除任何混杂因素。例如，是否有社会、政治或历史方面的原因，来解释为什么话语会如此存在？还有哪些其他因素可以促成话语的存在？话语可能会受到许多因素的影响？需要尽可能多地考虑这些要素。对上下文的深刻理解，将有助于更好地了解正在使用的内容，促进后一阶段的数据编码与分析。[①]

4. 数据编码与分析

在执行话语分析时，需要寻找主题和模式。首先编辑代码，这些代码是数据中的特定主题。主题是在数据中所呈现的语言模式（例如特定单词或句子），例如，如果想了解在某个地区生活的态度与观点，潜在的主题可能是“安全”或“便利”。在话语分析中，达到所谓的数据饱和度很重要。为此，需要多次遍历数据集，每次都挖掘得更为深入的获得洞见，直至没有新的发现为止。

5. 解释结果

通过对话语的编码与主题提炼，从发现中得出结论，根据研究问题解释结果。思考数据中的语言使用如何阐明更广泛的文化或社会问题，以及其对理解其他上下文中的语言使用有怎样的影响。

6. 撰写发现

以清晰简洁的方式写下研究发现，使用数据中的示例来支持研究论点。思考研究结论如何为更广泛的话语分析作出贡献，以及可能对未来的研究产生什么影响。[②]

（五）方法的适用

1. 在特定环境中学习语言使用

方法可用于观察语言在特定上下文中的使用方式，例如政治演讲、媒体报道或医疗诊断等。通过分析这些背景下的语言使用，研究人员可以深入了解塑造沟通的社会和文化因素。

① 张发祥：《话语分析：理论与案例》，科学出版社 2022 年版，第 98－112 页。

② Wooffitt R：*Conversation analysis and discourse analysis*，New York：SAGE Publications，2005，pp401－423.

2. 探索语言的含义

话语分析可用于研究语言如何用于构建意义和塑造社会现实，这在社会学、人类学和文化研究等领域特别有用。[①]

3. 分析权力关系

研究语言如何被用来加强或挑战社会中的权力关系，通过分析政治话语、媒体报道或工作场所互动等背景下的语言使用，可了解与辨析权力是如何维持的。

4. 具体的运用领域

- **政治话语：** 针对政治演讲、辩论和媒体对政治事件的报道进行分析，通过观察这些背景下使用的语言，可了解支撑不同政治立场的意识形态、价值观和议程。
- **媒体分析：** 方法经常用于分析媒体内容，包括新闻报道、电视节目和社交媒体帖子，通过研究媒体内容中使用的语言，知晓媒体叙事是如何构建的以及它们如何影响公众舆论。例如：分析媒体对气候变化的报道，以研究如何使用语言来构建问题。研究发现，媒体报道倾向于将气候变化视为科学辩论的问题，而不是紧迫的环境问题，从而破坏了公众对气候变化行动的支持。
- **教育：** 方法运用于检查课堂话语、师生互动和教育政策，分析这些背景下使用的语言，探究塑造教育成果的社会和文化因素。
- **医疗保健：** 剖析医疗保健中医疗保健专业人员和患者在医疗咨询中使用的语言，这有助于识别沟通障碍、文化差异和其他可能影响医疗保健质量的因素。例如，分析医疗咨询，以研究如何使用语言来构建医生和患者之间的关系。研究发现，医生使用语言来维护他们对医疗决策的权威和控制，而患者则使用语言来表达自己的偏好和担忧。
- **营销和广告：** 分析营销和广告信息，包括产品描述、口号和商业广告中使用的语言，通过分析这些信息可挖掘支撑消费者行为的文化价值观和信仰。[②]

(六) 方法的特点

- **专注于语言使用：** 话语分析集中在语言使用及其如何构建社会意义、关系和权力关系上。
- **多学科方法：** 话语分析借鉴了一系列学科的理论和方法，包括语言学、人类学、社会学和心理学等。
- **系统和严格的方法论：** 话语分析采用系统和严格的方法论，通常涉及语言数据的转录和编码，以识别语言使用的模式和主题。
- **语境分析：** 话语分析强调语境在塑造语言使用方面的重要性，并考虑塑造沟通的社

① Bischoping K，Gazso A：*Analyzing talk in the social sciences*，New York：SAGE Publications，2016，pp241 - 253.

② Keller R：*Doing discourse research：An introduction for social scientists*，New York：SAGE Publications，2013，pp313 - 333.

会和文化因素。

- **关注权力关系**：话语分析通常考察权力关系以及语言使用如何加强或挑战社会中的权力失衡。
- **解释方法**：话语分析是一种解释方法，这意味着其试图从特定话语参与者的角度理解语言使用的意义。
- **强调反身性**：话语分析强调反身性或自我意识，鼓励研究人员反思自己的立场，以及它如何影响他们对语言使用的解释。[①]

（七）方法的优势和局限

【优势】

1. 提供对语言使用的详细理解

话语分析可详细而细致地理解特定社会背景下的语言使用，使研究人员能够识别语言使用的模式和主题，并了解语言如何构建社会现实。

2. 显现语境的重要性

方法强调语境在塑造语言使用方面的重要性，通过考虑塑造沟通的社会和文化因素，提供了比其他方法更完整的语言使用理解。

3. 可实现权力关系的观察

话语分析使研究人员能够研究权力关系以及语言使用，分析如何加强或挑战社会中的权力失衡，通过识别有问题的语言使用，有助于促进社会正义和平等。

4. 为社会变革提供见解

话语分析可以提供促进社会变革的见解，通过识别有问题的语言使用或权力失衡，研究人员可提供促进更公平和包容性沟通的见解。

5. 多学科方法

话语分析借鉴了一系列学科的理论和方法，包括语言学、人类学、社会学和心理学，这种多学科方法可以全面地了解社会环境中的语言使用。

【局限】

1. 耗时且资源密集

话语分析是一个耗时且资源密集型的过程，收集和转录语言数据是一项耗时的任务，分析数据需要特别注意细节并投入大量时间和资源。

2. 有限的泛化

话语分析通常集中在特定的社会背景，因此研究结果可能不容易推广到其他场景或人群，这意味着获得的见解在适用性上存在问题。

---

① Billups F：*Qualitative data collection tools: Design, development, and applications*, New York：SAGE Publications, 2021, pp113 - 126.

3. 主观诠释约束

话语分析是一种解释方法，这意味着它依赖于研究人员的解释来识别语言使用的模式和主题。存在主观性限制，不同的研究人员会以不同的方式解释语言数据。

4. 道德考虑

话语分析可能涉及敏感语言数据的收集和分析，例如创伤或边缘群体的相关语言等。研究人员须仔细考虑收集和分析此类数据的伦理影响，并确保参与者的隐私和机密性得到保护。[①]

二、典型案例

(一) 案例来源

李文博：《大数据驱动情景下企业商业模式创新的发生机理——对 100 个大数据案例的话语分析》。[②]

(二) 案例拆解

1. 问题的提出

大数据日益引起企业界的关注，使之开展了丰富的基于大数据驱动的商业模式创新实践。大数据驱动情景下企业商业模式创新的发生机理仍是一个未解"黑箱"，其中有两个核心问题：大数据时代企业商业模式创新的驱动因子有哪些，即"是什么(what)"的问题；这些驱动因子如何影响商业模式创新，其关系路径如何，即"怎么样(how)"的问题。

该文研究大数据驱动的商业模式创新问题，有着鲜明的时代性背景。从其研究初始，很快从宏观背景转向于聚焦具体问题，即有哪些驱动因子，以及因子如何驱动创新。问题越明确，越有利于研究方法的选择，以及研究设计的安排。要解决这两个关键问题，有着诸多可采用的方法，而话语分析作为质性分析技术，对于解释"是什么"和"怎么样"的探索性问题，具有一定的优势，有问题导向指向与适合的方法选择，彼此之间有紧密的联系。

2. 研究的设计

此项研究选择 100 个大数据案例作为话语来源，收集话语，形成话语池，其案例包含了阿里巴巴、乐视、网易、苹果、亚马逊的大数据案例。采用两种途径收集话语样本，一是

① Ten Have P：*Doing conversation analysis*，New York：SAGE Publications，2007，pp83－96.

② 李文博：《大数据驱动情景下企业商业模式创新的发生机理——对 100 个大数据案例的话语分析》，载《科技进步与对策》2016 年第 7 期，第 30－35 页。

二手数据挖掘，二是半结构化访谈。对话语样本进行整理，对行业专家、高校学者等进行半结构化访谈，收集关于案例的新话语，对于专业性强的话语，基于研讨形式挖掘核心概念，理清商业模式创新脉络。

在话语分析的具体策略方面，有着语言分析、语用分析、建构分析模式，在此项研究中，则选择了建构分析模式，重点关注于语源、语篇、语序和语型 4 个方面。

3. 方法的实施

（1）语源：话语样本特质

依照话语数据源的特质要求，对于数据本身进行审视。分别从大容量（Volume）、多类型（Variety）、即时性（Velocity）、高价值（Value）四个方面来看。大容量方面，100 个大数据案例，共 120 多万字；多类型方面，案例行业、类别、发展阶段有着差异性；即时性方面，选择了近 3 年案例数据；高价值方面，选择的案例本身具备商业模式创新发生机理的高价值属性，具备丰富的典型话语条目。作为话语分析的前提，高质量的话语数据源显得尤为重要，对于后续的分析起到了关键作用，所以需要确立一定的选样标准。

（2）语篇：话语叙事展现

针对语篇部分的 8 625 条原始语句，进行初始开放编码。这些原汁原味的话语反映了大数据时代企业商业模式创新的鲜明特质，其蕴含的丰富大数据基因是提炼原生态企业管理命题的丰沃土壤。开放编码遵循原生编码（in vivo codes）准则，即抛弃话语分析人员的既有概念组件，忠于话语情景，挖掘初始概念。初始概念力求简洁、生动，并最大限度契合话语所表征的行为。作者针对原文内容进行了概念提炼，提炼出了 16 个初始概念：数据容量、数据结构、数据关系、数据价值、数据连接、信息融合、知识搜寻、系统重构、快速响应、进化寻优、柔性适应、要素联动、互惠共生、开放协同、生态网络、价值治理。①

（3）语系：话语构件关联

研究基于给出的数据容量、知识搜寻、互惠共生等 16 个子范畴，进一步作凝聚子块分析，探讨大数据时代企业商业模式创新发生机理的故事线。从逻辑学角度分析，初始概念之间的关联关系反映了范畴之间的关联性，是划分凝聚子块的分析线索。接下来，检视初始概念之间的逻辑关系，重点考察交叉关系、种属关系和因果关系 3 种类型，这是下一步形成凝聚子块的主要基础。凝聚子块的析出条件为低于 3 次的弱连接关系不予显示。进而形成了 4 个凝聚子块，清晰展现了 16 个子范畴的话语构件关联，图 9 - 1 列出了部分初始概念。4 个凝聚子块的名称根据意义聚类为数据时代特质、主体反应行为、行为属性认知和生态系统情景，图中分别用符号 D(data)、B(behavior)、A(attribute)、C(context)表示。

（4）语型：话语模型提炼

话语模型提炼的目的是进一步发现范畴之间的关联脉络，整理发生机理模型的实质

① 李文博：《大数据驱动情景下企业商业模式创新的发生机理——对 100 个大数据案例的话语分析》，载《科技进步与对策》2016 年第 7 期，第 30 - 35 页。

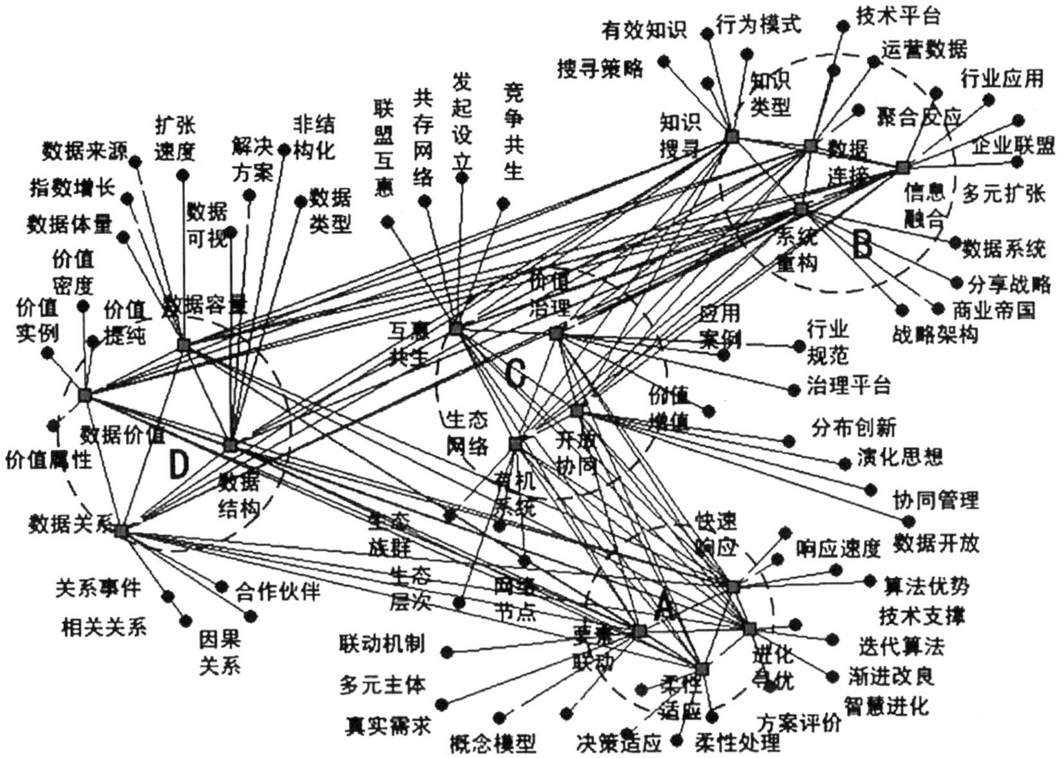

图 9－1　概念聚类网络

来源：见注①。

理论构架。该研究的核心范畴是企业商业模式创新，研究背景是大数据时代，内核问题是发生机理模型，涉及的前置范畴是数据时代特质、主体反应行为、行为属性认知和生态系统情景。为此，继续进行话语分析，重点提炼范畴之间的典型关系结构，由此形成基于数据时代特质、主体反应行为、行为属性认知、生态系统情景和商业模式创新的发生机理模型（表 9－2、图 9－2）①。

表 9－2　范畴间典型关系结构

关系结构	关系描述	话语证据
数据时代特质→主体反应行为 D→B	数据价值等数据时代特质影响知识搜寻等主体反应行为，共有数据价值→知识搜寻等 16 条关系路径	原来是有限的信息和数据，现在是大数据时代，信息爆炸，肯定影响有效知识的搜寻，尤其对于我们这种小微企业而言（数据容量→知识搜寻） 数据就是金矿，已经形成共识，但即时数据实在混乱和庞杂，各种碎片般的信息如何有效整合对任何一家企业都是很大的挑战（数据价值→信息融合）

① 李文博：《大数据驱动情景下企业商业模式创新的发生机理——对 100 个大数据案例的话语分析》，载《科技进步与对策》2016 年第 7 期，第 30－35 页。

续表

关系结构	关系描述	话语证据
主体反应行为→商业模式创新 B→I	知识搜寻等主体反应行为影响价值主张等商业模式创新，共有知识搜寻→价值主张等 16 条关系路径	电影《小时代》虽然是个小制作，但却取得票房等很大成功，基于大数据的数据挖掘进行精准客户定位，营销策略功不可没(知识搜寻→客户定位) 像腾讯 QQ 把用户的各种数据连接起来，又开发出微信等新产品，通过提供平台吸引眼球、广告投放取得新的盈利模式(数据连接→收益模式)
数据时代特质→行为属性认知 D→A	数据价值等数据时代特质影响快速响应等行为属性认知，共有数据价值→快速响应等 16 条关系路径	大数据时代，以非结构化数据为主，这些庞大的复杂的非结构化数据的有效处理是一个不断逼近最优点的演化过程，这需要算法(数据结构→进化寻优) 大数据时代，很多时候数据间不存在相关关系，非常混乱，处理起来需要技术、管理、人员等要素的有机联动，是一个生态系统(数据关系→要素联动)
行为属性认知→商业模式创新 A→I	快速响应等行为属性认知影响价值主张等商业模式创新，共有快速响应→价值主张等 16 条关系路径	像淘宝、当当等电商网站的推荐引擎，可以快速响应用户需求，从而将商品进行精确的客户定位，潜在需求得以激发变现(快速响应→客户定位) 企业构建有机性组织，像一个充满活力的生命体，通过与外部环境的匹配，探索如何更好地为客户服务的能力提升问题(柔性适应→业务能力)
生态系统情景→商业模式创新 C→I	生态系统情景是外部调节变量，调节以上关系路径的强度，如调节快速响应→价值主张的强度	杭州是电商之都，阿里是旗舰企业，但众多电商企业的互惠共生对于搜寻有效知识进而创新服务形态具有无形作用(互惠共生调节知识搜寻→价值主张) 电商行业协会、政府部门的知识资产保护治理使企业提炼数据金矿、创新商业模式免除了后顾之忧，拒绝山寨抄袭(价值治理调节数据价值→快速响应)

来源：见 P111，注①。

4. *研究发现与结论*

通过话语分析，提炼出关键概念、明确彼此间的关联结构、构建发生性模式，达成对于两类关键问题的回应，即回答了影响大数据商业模式创新的四类因子与 16 个语素(数据时代特质、主体反应行为、行为属性认知、生态系统情景)，以及明确了若干可执行的关系路径，如数据时代特质→主体反应行为→商业模式创新等。

【启示】(1) 话语分析并不局限于语言研究。话语分析虽然产生于语言学研究，但并非局限于仅与语言学相关的研究。在诸多存在互动的场景、讲话、谈话中，其有着诸多不同指向，例如传播学、社会学、经济管理、商业研究等均可加以运用，进而可对方法的属性及使用领域有所拓展与延伸。(2) 与其他定性研究的邻近。比如此项研究，就是以案例研究为承载，搜集相关的话语素材来构建话语池并进行分析，其中有着案例研究的特质，也有扎根理论中的编码运用，更有话语分析所特有的语素、语系、语型的运用。因此，在话语分析中可以纳入其他定性研究的组件要素来加以使用，使之在分析中呈现出独具特色

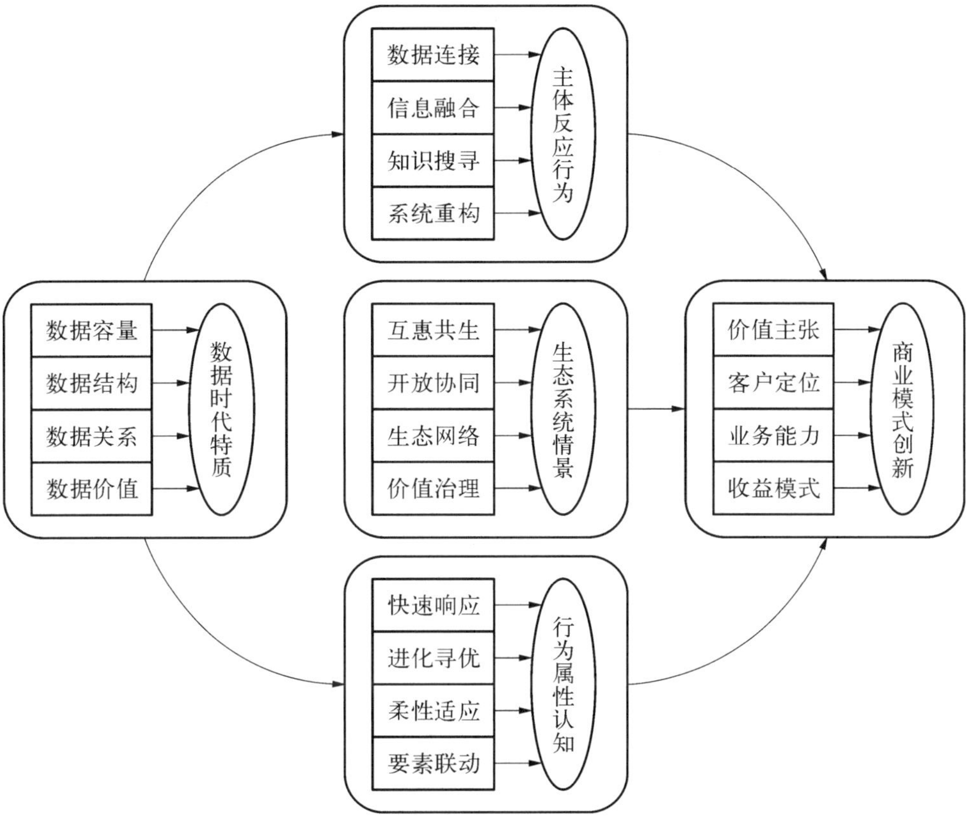

图 9-2　大数据驱动情景下企业商业模式创新的发生机理模型

来源：见 P111，注①。

的发现。(3) 话语分析的细致观察。话语分析很多情况下，关注用词的特征、上下文含义以及词句属性等方面。有时是互动会话的，有时则是单向讲话或文字语录的。这需要研究者具备细致的观察能力，能够通过词句含义、用词特征，甚至是语音语调来把握研究对象的弦外之音，这也是区别于其他定性研究的重要方面。(4) 结论可以很多元。话语分析虽然是解构语言本身的，看似较为实务性的研究，但是其结果也可以构建一定形式的机制、模式，甚至是理论。由于话语普遍存在于人类交互、表达过程之中，从中发现的相关规律、模式、机制，具有对特定群体、情境的解释性，能对具体实践有较好的指导性。虽然其在更高维度、更广范围内的复制性有所局限，但对于解释某些条件、情境下的行为规律，有着积极的作用。

三、延伸阅读

- 刘立华.传播学研究的话语分析视野[J].国际新闻界，2011，33(2)：31－36.

• 张庆园，李欣.政务社交媒体新闻叙事中品牌“被标签化”的话语分析[J].新闻与传播评论，2023，76(3)：42－52.

• 朱永生.多模态话语分析的理论基础与研究方法[J].外语学刊，2007(5)：82－86.

• 朱永生.话语分析五十年：回顾与展望[J].外国语，2003(3)：43－50.

• 朱桂生，黄建滨.美国主流媒体视野中的中国“一带一路”战略——基于《华盛顿邮报》相关报道的批评性话语分析[J].新闻界，2016(17)：58－64.

• 董扣艳.性别冲突与父权制意识形态批判——微博“热搜”话题的批评话语分析[J].福建师范大学学报(哲学社会科学版)，2021(4)：97－110.

• 冯捷蕴.北京旅游目的地形象的感知——中西方旅游者博客的多维话语分析[J].旅游学刊，2011，26(9)：19－28.

• 钟兴菊.地方性知识与政策执行成效——环境政策地方实践的双重话语分析[J].公共管理学报，2017，14(1)：38－48＋155－156.

第十章 定性比较分析法

一、方法理解

（一）方法的解读

【一句话定义】定性比较分析（Quality Comparative Analysis, QCA）旨在通过案例间的比较，找出条件组态与结果间的因果关系，回答“条件的哪些组态可以导致期望的结果出现，哪些组态导致结果不出现”这类问题。不同于传统回归分析方法中假定变量（条件）相互独立起作用，QCA采用整体视角聚焦于“组态效应”分析，是基于条件间是相互依赖的这一更符合社会现象的假定。

定性比较分析（QCA），最早由美国著名社会学家、加州大学欧文分校教授查尔斯·拉金（Charles Ragin）1987年在《比较方法：在定性和定量测量之外》一书中提出。该方法能够将定性与定量分析有效结合、融会贯通，在前人的研究和理论对话的基础上，利用集合理论和布尔代数的原理，通过中小样本量的案例定量研究，提炼出导致某一社会现象的多个原因的组合，从中分析社会现象之间的因果关系。

传统定性研究聚焦于案例的整体和深入分析，但外部推广度差；定量研究聚焦于从大样本中发现可推广的模式，但对个案的独特性和深度分析不够。定性分析与定量分析的优势互补在QCA分析方法中得到整合，它既适合于小案例数的研究（15个以下的案例），中等规模样本（15个至50个案例数），也适合超过100个案例数的大样本。[①]

（二）方法的假设

首先，QCA方法认为“单个原因对结果有其各自独立的影响”的思想不成立，并

① 伯努瓦·里豪克斯：《QCA设计原理与应用：超越定性与定量研究的新方法》，杜运周译，机械工业出版社2017年版，第52－69页。

提出“并发因果关系”的假设，即多个原因同时出现（或者以某种方式整合）并构成某个结果的“原因组合”。

其次，一个给定的原因组合可能并不是产生某个特定结果的唯一途径，其他组合也可能会产生同样的结果。

再次，因果效应不再具有一致性；相反，一个给定的原因与某些条件组合时可能对结果产生正向影响，而与其他条件组合时则可能产生负向影响。[①]

（三）方法的类型

1. 清晰集定性比较分析（csQCA）

csQCA 只能处理原因变量和结果变量均为二分变量的案例（1/0），如条件或符合或不符合、出现或不出现，无法处理统计分析中所出现的定距变量。

2. 模糊集定性比较分析（fsQCA）

基于模糊集的定性比较分析方法突破了上述问题，是对 csQCA 的一个拓展。在现实生活中，往往能观察到的特征在不同个案中的差别是连续的，因此采用二分变量来刻画这些特征是不合适的。拉金提出可以采用多个值（比如：0、0.5、1）来刻画个案的某些属性。比如，在 fsQCA 里，个案的某个特征可以被观察到的程度可以被刻画为从 0 到 1 之间的任何数，而不局限于 0 或 1 这两个数。这被称为成员身份度（membership score）。fsQCA 的运算原理与 csQCA 一致，可以利用成员身份度模糊集形成真值表，然后以真值表为基础算出结果特征是哪些原因特征组合的子集，最后通过布尔代数算法简化这些原因特征组合。这主要是运用集合关系和集合间的逻辑运算规则来探索多个个案中事先确定的原因条件对结果产生的影响。此外，还开发了 fsQCA 的计算软件 fs/QCA2.0，这个软件得到了广泛应用。

3. 多值集定性比较分析（mvQCA）

多值集定性比较分析方法也是以 csQCA 为基础发展出来的新方法，是一种与 fsQCA 并行的方法。多值集可以看作是确定集和模糊集之间的一个中间状态。与模糊集不同的是，多值集方法并不是将变量的数值处理成 0 到 1 之间的隶属度分数，而是在确定集的二分法基础上，对变量的数值进行多分，以增加变量的信息。多值集在扩展二分法的基础上，将原来的清晰集拓展成了一种可以处理类别变量的方法。这种方法还可以通过分类的方式，将定距变量转化为类别变量而纳入分析模型之中。由此引发的一些新的问题和技术，则可以通过多值集方法及相应的操作软件 TOSMANA（Tool for Small - N Analysis）来操作。[②]

---

① Kahwati L：*Qualitative comparative analysis in mixed methods research and evaluation*，New York：SAGE Publications，2020，pp312 - 324.

② 王永贵：《管理研究方法：理论、前沿与操作》，中国人民大学出版社 2023 年版，第 169 - 183 页。

(四) 方法的特征

1. 研究基于案例的本质

每一个案例(作为整体)都是一个复杂的实体,研究者在分析时全程都要注意到其作为案例的整体性,而每个案例之中的不同部分又是互相联系的,对变量效应的评估应置于案例的整体背景之下,案例可被描绘成变量的组合。

2. 确保研究路径是“比较”

研究者可以通过比较案例结构、汇集类似案例等方式,探索具有可比性案例的异同。而能够做到这一点的分析工具就是真值表,该表以矩阵形式将所有具备逻辑可能性、具备因果关联条件的数据进行组合。通过将案例汇集在真值表内,研究者可以评估哪些案例体现了一致性的因果条件建构。①

3. 实现对多重因果关联组合的评估

首先,通常是案例中各个条件的结合产生了现象,亦即结果;其次,条件的不同结合方式可能会带来相同的结果;最后,已有条件也许会因为研究情境的不同而对结果产生不同影响。这一特点正是不同的因果关系路径也许会产生相同结果的前提。因此,定性比较分析法提出了因果关系发生的“特定情境”概念,允许更多因果复杂性存在的情况,同样表明因果条件会根据不同背景,而造成完全相反的结果。通过使用定性比较分析法,研究者不必一味地确定某一个因果模型以最好地迎合数据,而是只需要确定比较案例中不同因果模型的数量和特性。

4. 使研究者可自行决定案例的复杂程度

便于减少复杂性的分析步骤就是布尔代数,布尔代数使研究者可以确定简单的因果联系,亦即在案例分析中只需要结合最少的因果条件来进行。其中的关键步骤是布尔函数的最小化,将案例描述缩减到对数据因果关联的最短表述。

(五) 方法的实施步骤

整个研究过程,可以分为以下几个阶段(表 10-1)。

表 10-1 QCA 方法的实施步骤

QCA 步骤	步 骤 说 明	要回答的关键问题
步骤 1 条件选择与模型构建	根据理论和经验知识指导挑选合适的条件来回答问题	• 如何从许多可能的条件中进行选择 • 这些条件是如何相互作用并与结果联系在一起的

① Rihoux B: *Configurational comparative methods: Qualitative comparative analysis (QCA) and related techniques*, New York: SAGE Publications, 2009, pp207-215.

续 表

QCA 步骤	步 骤 说 明	要回答的关键问题
步骤 2 案例选择	选择能够回答研究问题的案例，并收集数据	• 多大的样本量是合适的 • 是否有既有正面结果又有负面结果的案例 • 这些案例是否具有足够的异质性
步骤 3 条件与结果校准	对原始数据进行校准以进行 QCA 分析	• 根据数据类型，选择哪种校准方式是合适的 • 校准依据的理论知识和实践经验有哪些
步骤 4 必要性分析	通过软件进行必要性分析，查看是否存在给定结果的必要条件	• 是否有条件达到必要条件的标准 • 必要条件在理论和实践上有何意义
步骤 5 组态分析	进行真值表完善和标准分析，得出 QCA 的解	• 最小案例频数、一致性和 PRI 值的标准设定是否有据可依 • 反事实分析（如有）是如何做出的 • 如何充分解释组态结果
步骤 6 稳健性检验	以多种方式测试研究结果的稳健性，观察子集关系、一致性和覆盖率的可能变化	• 选择哪种稳健性检验的方法 • 结果会发生实质性的变化吗

来源：见 P117，注①。

1. 条件选择与模型构建

QCA 研究的第一步通常是建立理论上可行的组态模型，根据研究问题选择合适的条件与结果变量。QCA 强调基于理论或经验知识来确定与研究问题相关的条件。基于研究框架和理论视角选择条件是研究人员主要采用的方法。要注意的是，主流的基于相关性的方法已经将理论构建引向独立的、可扩展性的和对称的因果关系，QCA 研究者需要从组态视角论证各条件对结果的联合影响。

构建组态模型要考虑的一个关键因素是条件数量。确定条件数量时既要考虑样本多样性，也要考虑模型的简约性。首先，由于有 k 个条件，在理论上存在 2 的 k 次方种组合，过多的条件数量很容易导致组态个数超过观察案例个数，从而出现案例的“有限多样性”问题。建议小样本规模（10～40 个案例）的研究应将模型限制在 7 个前因条件之内。此外，即使大样本 QCA 研究避免了有限多样性问题，但条件数量过多会使对研究结果的解释呈现复杂化。

2. 案例选择

条件选择和案例选择往往是同时甚至迭加进行的，二者没有固定的先后顺序之分。研究人员需要根据研究问题来选择相关的案例。QCA 最初是专门针对中小样本研究情境而开发的，这要求研究人员与案例数据建立更紧密、更密切的关系。使用小样本量的研究应遵循理论抽样原则，根据理论和案例的特点选择样本，以确保案例间具备足够的异质性以便比较。最近也有一些研究显示了 QCA 在大样本研究中的潜力。[①]

3. 条件与结果变量的校准

校准是指赋予案例的特定条件集合隶属度的过程，只有将原始案例数据校准为集合隶属分数后，才能进一步分析必要性与充分性的子集关系。按照集合形态的不同，QCA 应用主要分为清晰集（csQCA）和模糊集（fsQCA）两种类别。其中，csQCA 是将变量转换为“0”或“1”的二分变量。而 fsQCA 则允许取“0”和“1”之间的部分隶属分数，即评估条件在 “完全隶属”与“完全不隶属“间的隶属程度。

对于模糊集校准，现有研究主要使用两种校准方法。一是间接校准法，研究人员利用他们的判断为每个条件分配多个介于“0”和“1”之间的值；二是直接校准法，研究人员基于理论和实践提出三个定性锚点——完全隶属、完全不隶属和交叉点，然后使用软件提供的算法进行校准。其中，直接校准法运用了统计模型，更显正式化，是最为常用的校准方法。要注意的是，锚点的选择应遵循合理性和透明性原则，研究人员可以参考现存的理论或提供理论依据，或参考外部样本进行经验论证，也可基于样本数据的频率分布选择锚点。

4. 必要条件分析

在进行 QCA 的标准分析前，研究人员应检查是否有什么条件对结果来说是必要的。因为，“必要条件”意味着该条件总在结果存在时出现，换言之，没有该条件，结果就无法产生。研究人员可使用软件提供的程序进行必要性分析，评估结果集合和条件集合的子集关系。通常认定必要条件需要达到 0.9 的一致性分数，并且具有足够的覆盖度。目前，在进一步的分析中保留必要条件已经成为研究者的共识。要避免必要条件被消除的风险。此外，区分条件的必要性和条件的普遍性也很重要，当一个条件出现在最终的每个构型中时，它可能看起来是必要的，但并不能从这些发现中推断出其必要性的存在。

5. 组态分析与结果解释

组态分析包含真值表完善和标准分析两个子步骤。首先，研究人员要设定相关的门槛值以初步筛选真值表行。第一个标准是确定最小案例频数以避免经验上琐碎的组态。在小样本研究中（例如，10～40 个案例），研究人员可以考虑最小案例频数为 1 或 2。大样本的研究应该考虑更高的案例频数，但要保留 80％左右的原始案例数。第二个标准是确定一致性门槛值以确保组态的解释力度，现有研究指出，一致性大于 0.8 是可接受的最低标准。第三个标准涉及 PRI（Proportional Reduction in Inconsistency，不一致性的比例减少）一致性，最佳实践建议将 PRI 保持在 0.7 以上，以避免“同时子集关系”的问题。

按照上面三个标准分别进行分析，软件会输出三种类型解：复杂解、简约解和中间解。复杂解（Complex）基于原始数据，不需要经过任何反事实分析，通常包含更多组态和前因条件；简约解（Parsimonious）经过了简单反事实分析，组态和条件数量最少；中间解

① 南瑞琴：《互联网时代中国财经媒体信任评价：基于 QCA 的定性比较分析》，上海财经大学出版社 2021 年版，第 252 - 267 页。

只使用了简单的反事实分析，纳入符合理论方向预期和经验证据的逻辑余项。合理有据、复杂度适中的中间解通常是 QCA 研究中汇报和诠释的首选。

解释分析结果的一种常用方法是使用中间解来确定导致结果的组态数量和这些组态的包含条件，然后利用简约解的结果来确定对给定组态较为重要的核心条件。出现在简约解中的条件被称为给定组态的核心条件，表明与所关注的结果之间存在着很强的因果关系。出现在中间解但没有出现在简约解的其余条件被称为边缘条件，因为它们与结果之间因果关系较弱。

6. 稳健性检验

检查分析结果的稳健性是 QCA 研究的关键步骤。QCA 的稳健性检验包含多种方法，常用的方法是合理调整相关参数的设定，例如校准依据、最小案例频数和一致性门槛值，然后对调整后的数据再次分析，比较组态的变化以评估结果的可靠性。如果参数的调整没有导致组态的数量、组成部分以及一致性和覆盖度发生实质性变化，那么可以认为分析结果是可靠的。①

（六）方法的优势和局限

【优势】

1. 对于样本规模的要求不高：在样本规模为 15～80 个时都可以运用。

2. 在变量主要由二分、定类和定序等形式组成的中小规模样本的研究中，QCA 具有较大的优势。

3. 由于 QCA 对样本量的要求不高，所以研究者能够在研究过程中对总样本进行多次细分，形成不同的子样本集，从而得出更为精细和有趣的结论，也使得分析得出的结果更加符合情理，并且使之后的研究更具有目的性。

4. 从根本上说，QCA 能充分分析社会现象的多样性与因果关系的复杂性，它能提供不同的因素组合对结果的影响作用，以便让研究者更深入地挖掘变量与结果之间的作用机制，为更深入的研究提供方向。

5. 避免了单一分析的面向，通过建立起因果关系的多元分析构成，充分地注意到了个案本身的异质性和复杂性。

6. QCA 能分析多重因果关系组合，是一种通过个案现象探寻逻辑条件组合，但又有别于事件“统一”整体的全面了解个案的方法。

7. 区别于传统质性研究挖掘个案间变量关系的做法，QCA 能以逻辑条件组合为基础，进行同一模式内不同个案之间以及不同模式之间的比较。

【局限】

1. 案例敏感性过强。QCA 是基于案例的分析，在过程中将每个案例看作一个复杂整

① Byrne D：*The SAGE handbook of case-based methods*，New York：SAGE Publications，2009，pp17 - 25.

体,分析其内部的影响变量和组合,在数据处理时,增删某个或某些案例都会使条件组合和结论发生变化,甚至会产生矛盾,但矛盾并非绝对指向研究失败,也可能会推动研究者在理论、案例、条件等方面进行反思与完善。

2. 案例和条件数量有限制。主流的 QCA 分析案例和条件都使用中小规模样本,不利于结论的普适性,而布尔代数的运算法则为 N 个条件变量产生 2 个条件组合,个别数量的变动有可能带来几何级别的效应,虽然已有学者提出将 QCA 引入大样本研究,但尚没有具体应用。

3. 变量校准的划分标准不够客观。最初的 QCA 分析仅使用 cs-QCA,二元阈值的设定局限了变量划分,同时,变量的确定主要是基于理论研究和实践经验,并没有针对某一研究问题的统一标准,由此造成主观性和不确定性变强,虽然后来增加了 fs-QCA、mv-QCA 等技术,但仍不能很好解决这一问题。

4. 时序问题暂不能得到有效解决。目前,用于 QCA 研究的主要方法和数据分析都以时序性不会影响结果为假设前提,但并不能因此完全排除时序的作用。T-QCA 和 TS-QCA 等技术的提出虽然意味着学界已经注意到这一问题,但相关思想仍然不够成熟,不能从根本上解决时序问题。

5. QCA 的因果解释不够全面。虽然 QCA 是超越定性研究与定量研究的“第三条道路”,但并不能完全取代传统的相关分析、回归分析等,其结果的解释力和有效性存在争议。

二、典型案例

案例来源: 周俊、王敏:《网络流行语传播的微观影响机制研究——基于 12 例公共事件的清晰集定性比较分析》。①

(一) 问题提出

该文研究什么样的因素组合在一起会促使一个网络流行语得到广泛传播(例如,是什么因素推动了复旦大学投毒案的相关流行语“感谢室友不杀之恩”高热度的传播?)。

(二) 条件选择

借鉴相关文献,研究者将事件属性变量、主体变量、情绪表达方式、主流化变量、情绪内容、诉求变量 6 个条件变量(解释变量)列为观察变量,而将流行语热度(高/低,1/0)列为结果变量(因变量)。

① 周俊、王敏:《网络流行语传播的微观影响机制研究——基于 12 例公共事件的清晰集定性比较分析》,载《国际新闻界》2016 年第 4 期,第 26 - 46 页。

(三) 案例选择

QCA 对案例的数量的要求不高，通常为 15～80 个。但是，要注意的是：案例的选取必须遵循案例的典型性、多样性、资料全面性和结果确定性等原则来进行。其中，典型性指该案例具有一定社会影响、引起了较为广泛的关注；多样性指的是案例在类别、时间和地点等要素上所具有的差异性；资料全面性指的是同一案例要具有多种不同的来源加以支撑；结果确定性是指结果变量能够被观察和定性（如网络流行语热度能够通过百度搜索指数来显现）。在此，选择 2009 年至 2014 年间的 12 起形成网络流行语的公共事件。

(四) 变量编码

这是对分析框架里的结果变量和原因变量进行操作化的过程，例如，作为结果变量的网络流行语传播情况被划分为高热度传播和低热度传播两个选项，分别编码为 1 和 0，而高热度和低热度的区分标准则如表 10－2 所示，根据百度搜索指数来判读。

表 10－2　解释变量和结果变量的设定

变　量	变量类型	判 断 说 明	数据权重	赋值	说明
事件属性	政治事件	主要与国家政治相关，如王立军事件、微笑门等，大多涉及公权力	50%	1	解释变量
	自然事件	主要是指自然灾害、天体现象或其他自然现象	0%	0	
	文化娱乐事件	主要指娱乐圈明星各类绯闻或其他话题	8.33%	0	
	社会新闻事件	除以上三类之外的社会类话题和事件	41.67%	0	
主体变量	当事人自主创造	事件涉及的当事人主动创造	41.67%	0	解释变量
	网民大众杜撰	作为旁观者的网民大众创造	58.33%	1	
情绪表达方式	戏谑调侃	民众以戏谑的方式表达情感，对事件、涉事主体进行调侃	66.67%	1	解释变量
	非戏谑	其他方式	33.33%	0	
主流化变量	被纳入官方话语	主流媒体自主采纳	58.33%	1	解释变量
	未纳入官方话语	主流媒体未采纳或作了批判	41.67%	0	

续 表

变 量	变量类型	判 断 说 明	数据权重	赋值	说明
情绪内容	表达不满	对事件表达不满情绪	66.67%	1	解释变量
	未表达不满	无明显的不满情绪	33.33%	0	
诉求变量	有特定诉求	一般针对某具体事务，希望情况得到改善或获取某种利益	33.33%	0	解释变量
	无特定诉求	一般性流行语，无特定目的	66.67%	1	
结果变量	高热度流行	事件结束后 50 天的百度搜索平均指数超过 1 000	66.67%	1	结果变量
	低热度流行	事件结束后 50 天的百度搜索平均指数不足 1 000	33.33%	0	

来源：见 P121，注①。

（五）成真值表

在对变量赋值后，根据 QCA 的分析步骤，对每个案例进行编码并汇总，得到了解释变量和结果变量的数据组合情况，但这是所有可能存在的组合情况，而非案例的实际情况，所以必须简化，该过程可以借助 fs/QCA 软件快速、便捷地实现。

（六）单变量必要性分析

通过单变量必要性分析（Necessary Conditions）来判断每个原因变量 A 是否能作为结果变量 B 的充分条件或必要条件，即判断单个的原因变量和结果变量之间关系的紧密性。在 QCA 方法中，主要通过一致性指标（Consistency）和覆盖率（Coverage）来进行判断。当一致性指标大于 0.8 时，则表示该原因变量为结果变量的充分条件，而当一致性大于 0.9 时，则说明该原因变量是结果变量的必要条件。在完成充分和必要条件判断后，可进一步借助覆盖率（Coverage）这一指标来分析原因变量对于结果的解释力，例如，覆盖率为 0.8，则说明该原因变量或原因组合能够解释 80%的案例。在这个研究中，一致性指标在各个条件变量的得分，分别为事件属性（0.8）、主体变量（0.82）、情绪变量（0.5）、诉求变量（0.71），仅有“事件属性”和“主体变量”的一致性大于 0.8。

（七）原因组合分析与结果解读

该步骤分析不同的原因组合对于结果的影响是什么样的，与上一步骤相同，通过一致性和覆盖率进行判断：一致性（>0.8），“raw coverage（原始覆盖度）”表示该条件组合能够解释的案例比例,"unique coverage(唯一覆盖度)"表示有多少案例仅能被该条组合路径解释,此外,"～"表示"非","＊"表示"和"(表 10－3)。

表 10－3　定性比较分析的结果

条　件　组　合	原覆盖率 Raw Coverage	净覆盖率 Unique Coverage	一致性 Consistency
～body* way* adopt* ～mood* spec 当事人*戏谑*纳入*无不满*无特定	0.25	0.25	1
type* body* way* mood* ～spec 政治*网民*戏谑*不满*有特定	0.25	0.125	1
type* body* adopt* mood* ～spec 政治*网民*纳入*不满*有特定	0.25	0.125	1
～type* body* ～way* ～adopt* mood* spec 非政治*网民*非戏谑*未纳入*不满*无特定	0.125	0.125	1
～type* ～body* way* ～adopt* mood* spec 非政治*当事人*戏谑*未纳入*不满*无特定	0.125	0.125	1
结果覆盖率	0.875		

来源：见注①。

可以看到,在表 10－3 中,所有条件组合的一致性指标均能达标(0.8 以上),而原覆盖率较高的三条原因组合,由此就判定了影响传播程度的关键变量组合,分别如下：

- 当事人自主创造＋戏谑调侃＋被官方话语采纳＋无不满情绪＋无特定诉求
- 政治事件＋网友杜撰＋戏谑调侃＋不满情绪＋有特定诉求
- 政治事件＋网友杜撰＋不满情绪＋有特定诉求＋官方话语关注

结合 QCA 所得到案例定量分析结果(即原因组合),通过回顾相对应的案例,研究者能够深入地解读原因组合的实质含义,进而也实现了定量分析和定性分析的深度融合,走出一条"具有混合气质"的研究道路。①

【启示】(1) 定性与定量的结合。定性比较分析方法是以定性为基础,以量化为辅助。其本身以特定主题的案例为基础,依照解释变量、结果变量的取值,在案例中进行人工赋值,进而取得因果机制、影响要素的发现。(2) 组合性影响因素的探究。QCA 所实现的变量间关系分析,不同于传统量化研究中独立变量的影响性观察,而是对组合变量的影响性挖掘,由此可对组合性影响有所发现,这是在以人工诠释为基础的传统质性研究中难以实现的。(3) 外部效度的增强。传统定性研究一直遇到样本量少、人工成本高、调查时间

① 周俊、王敏:《网络流行语传播的微观影响机制研究——基于 12 例公共事件的清晰集定性比较分析》,载《国际新闻界》2016 年第 4 期,第 26－46 页。

长等问题，而定性比较分析则能实现规模性样本的搜集与分析，不需要太多的深描、编码等繁复的人工程序，可交给计算机辅助来获得规律的发现。因此，如要增强某些主题的外部效度，或实现对特定问题的规模化研究时，定性比较分析是不错的选择。(4) 案例的可搜集、可触达。要实施定性比较分析，很重要的一点是案例选择与搜集，为了更好地实现赋值与分析，在选择议题时需要提前考虑案例选择的难度，避免案例获取困难。同时，在案例的选择上也需要突出典型性，避免极端案例、极大差异案例，否则会影响结论，且在普遍性推广方面会遇到困难。

三、延伸阅读

- 刘晓亮，侯凯悦，张洺硕.从地方探索到中央推广：政府创新扩散的影响机制——基于 36 个案例的清晰集定性比较分析[J].公共管理学报，2019，16(3)：157－167+176.
- 王国华，武晗.从压力回应到构建共识：焦点事件的政策议程触发机制研究——基于 54 个焦点事件的定性比较分析[J].公共管理学报，2019，16(4)：36－47+170.
- 李蔚，何海兵.定性比较分析方法的研究逻辑及其应用[J].上海行政学院学报，2015，16(5)：92－100.
- 唐开翼，欧阳娟，甄杰，等.区域创新生态系统如何驱动创新绩效——基于 31 个省市的模糊集定性比较分析[J].科学学与科学技术管理，2021，42(7)：53－72.
- 李良荣，郑雯，张盛.网络群体性事件爆发机理："传播属性"与"事件属性"双重建模研究——基于 195 个案例的定性比较分析(QCA)[J].现代传播，2013，35(2)：25－34.
- 卫志民，周志浩.中国邻避冲突结果影响因素探究——基于多案例的 csQCA 分析[J].山西师大学报(社会科学版)，2022，49(5)：46－58.
- 张明，陈伟宏，蓝海林.中国企业"凭什么"完全并购境外高新技术企业——基于 94 个案例的模糊集定性比较分析(fsQCA)[J].中国工业经济，2019(4)：117－135.
- 杜运周，贾良定.组态视角与定性比较分析(QCA)：管理学研究的一条新道路[J].管理世界，2017(6)：155－167.

实施技术篇

第十一章 访谈技术

一、访谈内涵及类型

(一) 什么是访谈

所谓深度访谈(In-depth Interview),是质性研究中常用的资料收集方法,指访谈者与受访者之间以一种个人之间的互动方式进行面对面的交谈,达到意见交换和构建意义的目的。访问者经由访谈与对内容的发掘整理,分析出受访者的行为动机、信念、态度与看法等。

深度访谈不是一个一方"客观"地向另一方了解情况的过程,而是一个双方相互作用、共同建构"事实"和"行为"的过程。在访谈进行的时候,双方实际上是在相互探询、相互博弈、相互协调。双方的个人身份和相互关系都会影响到访谈的风格和进程,交谈双方实际上是在一起营造访谈的氛围和话语情境。

访谈是一种社会互动过程,是访谈者为了获取受访者的动机、态度、行为、想法、需要等而进行的信息获取方式。通常来说深度访谈是面对面的交流,但在距离受访者较远,或者受其他条件限制的情况下也可以用电话或者视频形式进行。访谈是定性研究中最常用的方法及基础工具,可以和许多研究方法结合运用。

访谈是一个谈话的过程,但又不同于常规的谈话,其主要区别在于,访谈是运用有目的、有计划、有方法的口头交谈方式,向用户了解事实的方法。访谈是一种研究型的交谈,是通过谈话双方的口头交流,对有意识要获得的资料的搜集和梳理。与普通的谈话相比,访谈是有计划、有目的、有意识地搜集资料的过程。访谈一般都有明确的时间安排以及谈话主题,与普通谈话不同,访谈必须力求真实,不能随便对用户所说的话表示赞同或者评价,并且访谈过程中常常会伴随着记录行为,访谈结束后还要进行事后的梳理与总结。[1]

总结而言，对于“深度”，可以从三个层面去理解。第一层面是内容上的深入。深度访谈并不单纯指访谈者与被访者重复面对面的接触，更主要地指的是访谈双方的交流是自由的、轻松的，无障碍的。双方围绕一定的题目，可从历史到今天、从原因到结果、从现象到本质、从自身到他人、从家庭到社会，进行广泛而深入的交谈和讨论。访谈者可从中获得大量与研究问题有关的丰富的社会背景材料，以及访谈对象在这一背景中的所思、所言、所为的生动而鲜活的资料。

第二层面是关系上的深信。在访谈的深入交流过程中，访谈者要高度重视被访者的说法、观点，并超越访谈者个人的感受去理解与解释。作为整体的访谈是访谈者和被访者的共同产物。访谈者和被访者之间是平等的关系。访谈者不是操控访谈过程，而是引导访谈过程。访谈者只有采取客观的、尊重的态度才能尝试从被访者身上得到真实而深入的信息。

第三层面是资料处理上的深究。在深入访谈的基础上，面对真实的、丰富的访谈材料，访谈者要去芜存菁，探索隐藏在表面陈述中的深刻意义。深度访谈的重点不仅是得到被访者的陈述，而且要通过被访者的陈述材料，探索其中折射出来的对某些活动、事件、现象的多元观点。访谈者要搁置自我的感受、解释与理解，超越自我的假设，探索潜藏在表层观点下所蕴涵的意义。[2]

（二）访谈的类型

1. 依照标准化程度划分

根据访谈内容的标准化程度，可以将访谈调查划分为结构式访谈、半结构式访谈、非结构式访谈三类。结构式访谈是非常标准化的，访谈者会事先准备好访谈提纲，问题形式、回答方式和访谈过程遵循固定程序。访谈者逐个问题地向受访者提问以了解情况，访谈流程完全由访谈者主导。结构式访谈形式类似于对话形式的问卷调查，但与问卷访谈不同之处在于问题多为开放性问题。

半结构式访谈介于结构式访谈和非结构式访谈之间，它比结构式访谈更加富有弹性。研究人员会有要研究的关键主题，以及一份访谈指引，访谈过程中根据这些关键点灵活地发问，此外还可以讨论新问题。

非结构式访谈完全去除了标准化流程和固定的提问顺序，访谈没有非问不可的问题，研究人员可以准备一份列表，但不会受列表影响。非结构式访谈通常以日常生活的对话方法进行，让受访者表达自己的观点，过程受到访谈者和受访者的社会互动（Social Interaction）的影响。

---

① 斯文·布林克曼：《访谈》，曲鑫译，格致出版社 2020 年版，第 23－43 页。

② 赫伯特·J. 鲁宾：《质性访谈方法：聆听与提问的艺术》，卢晖临译，重庆大学出版社 2010 年版，第 142－163 页。

2. 根据访谈的性质分类

根据访谈的性质，又可以将无结构式访谈细分为正式访谈与非正式访谈两种。其中正式访谈是指调查研究者事先有计划、有准备、有预约的访谈，访谈对象通常是预先选择好的，并在与访谈对象预约的时间和地点进行访谈；非正式访谈是指调查研究者在调查实地，随机进行的，无预约、无准备的访谈，这种访谈的对象通常是偶遇的当地人，其形式更接近于一般性的闲聊，但在访谈进行中，访谈者要注意因势利导，以便在交谈过程中能够获得调查研究所需要的信息。

3. 根据被访对象的数量分类

根据被访对象的数量，无结构式访谈还可以分为个别访谈与集体访谈两种。其中个别访谈是指调查者同一个被访谈者围绕调查主题的单独交谈；集体访谈是将若干个访谈对象集中在一起，就特定的主题交谈。[①]

二、访谈的实施

（一）明确访谈目的

最重要的事项是确定访谈的目的，这样才能够确定研究方法、研究内容以及访谈对象。这部分旨在确定一个访谈所要发现和挖掘的客观现象背后的意义，不同于做量化研究，访谈问题在实施中会不断调整和改变，但核心的研究主题是确定的。访谈的目的是多种多样的，但从内在本质来看大致可分两类。第一类，探索类。所谓探索类存在多种情况，例如对研究议题不太了解，需要寻求对象，进行一个概况式的了解，以更好地增加对研究议题的理解与认识；有时研究者在开展一些委托项目时，发现委托内容、需求点等方面存在模糊不清的地方，进而需要在工作开展前对受访对象进行深访；有时针对新问题、新议题没有太多的研究积累，需要从零基础开始研究，由此所开展的研究均属于探索类。第二类是验证类。探索类的访谈目的，往往很少带有预设与观点，以请教、了解、探寻的姿态与对象进行互动，而验证类则是基于研究者对研究议题本身已经有一定的了解，且形成了某些观点，或在某些要点上有着明确的验证需要，由此开展的深访，是以验证为目的。

在设定访谈目的同时，需要对访谈的必要性与可行性两个方面有所把握。必要性包括两方面：其一，实施访谈将会验证某种假设对解决某个理论问题或实践问题是有益的；其二，进行访谈对验证某种假设是必不可少的。可行性则是确定拟议中的访谈是否能够按计划实施。要考虑两方面：其一，拟议中的访谈对象能否接受访谈者的访谈；其二，访谈者自己能否进行访谈。

① 查尔斯·J. 斯图尔特，威廉·B. 凯什：《访谈》，张建敏译，清华大学出版社 2021 年版，第 154－165 页。

（二）对象的选择

确定访谈对象时，应以有利于获得所需要的真实信息为原则。首先，选择的范围应当与问题的范围一致或相关。其次，在与问题的范围一致或相关的范围内，访谈对象可以是随机选择，也可以是人为指定，两种方式各有利弊。再次，在人为指定的情况下，对访谈对象的选择应主要考虑以下两个因素：一是所选择的访谈对象应不会坚决拒绝访谈；二是所选择的访谈对象应能够为访谈者提供所需要的信息。在确定了访谈对象之后，在可能的条件下，应充分认识、了解访谈对象的情况。

对象的选择，涉及一定的抽样原则，其定性研究的抽样方法与定量有所不同，通常采用的是非概率性抽样。在访谈过程中，主要采取的是基于理论构建或特定研究目标的目的性抽样，具体的方法为：

- 最大变化/异构。最大变异/异质目标样本是为了提供与特定现象或事件相关的多种情况而选择的样本，此类样本设计的目的是尽可能多地了解正在审查的事件或现象。
- 同质性。同质性目的的样本是被选择为具有共享特征或特征集合的样本。
- 典型案例抽样。典型案例抽样是一种有目的的抽样，当研究人员想要研究一种现象或趋势时，典型案例抽样是有用的，因为它涉及受影响人口的“典型”或“平均”成员。
- 极端/偏差案例抽样。当研究人员想要研究与特定现象，问题或趋势有关的异常值时，可对异常/极端案例进行选择。

除了以上方法外，还包括依照信息密度强弱的强度抽样、基于对象阶梯性的分层抽样、对事件/案例起关键性作用的关键个案抽样等诸多目的性抽样方法。[①]

（三）设定时间与范围

在确定对象之后，需要依照整体研究周期，确定访谈涉及的周期、对象数量以及地点。在周期方面，需要考虑到约访、开展与分析三个重要阶段，约访与开展属于实务性开展阶段，在时间上需要做到有总体控制，同时需要考虑到可能存在的约访受阻、样本失效等情况，为替换样本、更替方案等预留时间。在对象数量方面，访谈不同于问卷调查，并非越多越好，其优势不在于样本的规模性上，而在于访谈的代表性方面。进而，需要尽可能选择多层次、多样性的对象来进行访谈，以此突出访谈数据的代表性。在地点方面，有时会涉及跨区域乃至全国范围内的样本选择，受制于人、财、物、时，需要在访谈形式、数量上有整体考虑，使其符合实际能力。

（四）提纲的设计

访谈提纲不仅能帮助组织内容，还能指导访谈者需要问哪些问题。同时，一份完整的

① 凯瑟琳·卡斯尔：《研究访谈》，武敏译，格致出版社 2018 年版，第 124－142 页。

访谈提纲还能作为一件有形的道具，让访谈者看起来做过准备、很正式，同时还能够减轻受访者的紧张情绪，让他们知道问题是经过设计的，访谈者不会问自己回答不了的问题。访谈提纲中的问题分为两类：暖场问题、正式访谈问题。

1. 暖场问题

深度访谈在形式上接近日常对话，但日常对话发生在熟人之间，而深度访谈一般在陌生人之间展开，所以需要与受访者建立联系，以便进行开放式的交流。暖场的作用不仅是让受访者进入一种放松的状态，初步建立关系以进入正题，还体现为通过它，可了解受访者的一些额外信息。暖场可以从最普通，不会引起用户警惕的话题开始，再逐步询问个人信息，进入正题。最常见的例如询问受访者从哪边过来，用了多久等。这一部分的内容可随意发挥，不出现在访谈大纲中。

2. 核心问题

正式访谈部分，首先需要确定访谈内容的模块，就是诸如，研究有哪些主题？（这些主题是访谈的脚手架）重点关注的内容有哪些？辅助了解的内容有哪些？这些主题如何串联起来？

问题的内容需要连贯性，但实际访谈中，并不一定按照提纲的顺序，可以跟随用户的思路和对话内容进行，让访谈更自然。确定大的模块后，接下来是设计具体的问题。我们需要提出主要问题来获取需要的信息，询问更广泛场景的因素，以及对主要问题做拓展和延伸。访谈中可以问哪些问题？Patton 归纳了六类问题，经验/行为（experience/behavior）问题、意见/价值（opinion/value）问题、感受（feeling）问题、知识（knowledge）问题、感官（sensory）问题、背景/人口统计（background/demographic）问题。

在设计问题时需要注意：(1) 关注“如何”而不是“为什么”的问题，探究如何思考。即使我们非常想知道行为背后的原因是什么，但能让受访者回答的是包含“如何”“什么时候”“什么”等类型的开放问题，他们乐于描绘自己的经历，但是难以回答“为什么”。因此为了得到更准确的数据，要让受访者多进行详细的描绘，描述真实的事件行为、具体的行为，从听到的回答中就可以找到原因。(2) 严格避免引导。访谈者应当是中立的，要做非引导性访谈并不容易，涉及自我距离的保持，研究人员需要随时提醒自己保持中立，忘记自己的想法，并无条件地相信受访者的想法。(3) 避免用“是”或“否”类的问题。因为人们的想法并非那么极端，而二元对立的问题会将问题简单化，问题需要以开放性问题为主。(4) 在问题的顺序上，问题由简单到困难。先进行轻松普通的话题，受访者比较容易回答，再聊敏感或者沉重的主题。如此一来，访谈的历程类似漏斗式（Funneling），从一般性问题开始，慢慢浓缩到核心的或者特定的问题，逐渐将访谈聚焦到主要目标上，最后可进行一些总结。但对专家受访者没有严格的限制，可直接进入主题性问题[①]（图 11－1）。

① 陆益龙：《定性研究方法》，中国人民大学出版社 2022 年版，第 213－215 页。

访谈要点提纲（自看）

目标用户：主要是以下两类

潜在用户

低频/流失用户

研究目标：

1.挖掘用户在预定酒店方面的关注点，为优化下单流程做验证

2.通过对酒旅类app使用习惯的详细了解，挖掘用户对预定酒店的实际偏好及需求

3.通过不同用户对oyo app的看法以及竞品同一流程效果对比测试，了解oyo与竞品在流程体验上的

第一部分：热身/开场白/了解被访者（5mins）

目标：与被访者建立信任，让被访者能够自如地交谈，同时建立对被访者的基本了解

1.访谈介绍：

来访谈是希望了解在oyo酒店下单预定酒店的相关问题。所以想请您介绍一下您使用oyo app的情况

在这个过程中所有聊到的问题都没有对错之分

如果对任何问题有疑问或是不知道直接说就可了，不需要有任何的顾虑

请求录音权限，以及需要被访者对本次访谈内容保密

2.用户基本背景：

年龄/职业/具体工作内容/年限/月收入

第二部分：过往经历询问（20mins）

目标：通过对酒旅类app使用习惯的详细了解，挖掘用户对预定酒店的实际偏好及需求

1.预定酒店的频次、原因

2.一般通过什么渠道预定酒店

为什么通过这个渠道/是如何知道这个渠道的

3.预定酒店最看中什么因素/有什么要求

4.一般提前多久预定酒店/为什么

5.是否发生过退订/原因是什么

第三部分：产品使用情况（20mins）

目标：通过对酒旅类app使用习惯的详细了解，挖掘用户对预定酒店的实际偏好及需求

潜在用户：

1.有没有听说过oyo app

2.有了解或是使用过吗？（自己下载或是在其他人手机上体验？）

3.为什么不了解/不使用

低频用户：

1.您下载了oyo app，但是使用频率较低的原因是什么？

2.它与您常使用的其他预定酒店的app有什么不同？

流失用户：

1.您已经卸载oyo app了吗？

用了多久之后卸载的？卸载多久了？

3.当时放弃使用的原因是什么？

请详细描述一下当时让你卸载的点是什么？

第四部分：竞品使用情况（20mins）

目标：通过不同用户对oyo app的看法以及竞品同一流程效果对比测试，了解oyo与竞品在流程体验上的差距

针对每款app：

请您详细描述下下单的流程，好在哪里，不好在哪里？

图 11－1　提纲示范

（五）访谈实施

按照事先拟定的访谈计划进行访谈，内容包括：（1）根据设计的方案进行实地访谈或电话访谈，记录访谈资料。（2）控制（controlling）：监测访谈进展、解答问题、了解访谈是否顺利实施。（3）复查（follow-up）：研究者可抽出部分已访谈过的样本，进行交叉求证访谈，了解访谈者实际情况。在整个访谈实施过程中，需要把握四个方面要点，即提问、倾听、回应、笔录。

1. 提问

就类型方面来说，问题主要分为开放型与封闭型、具体型与抽象型、清晰型与含混型、实质型和功能型问题。访谈者提问的方式、词语的选择方面，问题的内容范围方面都要适合被访者的身心发展程度、知识水平和谈话习惯，要容易使对方听懂，做到口语化、生活化、通俗化、地方化。

访谈提出的问题千变万化，依研究的问题、访谈者的习惯、受访者的个性以及当时的具体情境不同，问题也应有所不同。在开放型访谈开始的时候一般使用开放型的问题，问题的结构和内容都应较为灵活、宽松，为受访者用自己的语言表达自己的想法留有余地。但需要掌握好“开放”的度。有些“开放”可能会使受访者对访谈者的意图感到不解，因此产生心理上的焦虑。在一些特殊的情况下访谈者可以适当地使用一些封闭性问题。

一般情况下，如果受访者在结束访谈时还没有谈到一些访谈者认为十分重要的问题，访谈者可以采用相对封闭的方式对这些问题进行比较有针对性的提问。封闭型问题一定要慎用，以免约束受访者的思维，影响回答的质量。

如果研究的目的是了解受访者的独特经历或探寻某一事件的来龙去脉，访谈者应

该尽量使用具体问题。抽象性的问题应慎用。访谈问题大多具有抽象性，在访谈中这种抽象的问题需要被具体化。直接从抽象到抽象，是不可能获得“真实”“生动”的访谈内容的。

抽象的问题应该通过具体的形式问出来。具体的问题可以调动受访者的情绪，从中观察其情感反应。具体的问题可以将受访者的注意力引到可见、可触、可闻的细节上，将他们浸润在其中的情感引发出来。

一般来说，访谈者提问的方式、词语的选择以及问题的内容范围都要适合受访者的身心发展程度、知识水平和谈话习惯。在访谈中，如果想对有关问题进行深入的探讨，一般要使用追问这一手段。追问是指访谈者就受访者前面所说的某一观点、概念、语词、事件、行为进一步探询，将其挑选出来继续向对方发问。访谈中忌讳的追问方式是，访谈者不管对方在说什么或想什么，只是按照自己事先设计的访谈提纲挨个地把问题抛出去。要想追问适度，访谈者必须首先将自己的“前见”悬置起来，全身心地倾听对方谈话。

访谈问题之间的联系方面，一般来说，访谈应该从非指导性问题开始，从开放型结构逐步过渡到半开放型结构，一步一步地向中心问题聚焦。先问一些开放的、简单的、对方容易理解的问题，然后随着访谈关系和内容的深入逐步加大问题的难度。此外，出于记忆的一般特点，访谈者在提问时可以采取由近及远的策略，先从最近的事情问起，再逐步延伸到那些久远的往事。至于问题的过渡，一般来说，在一个完整的访谈记录中应该可以看到一条贯穿访谈全过程的内容线，而将这条线连起来的便是一个个的提问。问题与问题之间的衔接应该自然、流畅，与前面受访者的回答在内容上有内在联系。要做到访谈问题之间过渡自然、流畅，访谈者应该注意倾听受访者的谈话，将对方前面所谈内容中的某一点作为提出下一个问题的契机。①

2. 倾听

“问”是访谈者所做的有形的工作；而“听”是访谈者所做的无形的工作。在定性研究中，访谈的主要目的是了解和理解受访者对研究问题的看法，因此访谈者应该注意倾听受访者的心声，了解他们看问题的方式和语言表达方式。访谈中的“听”包括行为、认知和情感三个层面。

(1) 行为层面上的“听”

“表面地听”指访谈者只是做出一种听的姿态，并没有认真地将对方所说的话听进去。“消极地听”指访谈者被动地听进了对方所说的一些话，但是没有将这些话所包含的意义听进去，更不用说话里余音、言外之意了；“积极地听”指的是访谈者将自己全部的注意力都放在受访者的身上，给予对方最大的、无条件的、真诚的关注。很显然，“积极地听”是访谈中最佳的听。

① Roulston K：*Reflective interviewing: A guide to theory and practice*，New York：SAGE Publications，2010，pp121 - 132.

（2）认知层面上的“听”

“强加地听”指访谈者用自己的意义体系来理解受访者的话，并且很唐突地对内容作出自己的价值判断。这种“听”往往使受访者感到被误解，也容易引起受访者的反感。这种情况也可能造成理解表面化，影响访谈的质量。“接受地听”指访谈者暂且将自己的判断“悬置”起来，主动接受和捕捉受访者发出的信息，注意他们使用的本土概念，探询他们所说话语背后的含义，了解他们建构意义的方式。“建构地听”指的是访谈者在倾听时积极地与对方对话，在反省自己的“倾向”和假设的同时与对方平等地交流，与对方共同建构对“现实”的定义，这要求访谈者需要有较强有自我反省能力。质的研究要求访谈者能够做到建构地倾听。

（3）情感层面上的“听”

“无感情地听”指访谈者在听的时候不仅自己没有感情投入，而且对受访者的情感表露也无动于衷。“有感情地听”指访谈者对受访者的谈话有情感表露，能够接纳受访者所有的情感反应，而且表现出自己对受访者的情感表达方式的理解。“共情地听”指访谈者在无条件和倾听中与受访者在情感上达到了共振，双方同欢喜、共悲伤。在访谈中，访谈者要做到“有感情地听”和“共情地听”。这并不排除理智上的理解，正是具有情感上的共振，访谈者才可能比较准确地理解受访者。在倾听时，访谈者还要切记：不要轻易打断受访者的谈话，并且能够容忍沉默。沉默有多种原因。其中，访谈者要注意的一点是：沉默可能代表受访者在思考问题，所以访谈者要敏于判断，能够耐心等待。[①]

3. 回应

“回应”指的是在访谈过程中访谈者对受访者的言行做出的反应，其中包括言语反应和非言语反应。回应的目的是建立一种对话关系，传递自己的意向、态度和想法。回应直接影响到谈话风格和谈话内容，而且在一定程度上限制访谈整体结构、运行节奏和轮换原则。一般常用的回应方式有：认可，重复、重组和总结，自我暴露，鼓励对方。它们分别起到接受、理解、询问、共情等作用。

（1）认可

指访谈者对受访者所说的话表示已经听到了，希望受访者继续说下去。表示认可可以用微笑、点头、鼓励的目光等非言语行为，也可以用“嗯”“对”“是吗”等言语行为。

（2）重复、重组和总结

“重复”指的是重复受访者所说的话，目的是使受访者继续说下去，同时检验自己的理解。“重组”指的是访谈者将受访者所说的话换一个方式说出来，检验理解是否正确，邀请对方纠正。

“总结”是访谈者将受访者所说的一番话用一、两句话概括地说出来，目的是理清思

---

① Witzel A：*The problem-centred interview: Principles and practice*，New York：SAGE Publications，2012，pp281－292.

路，鼓励对方继续谈话，检验理解的正确性。重复、重组和总结主要是帮助双方理清思路，检验理解是否正确，鼓励受访者说下去。

（3）自我暴露

指的是访谈者对受访者所谈的内容就自己有关的经历或经验做出回应。访谈者的自我暴露可以拉近自己与受访者之间的距离，使谈话关系变得轻松而平等，富有合作性和互动性。

（4）鼓励对方

受访者通常有一些顾虑，不知道自己所说的内容是否符合访谈的要求。受访者往往希望得到对方的鼓励。尤其在被要求披露自己的个人隐私，以及比较伤心的事情时，更需要理解和鼓励。

有两种应避免的回应方式，即“论说式回应”和“评价式回应”。“论说式回应”指的是访谈者利用社会科学中的一些现成的理论或者访谈者自己的经验，对受访者所说的内容做出回应。论说式回应不仅在态度上给受访者一种居高临下的感觉，而且在知识权力上显示出访谈者的优越感和霸权，应该尽量避免使用它。

“评价式回应”指的是访谈者对受访者的谈话内容进行价值上的判断，其中隐含有“好”与“不好”的意思。评价式回应通常反映的是研究者自己的价值观念和评价标准，不仅不一定适合被研究者的具体情况，而且表现出自己对对方的不尊重。过多的评价还表明访谈者个人不够成熟，不能够接受事物的多样性、不确定性以及道德两难性，不能容忍受访者与自己不同的观点和感受。①

4. 笔录

在整个访谈实施过程中，访谈人需要对访谈信息进行记录，现场笔录一般有四种方式：内容型记录、观察型记录、方法型记录和内省型记录。“内容型记录”记的是受访者在访谈中所说的内容，这种记录在无法录音的情况下尤其重要；“观察型记录”记下的是访谈者看到的东西，如访谈的场地和周围的环境、受访者的衣着和神情等；“方法型记录”记的是访谈者自己使用的方法以及这些方法对受访者、访谈过程和结果所产生的影响；“内省型记录”记下的是访谈者个人因素对访谈的影响，如性别、年龄、职业、相貌、衣着、言谈举止、态度等。通常，访谈者事后做记录时，往往习惯于用自己的语言对谈话内容进行总结和概括，容易忽略说话者自己的语言和说话的方式。因此，访谈者在事后补充记录时一定要注意将自己放回到访谈的情境之中，身临其境地回忆当时受访者所说的原话。

整个访谈过程结束后，需要向访谈对象传递结束语，向受访者表明本次访谈已结束。结束语中要向受访者表达感谢，告知其回答非常具有参考意义。在表达感谢的同时，可以让其推荐其他符合条件的访谈对象，以滚雪球的方式来拓展研究。对于有再次访谈需求

① Gubrium J F, Holstein J A: *The SAGE handbook of interview research: The complexity of the craft*, New York: SAGE Publications, 2012, pp251 - 264.

的研究，可与对象约定下次访谈的时间，以此提升下一阶段约访的顺畅度。

（六）资料整理

访谈可以生成大量的文本性资料，在每一次访谈完成之后，研究人员都应尽快完成访谈的笔录，开展资料整理和分析工作，这有助于在每一次访谈之后，校正访谈大纲，去掉非相关的问题，增加从所做访谈中而来的新的提问重点，使采访大纲更能反映所研究的社会问题与现实。

对于后续访谈数据的整理与分析，需要结合整体研究方法来加以实施，例如案例研究、扎根理论、叙事分析等，对于数据的分析策略各有不同。访谈作为定性数据搜集的一类技术，为主体研究方法的实施提供支撑。[①]

三、访谈的技巧要点

（一）追问技术

追问方面，所谓追问，是访谈者就受访者前面所说的某一个观点、概念、语词、事件、行为进一步进行探询、将其挑选出来继续向受访者发问。追问能帮助访谈者进一步了解受访者的思想，深挖事情发生的根源以及发展的过程，是开放型访谈中不可或缺的提问手段。一般来说，追问应使用受访者自己的语言和概念来询问受访者自己曾经谈到的看法和行为。注意捕捉受访者在谈话中有意或无意抛出的言语“标记”。对于追问的时机与度也要准确把握，不要在访谈的开始阶段频繁进行；追问时要考虑受访者的感情、访谈者与受访者之间的关系以及访谈问题的敏感程度。访谈中最忌讳的追问方式是：访谈者不管对方在说什么或想说什么，只是按照自己事先设计的访谈提纲挨个地把问题抛出去。这样的追问不仅把访谈的结构砍得七零八碎，妨碍访谈自然地往前流动，而且不能抓住受访者的思路，强行将访谈者自己的计划乃至偏见塞给对方。

新手进行实际深度访谈时，会在追问上遇到困难，例如受访者会提出一些出人意料的观点或作出不明确的回应，或者只是给出简略的回答“是这样”，这时应该怎么办？尽管访谈提纲已经安排好流程，告诉访谈者应该主要了解哪些问题，实际上访谈中一个重要的问题是访谈者如何提问，来获取更深度、细节和丰富的回答。真实的深度访谈中会出现主要问题（main questions）、追踪问题（follow-up questions）和探测性问题（probes）三种类型，其中主要问题就是访谈者在访谈提纲中列出的内容。追踪问题和探测性问题更多属于临场发挥，其中追踪问题是为了获取受访者对自己提到内容的解释，而探测性问题则

---

① Kvale S: *Doing interviews*, New York: SAGE Publications, 2007, pp81 - 94.

能够帮助控制访谈的深度和控制主题。探测性问题是让受访者对所说的内容做详细说明，鼓励其给出细节。

当受访者说出一些有趣的话、新的主题、值得进一步探讨的内容，或是有不一致的回答时，访谈者可以向受访者进行追问，直到主要问题得到充分回答，再开始下一个主要问题。如果有一些事情当时没有问清楚，可以事后再询问。

但探测性问题一般是马上提出的，其实是访谈者要求受访者解释刚刚说的内容。探测性问题非常程序化、短小和普通，甚至不构成问题，例如沉默数秒钟，等受访者说更多内容；对受访者点点头，暗示让他多说点儿，或是直接询问。值得注意的是，探测不宜过多，否则不仅会减弱效果，而且会显得不礼貌。

（二）开场白技术

1. 说明访谈的目的

说明访谈的目的和必要性，是为了使访谈对象对于访谈的意义和访谈者的动机有所了解，能够在一定程度上认同该动机，从而在一定程度上自觉地与访谈者配合。

2. 说明访谈的一般规则

访谈以了解访谈对象真实的看法或说法为目的，所以在访谈时应该尽可能直率，知无不言，言无不尽，即使是不愿说明的事情，也需要公开地说明不愿意告知，尽可能不说假话。

3. 承诺保密或在有限的场合使用

访谈者承诺对访谈得到的信息进行保密，或在使用访谈获得的信息时不公开受访者的个人信息（隐匿姓名、单位等），或只在有限的场合使用访谈获得的信息（如不在公开出版的报刊上发表），可以使受访者消除顾虑。

4. 告知录音

为了使访谈的记录比较完整，访谈者最好进行录音。“需要进行录音”的告知，有可能使受访者有所顾虑；不告知，有违受访者的“知情权”，且一旦被发现暗中录音后有可能使访谈中断。访谈者应该在告知和不告知之间选择。能够告知并取得受访者的同意是最佳选择。

5. 告知有赠品或报酬

访谈者告知此次访谈对访谈对象有赠品或有货币报酬，有可能使一些受访者出于利益的动机接受访谈，但也会使另一部分人因为怕名声被金钱玷污而不愿意接受访谈。告知与否根据具体情况选择。

（三）提问的技巧

1. 提纲法

即按照访谈之前拟订的提问提纲中问题的顺序访谈。此种方式的优点是不容易冷场，访谈者可以从容地按照既定的顺序一个接一个地提问，适合访谈经验不足的人使用。该方式的缺点是，访谈之前拟订的提问顺序与访谈的话题走向、话题宽度等往往不一致，使访谈者事先拟订的提问顺序失效。按照既定的顺序进行提问，有时会显得十分生硬，不利于访谈者与受访者之间的互动。

2. 追问法

对受访者陈述中的疑点或未能充分阐明的内容进行追问。此种方式可以使访谈顺着受访者的思路展开，使访谈者充分了解受访者的观点，可以使访谈更加深入，使访谈者和受访者真正互动起来。但此种方式对于访谈者有一定难度，需要访谈者随时发现受访者陈述中的疑点。有时追尾式的提问会使受访者感到厌烦，尤其是该问题涉及受访者的隐私时。

3. 延伸法

对访谈对象没有陈述的内容进行追问。例如，受访者谈到在某种情况下会如何行动，访谈者可问在相反的情况下会如何行动。此种方式可以拓宽访谈的范围，避免访谈的片面性，但需要访谈者随时发现受访者没有涉及的领域，有一定的难度。

4. 对比法

比较受访者在不同段落（常常是对于不同提问的回答）中的陈述，发现疑点，进行追问。此种方式可以比较深入地了解受访者的观点，但实施起来的难度较大，需要访谈者反应敏锐，对整个访谈的进程有总体的把握。

（四）记录的技巧

1. 设备记录

主要包括：事先检验录音机的效果；录音机应尽可能放在比较隐蔽的地方，以免影响受访者的发挥；边录音，边用纸笔记录疑点，以便继续提问；应准备好备用的录音带；尽可能在问答间歇时更换录音带。

2. 手工记录

主要包括：不记录提问，记录回答，因为不记录提问可以加快记录的速度，提问可以根据回答回忆起来；记录回答的要点（关键词、关键句，尽量不用整句记录），因为说话的速度通常快于记录的速度；尽量不要因为记录速度慢而打断受访者的话；边记录边记下疑点，可以采用“?”或字下划线的方式；可以在提问的间歇略微停顿，以记录更多的内容。

（五）收尾的技巧

告知对方此次访谈已经取得了预期的结果，对受访者的支持表示感谢。感谢应该真诚，因为对方确实因为自己的访谈而耽误了时间，花费了精力；告知对方此次访谈尚有信息不足之处，还需要继续访谈，邀约对方进一步访谈，并与对方商定以后访谈的时间、地点等；告知访谈结束，取得了预期的效果，并向受访者提供赠品或酬劳。

（六）其他关键技术要点

1. 充分考虑访谈情境的文化和权力因素

在访谈前，要先对访谈情境作文化和权力层面的评估，以预防访谈可能出现的障碍。人都有“文化人”的属性，对访谈可能有不同的理解，如有些人可能将其视为一种困难或侵扰，有些访谈可能需要第三方旁听等。此外还要考虑到权力因素，例如教师采访学生时，学生不一定会完全提供真实答案，反过来，若让学生采访教师，同样也会出现权力不对等的问题。

2. 与受访者建立融洽的关系

建立融洽的关系非常重要，最好在访谈前就做好，且在访谈中要保持住。由于访谈本身时间较短，很难有时间建立信任关系，因此最好用通俗的语言起草一份简短的研究摘要，在访谈前发送给受访者，告知他们访谈中将谈什么，以及研究的重要性。在访谈中，建立融洽关系的关键是表达亲近感，一种方法是以开放和好奇的态度与受访者接触，明确表示对受访者观点的兴趣。

3. 牢记研究者也是数据的共同创造者

在访谈中，研究者才是数据收集的主要“工具”。因此，研究者必须意识到自己的角色可能会对访谈产生怎样的影响。研究者不应被视为解读甚至歪曲数据的人，而应被视为与受访者一起创造数据的人。因此，研究者在访谈中不应是被动参与，而应在访谈中充分运自己的能力、经验来更好地创造数据。

4. 必要时调整访谈提纲

在访谈过程中出现问题，就需要及时调整访谈提纲。否则，有些提问可能会被误解，甚至整个访谈可能会“跑题”。因此，要注意受访者的反馈，并反思提问是否能以受访者想要的方式被理解。在访谈过程中，应可以临时追加一些后续问题。此外，如果可以，在下次访谈之前，要大胆修改访谈提纲。

5. 准备好处理意料之外的情绪

医学教育领域的访谈，有时会涉及压力、失败、疾病乃至死亡等沉重主题。这可能引发受访者的负面情绪。因此，在受访者分享某些话题的经历时，研究者必须考虑到受访者的情绪状况，在必要时采取行动保护受访者，例如打断访谈、对受访者进行心理疏导等。

6. 检查数据

为确保访谈数据的可信度，可以使用响应者检查法，将整理好的数据返还给受访者，再让他们作出反馈。该方法在检查数据方面很有用，特别是当无法通过语言交流获得更多数据时。然而，该方法也可能存在一些潜在缺陷，例如受访者可能出现先后矛盾的情况。

7. 尽早开始数据分析

定性研究会非常快速地生成大量繁琐的数据，虽然这种数据有着出色的丰富性，但需要费力来找到分析的路径。因此,访谈前就需要考虑数据分析的各要素,建议在所有访谈数据转录完成之前,不要只对部分数据进行局部分析。另外,拖延数据分析工作可能会给研究者带来工作压力,从而影响分析效果。同时,由于记忆效应,尽快进行分析也可以让研究者更为把握新出现的数据主题。①

四、访谈的优势和局限

【优势】

1. 使研究人员和受访者能够建立舒适的关系,就敏感话题进行更深入的探讨。

2. 研究人员可以提出后续问题,获取更多信息,并返回关键问题,以更好地了解受访者的态度。

3. 采样比其他数据收集方法更准确。

4. 研究人员可以监测受访者语气和词语选择的变化,以更好地了解意见。

5. 获得有用信息所需的受访者较少。

6. 当需要对一个人的意见和行为进行详细报告时,深入访谈非常有用。此外,它还探索了新的想法和背景,使研究人员能够全面了解所发生的事实。

【局限】

1. 访谈很耗时,因为访谈内容必须被转录、组织和详细分析。

2. 如果访谈员/研究者没有经验,就会影响整个过程。

3. 与其他方法相比,访谈是一种昂贵的研究方法。

4. 访谈中必须有效控制主观偏见,否则可能会延长过程。

① Brinkmann S: *Doing interviews*, New York: SAGE Publications, 2018, pp65 - 84.

第十二章

聚焦小组会议技术

一、聚焦小组会议内涵及类型

(一) 什么是聚焦小组会议

聚焦小组会议是一种定性的、表态式的研究方法,其中主持人与6～9人的小组举行会议或研讨会,讨论有关他们对特定事物、现象、体验等方面的态度与感受。“聚焦”一词涉及协调人的角色,协调人在讨论期间保持小组对某些主题的关注。

聚焦小组会议,也被称为小组深度访谈,有着较为广泛的使用,小组访谈在“二战”期间的应用社会研究计划中扮演了重要角色。一个聚焦小组的本质不只是让一群人聚在一起交谈,更在于在规模、目的、组成和程序方面,它是一种特殊类型的小组。聚焦小组的目的是听取和收集信息。参与者被选中是因为他们有一定的共同特征,而这些特征与小组的课题有一定的联系。研究人员在一个宽松的环境中创建聚焦小组,鼓励参与者分享看法和观点,而不是强迫参与者参与投票或达成共识。小组讨论邀请几组类似的参与者分别讨论,这样研究人员才可以确定大致趋势和模式。①

聚焦小组与其他小组访谈的区别在于:(1) 该小组会议有一个特定的、集中的讨论主题;(2) 该小组会议有一个训练有素的领导者或促进者;(3) 小组的组成和小组讨论经过精心策划,以创造一个可以自由公开谈论的环境,以便成员发表意见。

(二) 聚焦小组会议的类型

1. 双向聚焦小组会议

这种方法包括同时进行两个聚焦小组,每个聚焦小组都有其主持人。第一组探

① Liamputtong P: *Focus group methodology: Principles and practice*, New York: SAGE Publications, 2011, pp164 - 172.

索给定的主题，而第二组观察第一组的会议并对互动进行评论。这种类型的聚焦小组旨在收集更深入的反馈并比较不同的观点。允许观察组就第一组提到的方面得出结论。双边聚焦小组的比较观点和收集深入反馈过程特别有趣，可以在 B2B 聚焦小组中使用此方法来收集深入的专家和专业意见。

2. 双主持人聚焦小组

在这种特定背景下，聚焦小组由两名主持人管理。作为一般规则，第一个主持人确保会议顺利进行，并且所有在场的受访者都参与其中。第二个主持人确保讨论要涵盖所有要讨论的主题。任务的划分也可以按以下方式进行：第一个主持人提出问题，第二个主持人确保问题得到解答。这种类型的聚焦小组的主要目标是确保要讨论的主题已被涵盖。事实上，根据要讨论的主题的技术性质和数量、与会者人数和会议持续时间，一个主持人可能会遇到困难。因此，两名主持人的出席确保了聚焦小组按计划进行，确保了所有主题都已讨论，并且确保了所有参与者在会议期间进行了互动。

3. 对立主持人小组会议

主持人在整个会议过程中，可以提出同一主题的两类不同的态度与意见，参与者可就此进行交流，分享不同的观点。此类会议的目标是面对意见，挑战参与者的思维方式，以得出更详细的结论。例如，当需要比较两个想法或两个商业模式时，就可以使用此方法来判断哪个选项最适合。

4. “受访者—主持人”会议

此会议目标是让聚焦小组的任意一名受访者作为临时主持人，几个受访者可以轮流担任主持人，也可以指定一个。这种模式旨在创造一种新的群体，鼓励受访者改变他们的互动方式。由此减少了单个主持人可能带来的无意识偏见，鼓励角色（对于受访者—主持人）和对话者（对于小组）表达不同的方面和观点。①

5. 小型聚焦小组

该小组会议由 4 至 5 名参与者组成，而传统的聚焦小组包括 6 至 12 名参与者。建立一个人数更少、氛围更“亲密”的小组，受访者更有可能敞开心扉。这种类型的聚焦小组特别适合探索和讨论敏感主题。如果在聚焦小组会议期间提出敏感和个人问题（偏好、态度等），则最好使用此方法。

6. 创意聚焦小组

这种类型的聚焦小组目标是详细说明要创新的想法，不同类别的受访者被引入同一主题或项目之中，集思广益贡献思想。主持人在场，以确保头脑风暴、创作等的顺利进行，此类方法与设计思维有关，非常适合创建新产品、新服务等。

7. 远程聚焦小组会议

电话会议或在线聚焦小组使用语音讨论和视频会议技术或在线文字进行。因为允许

① Puchta C：*Focus group practice*, New York：SAGE Publications, 2004, pp72 - 82.

参与者从世界任何地方加入讨论，所以这类小组会议更容易招募参与者并降低成本。电话会议、视频会议还可以确保参与者的匿名性，有助于减少主观的偏见或顾虑，特别适合于敏感性话题。[①]

二、方法的适用性

聚焦小组讨论可以应用于许多研究领域。它可以与其他质性研究方法相结合，一起用于探索性、解释性或评估性研究，还可以用于政策导向研究。其特别适用于：

- 探讨研究人员知之甚少或尚未清楚的新问题。该方法可以使研究人员在短期内采集到大量数据。

因为信息是来自一组参与者，而非来自单个参与者(如深入访谈中的受访者)，所以研究人员可以在一次数据采集中就了解到关于研究主题的多种观点。

- 了解研究对象的典型行为或社会文化规范，凸显不寻常或极端的行为。
- 通过观察大家如何讨论某个话题，了解群体过程(即决策)，参与者如何互相影响或大家如何达成决策或最终结果。
- 结合不同方法的研究，其中聚焦小组讨论可以与定量研究或其他质性研究方法结合运用。

聚焦小组讨论并不适合采集个人层面的信息。需要注意的是，研究人员经由聚焦小组讨论所采集的信息是参与者之间互动的产物，因此聚焦小组讨论并不像个人访谈那样，能充分表达出每个参与者的个人观点。

究竟何时更适合采用聚焦小组讨论，而不是深入访谈？这是研究人员常常会思考的问题。虽然并无一定之规，但是因为数据采集的方法通常取决于研究主题、参与者类型以及研究目的，本书就此提供一些建议。聚焦小组有多人参与，小组环境适合了解有关研究主题的各种观点，当研究人员希望对研究主题开展讨论时，应当采用聚焦小组讨论。当研究人员进行探索性研究时，聚焦小组讨论也有助于快速明确研究主题。小组讨论能验证群体的典型行为，或评判极端观点，从而明确群体的常规行为，因此聚焦小组讨论也适合识别社会规范或社会—文化行为。不过，小组环境缺乏保密性，所以聚焦小组讨论并不适合了解参与者的个人体验。即便有些参与者会在小组讨论中说出各自的故事，但这纯属自愿行为，研究人员的目的并不在此。前文介绍的深入访谈的机制则不同，研究人员在访谈时始终关注同一名参与者。访谈的环境保密性更强，适合讨论个人经历和敏感性话题，这些都不太适合在小组环境中讨论。深入访谈的个体性也让研究人员有更多时间来了解详细的信息，探讨过程(如结婚、移民和生病的过程)，或是了解复杂的

---

① 罗莎琳·巴伯:《焦点小组》,杨蕊辰译,格致出版社 2022 年版,第 274 - 281 页。

主题(如决策)。①

研究人员在选择数据采集方法时,应当考虑研究背景,有时较为敏感的话题也适合采用聚焦小组讨论。例如,如果研究主题是自杀,并且参与者都有过自杀的念头,那么在小组环境下,讨论这个话题会使得成员变得团结,当聚焦小组成员来自同一个救助团体、彼此熟悉时,效果则更佳。同样,有关堕胎的研究也可以采用聚焦小组讨论方法,以便了解大家对这个问题的态度,而深入访谈则可以了解受访者的个人堕胎经历。因此研究背景是选择聚焦小组讨论还是深入访谈的关键所在。②

三、聚焦小组会议的实施

(一) 明确会议目标

聚焦会议的实施目的是解决某些具体问题,针对相关信息、数据的搜集与分析,因而需要对讨论议题有所明确,可以借助以下的反思问题来进行准备。

- 这次聚焦小组访谈研究需要解决什么问题?
- 什么原因促使我们决定做这个聚焦小组访谈?
- 我们需要从聚焦小组访谈中得到哪类信息?
- 哪类信息对于我们来说是最重要的?
- 聚焦小组访谈得到这些信息最后要提交给谁?
- 聚焦小组访谈得到的这些信息会被如何使用?

(二) 征选参与者

参与者的招募可以采取随机拦访、机构邀约、他人推荐、公开招募等多种方法进行,参与者的招募,需避免在小组中出现重复的或“职业”的受访者。通常一个聚焦小组会议参与者如果少于6人,讨论就不易开展,难以提供多元的观点;参与者超过8人时,有些参与者的发言机会变少,积极性降低,就会导致会议质量的下降。需要对参与者有一定的甄别,以确保会议质量。可从参与者的同质性与相互熟悉度两个方面来加以甄选。

1. 同质性

每次小组讨论时,小组成员的社会人口学特征应该相差无几,或者有与讨论主题相关的体验。参与者们更愿意与条件、背景相似的组员分享观点和体验,所以研究人员认可小组同质性。一般而言,如果参与者觉得其他参与者的地位较高或更了解讨论主题,往往就

① 卡洛琳·J. 奥茨:《焦点小组》,于洪彦译,格致出版社2021年版,第47-62页。
② 莫妮卡·亨宁克:《质性研究方法(引进版)》,王丽娟译,浙江大学出版社2015年版,第312-322页。

不太愿意参与讨论。因此小组同质性强能让讨论更为包容、富有成效。研究人员选择特征相似的参与者进行小组讨论，那么在数据分析阶段就能知道不同类型的参与者（也即不同小组）关注的问题是否存在分异，这是同质性强的另一个好处。

为了实现小组同质性，研究人员最常用的方法是按照年龄和性别分组。例如，小组讨论可以按照年轻女性、年长女性、年轻男性和年长男性来分组进行。分组时的组别不宜过多，否则难以招募到足够的参与者。按性别分组是最常见的做法。男女混杂的讨论中，男性或女性互动的方式有别于单一性别讨论时的互动，出于这一原因，研究人员通常会按性别来分组。当小组成员来自差异较大的社会经济群体、不同年龄段或存在从属关系时，研究人员要慎之又慎，因为这样参与者中会存在等级结构，一些参与者会难以投入讨论。

2. 参与者之间的熟悉程度

参与者之间的熟悉程度也会影响各自的讨论表现。不同的小组中，组员的熟悉程度跨度颇大，从一组彻头彻尾的陌生人、彼此较为熟悉的一组人（例如，同一个街区的居民或一起工作的同事）到大家彼此熟悉、都来自某个组织（例如社交组织、社区组织或咨询机构），表现完全不一样。同一个小组中，组员的熟悉程度也可能存在差异，具体情况取决于讨论主题；不过对于组员之间熟悉程度的差异对他们讨论表现的影响，研究人员要心中有数。

研究人员往往喜欢招募一组陌生人，这样有不少好处。首先是更大程度的匿名性，参与者们讨论起来更为自由自在。其次，陌生人之间的讨论可能会产生更详细的信息，因为相较于熟人，向陌生人介绍自己的观点或经历时，参与者往往会更详细地描述背景，加以解释。但是这样的小组讨论也会存在问题，由于彼此陌生，所以有人不出席小组讨论的可能性更大。另外，在讨论时组员建立融洽关系往往需要更长的时间。在某些研究中，研究人员很难招募到陌生人，在这种情况下研究人员只能退而求其次，在招募的时候确保参与者们不是近亲或近邻即可。主持人与参与者们彼此陌生，也有利于讨论，因为如果彼此熟悉，参与者们可能会知晓主持人的信仰或观点，并因而影响聚焦会议的效果。

研究人员也可以从现有的团体中招募参与者，这样组员之间更为熟悉。例如，聚焦小组成员们都出自某社交团体或咨询团体。这样更容易招募研究，对象的参与度也更高，大家会出于共同的义务来参与小组讨论，由于成员们彼此熟悉，在短时间内就能建立融洽关系。这种招募方式最大的问题也许就在于成员们彼此了解，这既有好处也有局限性。小组成员们彼此熟悉，讨论时其他组员会提示发言人更多的细节或者指出别人叙述的不当之处，因而小组讨论更为深入，信息也更准确。不过，这种招募方式会导致保密性下降，因为其他组员已经了解细节了，发言者会省略某些信息，或者一带而过，这样一来信息的深度和品质都会受到影响。这种招募方式还存在过度披露的风险，比如，一名参与者可能不经意地说出另一名参与者的观点或经历，而那观点或经历也许恰好是那名参与者希望保密的内容。小组讨论之后，当小组成员向他们共同的社交圈或专业圈透露讨论主题时，也可能产生过度披露的现象。①

(三) 工作小组构成

聚焦小组讨论的工作小组包括一名主持人和一名记录者。记录者的作用是在小组讨论时详细记录关键话题,从而让研究人员可以在事后重组讨论流程。记录者的笔记应当详细记录所讨论的话题。笔记还应该记录非语言类的信息如参与者的肢体语言、讨论中断情况等。记录者的作用很重要,如果录音设备失灵或录音听不清楚时,记录者的笔记可以作为后备数据;另外,如果小组成员拒绝使用录音设备,那么记录者的笔记就是讨论要点的唯一记录了。在小组讨论时,记录者最好坐在讨论圈旁,这样不仅能不受干扰地做笔记,也能便捷地处理外来干扰或接待迟到的参与者,且不会打搅到小组讨论。如果讨论中有重要主题未被提及,记录者也可以提醒主持人。

合格的受访者和优秀的主持人是聚焦小组访谈法成功的关键因素。聚焦小组对主持人的要求是:第一,主持人必须能恰当地组织一个小组;第二,主持人必须具有良好的沟通技巧,以便有效地与参与者进行互动。主持人应具有高情商,他们需要对正在讨论的主题有一定的了解,并且有足够的客观性来将自己的观点排除在讨论之外。同时,还必须具有出色的积极的倾听技巧,能够应对会议中可能的各类冲突或突发事件,对参与者表现出开放的心态,无论他们的教育或背景如何。②

(四) 编制提纲

1. 编制原则

编制讨论提纲一般采用团队协作法。讨论指南要保证按一定顺序逐一讨论所有主要的话题,讨论提纲是一份关于小组会中所要涉及的话题概要。讨论提纲由一系列主题或一系列问题组成,后者更为常见,主持人使用讨论提纲来引导讨论,使小组讨论围绕研究主题展开。讨论提纲主要用于提示主持人,以确保讨论时关键的主题无一遗漏。即便讨论提纲的主题或问题按照逻辑顺序排列,在实际情况中小组成员未必会按照这一顺序来开展讨论,而是顺其自然地探讨不同主题,因此主持人要有灵活性,依照参与者们的话题走向来引导讨论,使其更为流畅。因此主持人通常将讨论提纲作为清单,用以确保讨论涵盖了所有主题,而不是照本宣科地发问。

2. 提纲结构

讨论提纲的结构很重要。结构良好的讨论提纲有助于主持人介绍主题、开展讨论、建立小组成员的融洽关系、突出讨论主题以及圆满结束讨论。讨论提纲可以用于提示主持人,所以它不仅仅是问题清单,还包括对主持人的各种建议,如介绍部分的要点、要阐明的

---

① Acocella I: *Using focus groups*, New York: SAGE Publications, 2021, pp162 - 183.

② 莫里森:《寻找方法:焦点小组和大众传播研究的发展》,柯惠新、王宁译,新华出版社 2004 年版,第 173 - 185 页。

伦理问题以及提示某些必须要问及的问题。

讨论提纲应当结构清晰，问题顺序应符合逻辑，不过实际讨论未必会遵照既定顺序进行。讨论提纲的结构通常包括介绍、开场问题、过渡问题、关键问题和结束问题；每类问题都有其特定目的。讨论提纲一般具有漏斗形结构，开始时的问题较为宽泛，然后变得更为具体，最后仍以较为宽泛的问题结束讨论。

介绍和开场白位于漏斗顶部。介绍部分让参与者知道研究人员预期从聚焦小组讨论中采集什么样的信息。接下来是一些宽泛的开场白，意在培养成员间的融洽关系，使参与者们觉得自在，也为开始讨论研究主题做准备。随后是一些过渡问题，让参与者们的注意力转向更具体的研究问题。随着漏斗逐渐变窄，讨论的问题趋向具体，讨论紧扣研究主题。这些问题的目的在于为研究提供数据。这些问题安排在讨论提纲的中间，让参与者有足够的时间来熟悉小组环境，此时参与者逐渐放松，并能积极参与讨论，提供高品质的数据。讨论提纲的最后部分是结束语。讨论结束之后，主持人还可以向参与者提供信息，并回答他们的问题。[①]

3. 提纲的内容

(1) 介绍

在介绍部分，主持人通常要完成不少任务，如进行介绍，提供研究的相关信息，让参与者们放松，说明问题并且指导如何讨论等。在讨论提纲中，列出介绍部分的要点是很有用的。研究人员可以在提纲中简单地列出重点，也可以采用较为详细的书面表述。

(2) 开场白

开场白的目的是“破冰”，让参与者放松。开场白通常简短而切实，主持人邀请每名参与者逐一作答——例如，“我们先请各位向大家介绍自己上的课，并说说毕业以后的规划”。

(3) 介绍性问题

介绍性问题的目的仍然在于“热身”，主题较为宽泛，旨在培养小组成员之间的融洽关系。通常介绍性问题是简单的、开放式的，主持人会通过试探来鼓励参与者提供更多细节。例如：“这个社区的年轻人交际的场所有哪些？”“你能说说你提到的夜总会发生了什么事吗？”有些介绍性问题会要求组员界定术语或描述过程，而这些术语或过程是研究的核心内容。例如：“我们常听到‘残疾’这个词，你们能否描述一下这个词对你们而言意味着什么？”“你能介绍下这个社区的婚礼流程吗？”

(4) 过渡性问题

过渡性问题的目的旨在从介绍性问题过渡到关键性问题。过渡性问题可能只是一个问题，也可能是关键性问题之前的一段简短声明，例如：“大家已经讨论了各自对于心脏病的认识，我想接着讨论心脏病的风险因素。哪些事情可能会让人患上心脏病？”

(5) 关键性问题

关键性问题的目的是促成对重要问题的讨论。为了获取研究数据，这些问题必不可

① Barbour R: *Doing focus groups*, New York: SAGE Publications, 2018, pp281 - 293.

少。这些问题通常包含两至三个主题，安排在讨论程序的三分之一到一半的地方，此时参与者们在小组环境中已经较为放松了。通常关键性问题包括的试探最多，用以引发深入的讨论。关键性问题可以是平铺直叙，例如："我们在另一个村子听说已婚男人另有婚外女友是很常见的现象，在这里也是这样吗？"研究人员会对这部分信息进行最深入的分析。

（6）结束问题

讨论收尾时的问题是简单或总结性的问题，以便结束讨论。其中有些问题能提供有意义的信息，因此这部分应该留有充分时间。研究人员可以采用的收尾方式不少，例如，可以对所讨论的问题排序（如："关于医疗设施的方方面面，我们已经讨论了一个下午，那么你觉得哪些是最重要的？"）或者对所讨论的情况进行简要总结，并询问参与者们研究人员的总结是否恰如其分。[①]

（五）会后安排

小组讨论结束后，主持人最好利用一段时间回答参与者的提问，参与者可以询问研究事宜，或是他们在讨论过程中想到的问题。在参与者们离开讨论场所之前，研究人员还可以利用这段时间了解他们的个人信息。通常做法是通过一份简短的（1～2 页）调查问卷来采集每个参与者的人口统计学信息。问卷也可用于了解一些与研究主题有关的个人或敏感性问题，之所以这么做，是因为这些都不适宜在小组讨论环境下公开提问。问卷调查不宜安排在讨论之前，而应当安排在讨论之后，因为如果在讨论开始之前提及讨论主题，可能会影响接下来的小组讨论。在数据分析时，问卷调查采集到的数据十分有用，可以诠释与特定群体相关的结果。

会后需要就讨论的内容形成正式报告，报告开头通常说明研究目的，申明所调查的主要问题，描述小组参与者的个人情况，并说明征选参与者的过程。接着，阐释发现并提出建议，通常为 2～3 页的篇幅。如果小组成员的交谈内容经过了精心归类，那么报告的主体部分也就很容易写出来了。先列出第一个主题，然后总结对这一主题的重要观点，最后使用小组成员的真实记录（逐字逐句地记录）进一步阐明这些主要观点，以同样的方式逐一总结所有的主题。[②]

四、聚焦小组会议的技巧要点

1. 讨论中询问的问题需要满足以下几个要点：

- 开放且灵活

---

① 袁岳、汤雪梅：《定性研究方法使用指南：焦点团体座谈会》，南京大学出版社 2001 年版，第 139－145 页。

② Morgan D：*Basic and advanced focus groups*，New York：SAGE Publications，2019，pp206－223.

- 不可能用“是”或“否”来回答(以“为什么”或“如何”开头的问题通常是最好的)
- 毫不含糊,直截了当,同时仍能激发讨论
- 公正和中立

2. 关于主持人

最好有 2～3 个主持人,其中一个主要是控场和提问者,另一个作为观察员,时刻记录过程中的一些细节。如果有可能,最好全程录像,方便会后回放分析。

3. 关于参与者

参加人数不能少于 6 人也不能多于 12 人,7～8 人最佳。最好不要选择彼此熟悉的参与者。参与者样本构成必须多样化,尤其是在性别、年龄、种族等方面。

4. 关于讨论前的准备

一般聚焦小组的讨论时间在 45～60 分钟,如果时间比较长,预计会超过 90 分钟,则中间最好设置休息时间。在开始之前,主持人必须要让所有参与者签订知情协议,告知他们研究目的、对隐私的保护,以及取得进行录像的许可。

5. 关于讨论过程中

在聚焦小组开始时,主持人会先针对会议目的和研究内容向参与者说明,并介绍自己,主持人最好给每个参与者一个化名或者数字代号,开始破冰活动,直到大家都进入状态之后就可以使用预先设定好的流程。参与者中如果有不健谈或者比较害羞的,主持人应适当地推动和鼓励一下他们。

作为主持人,在听到任何回答的时候都要保持中立,控制住自己的肢体语言和面部表情。如果有一些问题涉及做选择或者投票,主持人需要给每个参与者发一张纸条,让他们写下自己的答案并折好返还,而不要公开暴露地进行。[1]

五、聚焦小组会议的优势和局限

【优势】

1. 深入见解。聚焦小组深入了解目标受众对特定主题的态度、观点和行为,使研究人员能够更深入地了解正在探索的问题。

2. 实时动态。聚焦小组的小组动态可以提供额外的见解,因为参与者可以建立彼此的想法,分享经验,并辩论不同的观点。

3. 高效的数据收集。聚焦小组可同时从多人那里收集数据,这使其成为一种具有成本效益的研究方法。

4. 灵活。聚焦小组可以进行调整以适应一系列研究目标,从探索性研究到概念测试

① Barbour R: *Doing focus groups*, New York: SAGE Publications, 2007, pp126 - 134.

和客户反馈。

5. 实时反馈。聚焦小组提供有关新产品或概念的实时反馈，使研究人员能够根据参与者的反馈立即进行调整和改进。

6. 参与者参与。与调查或其他定量方法相比，聚焦小组是一种更具吸引力和互动性的研究方法，因为参与者有机会表达自己的意见并与其他参与者互动。

【局限】

1. 小样本量。聚焦小组通常只涉及少数参与者，可能代表不了正在被研究的更广泛人群。

2. 对象限制。虽然小组动态可能是聚焦小组的优势，但这也可能是一种限制，因为参与人主体特征可能会影响讨论，或者因为参与者可能不愿意表达自己的真实观点。

3. 有限的泛化性。由于聚焦小组涉及的样本量很小，因此结果可能无法推广到更广泛的人群。

4. 回应深度有限。由于聚焦小组是有时间限制的，参与者可能没有机会充分探索或阐述他们的意见或经验。

5. 潜在的偏差。聚焦小组的主持人可能会在无意中影响讨论，或者参与者的选择可能本就不具有代表性，从而导致结果中的潜在偏差。

6. 分析困难。聚焦小组收集的定性数据可能难以被分析，因为它通常是主观的，需要熟练的研究人员来解释和识别主题。

第十三章 观察技术

一、观察的内涵及类型

(一) 什么是观察研究

观察研究，是指研究者根据观察主题，在真实的情境中对被研究者进行的开放式观察研究。作为一种方法，观察技术在定性研究中十分常见，比如个案研究(case studies)、民族志(ethnographies)和质性行动研究(qualitative action research studies)等。

本方法所用到的观察技术是案例研究和质性研究的重要组成部分，也是社会调查研究的重要方法。最早使用“观察技术”一词的学者是林德曼(Lindeman)，他在1924年提出将社会科学研究中的观察者分成两大类型：客观型观察者和参与型观察者。最早将观察技术运用于田野工作的是马林诺夫斯基，他于1915年至1917年在特罗布里恩岛上对当地的土著人进行了两年之久的参与型研究，《西太平洋上的航海者》是根据其观察所得的资料而写成的；社会学家N.安德鲁森加入流浪汉的队伍，写成《流浪者：无家可归的社会学》；怀特在1936—1940年间对美国波士顿的一个意大利贫民区进行研究并在此基础上完成了《街角社会》；1960年美国人约翰·格里芬把自己装扮成黑人，将自己所见所闻写成了《像我这样的黑人》。运用观察技术写成的著作还有很多，例如华纳的《洋基城》、林德夫妇的《中镇》。费孝通的《花篮瑶社会组织》、林耀华的《金翼》都采用了参与型观察的研究方法。随后，这一方法在人类学、民族志、民俗学、社会学，以及农学、旅游学、宗教学的研究中得到推广。

运用观察技术，研究者可以进行全方位的描述，比如所牵涉的人或物、事发时间和地点、怎样发生、为什么发生等。观察技术尤其适用于研究社会事件所处的社会文化背景，研究事件的发生过程，人们与事件的关系及组合，事件的时间连贯性和模式。

观察技术注重从特定情境的"局内人"的角度出发，将某一群体的活动情景和场景作为研究方法的基础，强调开放、灵活、随机应变，从具体的人类活动场景中获取资料，建立和维持与所研究群体的成员之间的关系，在运用直接观察技术的同时，可以配合运用其他收集资料的方法，如正式访谈、非正式访谈、问卷调查、文献资料收集。①

(二) 方法的类型

1. 参与型观察技术与非参与型观察技术

根据观察者在观察活动中所扮演角色的不同，可以将观察的方法分为参与型观察技术与非参与型观察技术。观察技术主要应用于听课等教育事件。这里主要讨论教育观察技术。

参与型观察技术就是指观察者参加到被观察的客体中去，在被观察者中充当一定的角色，参与被观察者的活动，让被观察者把观察者当作他们中的一员，观察者利用这种有利的条件，一边参与，一边观察，从而掌握有价值的资料的一种观察方法。根据被观察者对观察者身份的识别程度，参与型观察技术可以进一步划分为完全参与型观察技术与不完全参与型观察技术。完全参与型观察技术就是观察者在不暴露自己研究者真实身份的前提下，完全参与被观察者的活动，在参与活动的同时获得所需要的观察资料的一种方法。在这个过程中，被观察者对观察者的研究者身份是完全不知道的。不完全参与型观察技术就是观察者虽然完全参与被观察者的活动，但是，观察者作为研究者的身份对被观察者来说是已知的，观察者在被观察者的活动中处于一种"半客半主"的状态，通过这样的观察方式获得所需资料的方法就是不完全参与型观察技术。不完全参与型观察技术既有利于对所观察活动的深入理解，同时又因保持了作为研究者的相对独立的地位，从而有利于确保观察活动记录的及时性、准确性与客观性。

局内人(insiders)和局外人(outsiders)的观点会存在着严重分歧(特别是在涉及族群、亚文化，具体如神秘主义者、裸体沙滩成员，以及一些职业从业者，如内科医生、新闻播音员或科学家等时)。在局外人看来有些领域会存在模糊不清的现象(比如身体和精神的疾病、青少年性行为、家庭生活或宗教仪式等)。此外，还有一些不为公众所知的现象(像犯罪与越轨、秘密群体和组织，具体来说，比如吸毒者和贩毒者、神秘偏执的宗教组织)。

非参与型观察技术又可以称为"局外观察技术"，是指观察者不加入被观察者的活动，完全以一个局外人或旁观者的身份进行观察。在非参与型观察技术中，由于观察者可以与被观察者保持一定的距离，从不同的角度、不同的方面进行观察，因此，观察者更容易站在比较公正、客观的立场上，对被观察者进行比较客观的观察，而且，不会对被观察者的活动产生影响，保证被观察者活动的自然性。比如，教育事件中经常运用到的听课就是一种非参与型观察技术。当然，由于观察者没有参加到被观察者的活动之中，因此，所观察到

① Burton D: *Practitioner research for teachers*, New York: SAGE Publications, 2005, pp56 - 74.

的可能只是一些表面的、偶然的现象。而且，在观察过程中，当观察者产生某种疑惑的时候，也难以及时与被观察者交流，获得解答。

2. 结构观察技术与无结构观察技术

根据在实施观察前是否将准备观察的内容设计成有一定结构的观察项目，可以将教育观察技术分为结构观察技术与无结构观察技术。

结构观察技术是指在实施观察之前首先设计好详细、具体的观察内容与项目，制订出观察记录表，并在观察过程中严格按照观察记录表对每一个被观察者进行观察与记录以获取资料的一种观察方法。因为需要设计详细、具体的观察项目，因此结构观察技术要求在观察之前就对准备观察的现象或行为包括其各种表现形式都比较了解，对具体的观察内容、观察范围都比较清楚，并且能对所要观察的现象或行为进行合理、有效、详细、周密的分类。结构观察虽然能搜集较大样本的便于量化的资料，但是，由于结构观察技术要求在实施观察的过程中不能任意变动提前设计好的步骤、观察项目，因此，结构观察不仅缺乏必要的弹性，而且比较费时。

无结构观察是指在观察活动实施之前观察者对观察的目的与要求只有一个总体设想，对准备观察的内容与范围也缺乏明确的认识，没有详细的观察项目设计，也没有具体的观察记录表，而是在实施观察活动的过程中根据具体情况灵活地选择观察的内容。因此，与结构观察相比更灵活、更简便、更易于实行，记录也更松散。不过，无结构观察所获取的资料一般比较零散，难以对资料进行定量分析，无法进行比较严格的对比研究。[①]

3. 直接观察技术与间接观察技术

根据观察时是否需要借助有关的仪器设备，教育观察技术可以被分为直接观察技术与间接观察技术。

直接观察技术就是指在实施观察的时候不借助任何仪器设备，只需要直接运用观察者的感觉器官观察被观察者活动的方法。这种观察方法的优点在于，观察者能方便地获得直接、具体而且真实的第一手资料，观察者在观察的过程中，能根据观察的目的和任务、观察活动中的具体情况，灵活及时地调整观察的内容，及时抓住一些事先未曾预料到的重要细节。当然，由于这种观察方法是通过人的感官直接进行的，而人的感觉器官是有局限性的，因而直接观察的实际效果具有限制性。

间接观察技术就是指观察者借助一定的仪器设备观察被观察者的一种方法。常用的可供观察使用的仪器设备有单向观察屏（又称单向镜）、照相机、摄影机、录音机等。通过这些仪器设备的使用，就能在很大程度上克服人的感觉器官的局限性，扩大观察的范围，提高观察及记录的准确性、及时性。同时，因为借助仪器设备可以突破人的视听距离的限制，从更远的距离观察被观察者的行为，因而可以避免因距离被观察者过近而对被观察者

① Kirner K: *Doing ethnographic research: Activities and exercises*, New York: SAGE Publications, 2020, pp273－284.

产生干扰。如借助录音机可以记录下观察现场所有人员的讲话，借助摄影机可以记录下很多场面，借助单向镜可以对被观察者从容地观察而不必担心被发现。

4. 全面观察技术与抽样观察技术

根据观察对象的范围与广度，教育观察技术可以分为全面观察技术与抽样观察技术。全面观察技术是指通过对特定场景中出现的各种现象与行为进行观察与记录以获取研究资料的一种研究方法。全面观察技术所涉及的观察范围较广，因而使用起来比较容易把握各种现象之间的联系。但由于观察涉及的范围广，而观察者的视野是有限的，因此实施起来比较困难，要求观察者具有比较丰富的观察经验与较强能力。抽样观察是指在实施观察之前，首先根据观察的目的、任务，按照一定的标准对需要观察的场景、人物、时间、活动等因素进行抽样，然后再对样本进行观察，从而获得研究资料的一种研究方法。抽样观察通过抽样，缩小观察的范围，观察的对象变少，便于深入、细致地观察，操作更为容易。由于抽样观察是用所抽样样本的情况来代表整个样本的情况，因此，样本的代表性好是取得高质量观察效果的关键。

5. 定期观察技术与追踪观察技术

根据观察时间安排的不同，教育观察技术可以分为定期观察技术与追踪观察技术。定期观察技术是指按照一定的时间间隔对被观察者进行观察从而获取研究资料的一种方法。定期观察的时间安排一般根据观察目的、任务的需要而定，每隔一定的时间对被观察者进行一次观察。这种观察技术一般适合了解被观察者在某一特定时间段内发生的现象。

追踪观察技术是指通过对某个被观察对象或某种被观察现象进行较长时间的连续观察，从而获得研究资料的一种研究方法。由于能较长时间地针对某一被观察对象或现象进行观察，因而借助追踪观察能比较全面、详细地了解被观察的对象，获得关于被观察对象详细的、系统的、发展性的资料。

6. 自然观察技术与控制观察技术

根据被观察者所处实际情景的特点，可以将教育观察技术细分为自然观察技术与控制观察技术。

自然观察技术就是观察者对被观察者不加任何暗示与控制，让被观察者处于完全自然状态的条件下，自然而然地观察后者的行为而获取研究资料的一种研究方法。在自然观察技术中，被观察者一般不知道自己正处于被观察状态，因为一旦被观察者觉知自己正处于被观察之中，观察者就很难观察到被观察者的真实行为。如一般的听课活动就是一种自然观察，如果被听课的教师与学生知道自己正在被听课，教师的课堂教学行为与学生的课堂表现就会与平常不一样。因此，为了能观察到真实的课堂行为，听课者常常并不事先通知有关教师与学生，提前进入课堂，并坐在不容易被教师与学生注意、便于观察的位置，减少对观察对象的影响。

控制观察技术是指让被观察者处于经过一定程度控制（即一定程度的人为设计）的环

境中，然后观察被观察者的行为而获取资料的一种研究方法。这种研究方法中的被观察者对于自己是否正处于被观察状态有可能是明白的，也有可能是不清楚的。控制观察技术常用于观察在自然观察技术中难以观察到的行为，因为观察者所想观察的现象不是随时随地都会发生的，这时候，观察者需要借助一定的外界刺激来诱发被观察者发生观察者所希望发生的行为。教育实验研究中的观察就是一种控制观察。①

二、方法的适用性

观察技术广泛应用于社会研究领域。例如，可以用于探索新的研究主题；通过观察社会环境了解研究的背景；描述某特定地点、社会环境或人群的行动和互动；了解或解释人群在特定背景下的行为；揭示潜在的社会规范和价值观；与其他数据采集方法互补；使用其他研究方法（如访谈、问卷调查）有所发现时，提供相关的背景信息，让研究人员结合背景来理解这些研究结果。

观察技术适用于了解基本的研究背景。当研究人员开始着手新的课题或在新的社会环境下从事研究时，观察技术尤为有用。观察技术也有助于研究人员建立与被研究社区的融洽关系。当研究人员刚刚进入社区时，一般采取的是非参与型观察，研究人员进行观察但并不参与活动。在这一阶段，研究人员从局外人（客位）视角来观察社区，对社区细微举动进行观察，其结果有时会令人震惊。之后，研究人员就可以对与研究主题相关的具体人与事开展参与式观察。

观察技术也可用于了解特定文化背景下隐含的社会规范和价值观。例如：通过观察人们打招呼的方式，就可以了解特定文化背景下的社交机制，人们的日常行为实际上取决于他们所处的文化背景和社会规范。通过观察，研究人员可以了解在研究情景中什么是得体（或不得体）的言行举止。

观察技术可单独应用，也可与其他数据采集方法互补。在研究中，观察技术可以为其他研究方法提供辅助数据。这种互补可被视为拼图，即，每一部分数据都可以视为拼图的碎片，所有的数据汇聚在一起形成了“盒子上的图像”，使研究人员得以全面了解社会背景或研究主题。例如，研究人员想通过访谈技术了解年轻母亲推着婴儿车或手推车时会如何利用公共场所、公共设施，在访谈之外，研究人员还可以用观察技术观察公共场所的年轻母亲。研究人员结合观察技术与访谈技术，能从不同视角了解研究主题，并将年轻母亲的行为置于更广泛的社会或自然环境中加以考量。观察技术也可以与聚焦小组讨论相结合，以便进一步了解小组讨论的话题。例如，研究人员想通过聚焦小组讨论，来了解当地一家医疗机构看病难的问题，就可以采用观察方法，陪同当地人前往医疗机构，并观察他们

① 乔金森：《参与观察法》，龙筱红、张小山译，重庆大学出版社 2009 年版，第 149－162 页。

一路上的经历，观察方法还可以用以澄清研究中来自其他数据源的模糊结论。[①]

三、方法的实施

1. 明确问题，选择观察对象

确定研究问题和目标，以指导观察性研究。研究问题应该是具体的、明确的，并与研究领域相关。在选定研究问题的同时，也基本上确定了观察者与被观察对象。因为问题的选择和确立必须考虑到在某一特定的情境里观察者是否能进行自然观察。例如，要研究“教师期望对师生交往的影响”，就需要考虑在什么样的学生中、在哪个年级的班上进行，观察者应具备哪些知识、能力和观察技能。

2. 制定观察计划

通过选择观测位置、持续时间和采样技术来规划观测值，确定要观察的对象总体或样本以及要记录的特征。在观察计划中要规定明确的观察目的、重点、范围以及要搜集的材料、观察的次数，每次观察的时间、采用的仪器、制订哪些表格以及填写的要求，等等。

3. 做好观察准备

观察准备是否充分，往往决定观察的成败。只有做好周密的观察准备，才能准确地收集观察材料。观察准备的主要工作如下。

（1）确定观察的项目和指标

根据课题和研究计划的要求，将需要观察的方面具体化和指标化。具体化就是将需要观察的方面具体分成几个可以加以观察的细化项目。指标化就是给需要观察的项目选定一个可以记录评价并显示出不同程序与水平的指标体系。在确定观察的项目和指标时，应注意以下事宜：尽量将观察项目具体化，并给予明确的限定。同时，所确立的观察项目与观察的目的之间应有本质的联系，能较全面地反映与研究课题有关的某些特征的变化；确定的项目必须具有便于被观察记录的具体内容；确定观察的指标时，除定性指标外也可以设立定量的指标，对定性的材料，要考虑如何归纳与分类，对定量的材料，要考虑统计处理方式；确定的指标不能模棱两可，避免出现多个存在交叉关系的指标。

（2）选择观察途径和方法

观察的途径与方法可因人而异、因课题而定。一般的途径有听课、参观、参加活动、列席会议等。观察的方法通常与观察途径有关联，常用的方法是直接的参与型观察。

（3）观察取样

观察不可以面向全体，包罗万象，需要加以取样。下面是几种常用的取样方法。

- 对象取样：选取特定的对象进行观察，如教室中的一列学生；

① 董轩：《参与观察：质性研究中的“看”与“被看”》，华东师范大学出版社 2020 年版，第 170－182 页。

- 时间取样：在特定时间内观察被观察者发生的行为；
- 场景取样：有意识地选择一个自然场景，如儿童的游戏场景；
- 事件取样：观察一个事件的完整过程，如儿童争吵；
- 阶段取样：选择某一阶段（如期中、期末）进行有重点的观察；
- 追踪观察：对观察对象作长期的、系统的观察，以了解其发展的全貌。

（4）设计观察表格及记录方法

为了便于观察记录和观察材料的整理，项目设计应符合如下要求：每个项目均是研究所需要的；项目数以 10 个以下为佳，按逻辑顺序排列；项目的答案应是确定的、排他的，排除那些不同的观察者可能会作出不同解释的推断性词语；设计观察表格时，要规定观察材料的记录方法。①

4. 进入现场实施并记录

进入现场要注意两点：第一是选好观察位置，有较好的角度和采光以保证观察有效、全面、精确；第二是不惊扰观察对象，要与观察对象打成一片。如果是间接观察、非参与型观察，最好不让观察对象知道。如果是直接观察、参与型观察，要与观察对象建立和谐良好的关系，以免让被观察者产生戒备心理。

实施观察要注意看、听、问、思、记等互相配合。（1）观看，这是最主要的方式。凡是与观察目的有关的行为反应和各种现象都要仔细察看。（2）倾听。凡是现场发出的声音都要听，特别是观察对象的发言更要仔细地听。（3）询问。内部观察时，观察者可面对面询问观察对象有关问题。例如可以问："对这个问题你是怎么想的？"（4）查看。现场查看与观察目的有关的资料。例如听课时查看学生当堂的练习情况以了解上课效果，参加会议时查看以前记录等。（5）思考。从现场开始获取信息时就要思考、分析，随着观察活动的深入和观察资料的积累，逐步形成自己的看法。以上所列之外，还要灵活运用触摸、品尝、嗅闻等方式。观察时还要及时做好现场记录。

记录时要注意以下几点：（1）记录要准确。要尊重客观事实，有什么记什么，不能凭主观想象，更不能凭空捏造。（2）记录要全面。要根据观察内容将全部情况都记录下来，不能随便丢掉一些情况，否则，就可能导致整个观察的失败。（3）记录要有序。要按事情发展的固有顺序记录，不能随意颠倒。记录的有序性不仅能为下一步研究工作打下基础，而且很有可能从中揭示出观察对象内部的联系和规律。

5. 资料整理与分析

观察记录的材料要加以整理和分析，为下一步撰写研究报告做好准备。

首先，要把所有记录的材料，详细地加以检查，看分类是否恰当；如果有遗漏和错误，要设法补写记录和改正错误，以免时间久了，无法回忆、补充和修正。

---

① Bourgeault I: *The SAGE handbook of qualitative methods in health research*, New York: SAGE Publications, 2010, pp129 - 132.

其次，所有材料整理好后，加以全面考虑；如果需要的材料还没有搜集到，那就要延长观察时间继续观察，一直到所需材料基本齐全为止。

再次，观察记录的材料，如果数量较少，按观察记录的时间顺序存放保管即可；如果观察的项目较多，记录材料繁多，就要分类存放以便查阅。

最后，记录材料整理后，需要加以说明的，要详细地加以说明。要及时整理搜集的材料，以免时间久了，容易忘记或产生疑问。

6. 提出观点并撰写研究报告

根据对观察资料的分析研究，提出自己的认识，并加以理论化论证，撰写成研究报告。往往仅借助自然观察技术不能完成对一个课题的系统研究，通过观察所收集的资料常常要与其他研究方法所获得的信息融为一体之后，才能使研究者胸有成竹提出观点并加以阐述。①

四、观察技术的技巧要点

1. 思考

观察不仅仅是盯着某处社交场合。在所有的质性研究方法中，研究人员也是研究过程的一部分，因而在观察时研究人员也应当成为观察背景之一。因此研究人员会影响观察内容。研究人员不仅应该思考自己的定位，还要思考定位对情境的影响。这样在观察之前和观察期间，研究人员都需要思考：

- 我该如何进入社区，该如何向社区成员介绍自己？
- 人们/社区可能会问我哪些问题？
- 他们会怎么看我？对我的在场会有什么反应？当我开始观察时，我留给他们的个人印象会如何？
- 观察之后，我对他们的印象如何？

一旦研究人员回答得了这些问题，在观察过程中就能摆正自己和研究对象的位置。研究人员可能会注意到，随着时间流逝，社区成员对待自己的方式也会改变。因此研究人员可以记下自己对社区的印象，许多研究人员会在调研日志里记录这些观察内容。

2. 地点选择

研究人员需要选择合适的地点进行观察。观察地点取决于研究问题或观察目的。观察地点的类型会随研究主题的不同和活动强度的差异而变化。例如，如果研究人员的目的是观察街头的小贩，就可以选择城里小贩经常出没的地点。研究人员还可以选择不同类型的位置进行观察，如主要的购物街道、电影院附近或庙宇附近等。

① 乔金森：《参与观察法》，张小山、龙筱红译，重庆大学出版社 2015 年版，第 88 - 96 页。

开始观察时，研究人员通常要确认不同的观察地点，并绘制草图。研究人员还可以询问当地的合作者或关键知情人，了解有哪些地方适宜观察与研究主题相关的活动。在绘制观察地点的草图时，有必要记录：

- 所进行的活动；
- 在场的各类人员；
- 研究人员进行观察的位置。

在观察时，要融入现场环境，以免引人注意，因此在绘制观察草图，选择观察地点时，研究人员要清楚在这些位置进行观察时是否会引起他人的注意。

3. 入场

进入社交场合是进行观察的关键步骤，当研究人员和社区建立起融洽的关系时，研究人员就更容易进入某些社交场合。所以，研究人员应该在实地调研的早期阶段就着手建立与社区的融洽关系。但是，并非所有的观察类型都需要培养融洽关系，例如，当研究人员在某公共场合进行非参与型观察时，是否建立了融洽关系并不会关系到研究人员能否进入该场合，因此并不需要培养融洽关系。但是，当研究人员想进行参与型观察或使用摄录设备辅助观察时，就必须与研究对象建立融洽关系。

研究人员进入社区的方式和取得研究许可的方式，对研究人员在研究群体中的定位有重要影响，因为这一过程决定了研究社区或研究群体对研究人员的信任度。研究人员应该将如何进入社区的过程和采取的步骤都记录在调研日志里，这是很有用的。要在某个机构中进行观察，往往需要获得不同部门的许可，每个组织审批的程序可能不同。当研究人员打算在某处观察却被拒绝时，研究人员只能另选观察地点或改变研究方法。研究人员被拒绝的原因包括：社区成员对研究人员的研究意图存疑；社区成员觉得局外人的观察令人不适；担心研究人员会遭遇潜在的社区或群体风险等。此外，信息披露方面的风险，更是会让研究对象担心。

4. 调研记录

进行观察时，研究人员不仅需要掌握观察的技巧，还需掌握记录观察内容的技巧。观察过程中的调研记录是研究人员用于分析的数据，因此记录必须清楚和详细。详细的调研记录中，可能记载了当时看似不重要的内容，但在事后的数据分析中，这些内容的重要性会逐渐显现。

观察时，建议研究人员在小记事本上做记录，因为在某些场合中，使用笔记本电脑做记录可能会更容易引起他人的关注。在观察时做记录的方法包括：

- 观察过程中不间断地做记录；
- 在观察间隙做记录，事后再补充完善；
- 逐渐熟悉所处的社交环境，这样可以找到适合的地点，让研究人员能兼顾观察和记录；
- 绘制草图或示意图，为调研记录添加细节；

- 每次的调研记录都标注好观察日期、时刻和地点；
- 用自己的速记方法来记录观察要点，事后扩充完善；
- 记录的内容包括人、活动和现场环境。

详细的调研记录通常包含多种要素，如地点（涉及环境、活动、声音和气味等）和人物（涉及行动、互动、对话等）。在调研记录中详细描述观察内容，可采用的一些方法如下：

- 记下研究人员在现场的位置，以便解释观察角度；
- 绘制观察地点的草图；
- 统计人数，描述他们的特征（例如，大致的年龄，以及性别和种族）；
- 描述研究人员观察到的实景；
- 关注人们在环境中的来来往往。

5. 调研日志

研究人员对观察内容的思考和诠释也可以记录在调研日志里。在调研日志中，研究人员可以记录自己的直觉、想法、感触、个人观点乃至情绪。通过这种方式，研究人员将（调研记录中）实际观察的内容和（调研日志中）观察时的主观想法与反应区分开来。在实地调研时，调研日志几乎是研究人员的命根子。调研日志的必要性在于其可以补位，避免研究人员在调研记录中做出过多的诠释，调研日志也让研究人员能记载自己随时冒出的想法和对文化背景的初步推论，并有助于研究人员反思和批判自己的观察过程。[①]

五、方法的优势和局限

【优势】

1. 在自然环境中观察。观察性研究允许研究人员在自然环境中观察被观察者的行为，这意味着被观察者在自然环境中被观察而不受实验室的限制，其被观察到的行为更能代表现实世界的真实情况。

2. 隐蔽性。观察性研究通常是不引人注目的，这意味着研究人员不会干扰被观察者的行为，这可以降低研究过程受到观察者主观影响的可能性。

3. 成本效益。观察性研究比其他研究方法（如实验或调查）更经济，研究人员无需招募参与者或支付昂贵的设备费用，因而是更有成本和效益优势的研究方法。

4. 灵活性。观察性研究是一种灵活的研究方法，可适用于各种环境和应对一系列研究问题，观察性研究可用于产生假设、收集行为数据或监测变化。

5. 丰富的数据。观察性研究提供了丰富的数据，可以加以分析并从中识别变量之间的模式和关系，还可以帮助解释为什么人们以某种方式行事。

---

① 莫妮卡·亨宁克：《质性研究方法（引进版）》，王丽娟译，浙江大学出版社 2015 年版，第 312－322 页。

6. 有效性。观察性研究可以提供高质量的有效性信息，意味着结果准确地反映了正在被研究的行为，这是因为该行为是在自然环境中观察到的，不受研究人员的干扰。

【局限】

1. 如果观察者介入，有可能会影响被研究对象的行为。

2. 费时费力，如传统的人类学研究中，研究者需要花费至少 1 年的时间收集资料，而且所收集的资料可能非常庞杂，分析起来也很费工夫。

3. 在进行参与型观察时，研究者很难记录观察到的所有事件，作为观察者，必须依靠好的记忆力和记录能力，并且在结束观察后及时补充观察内容。

4. 研究者的个人特征会影响参与型观察的结果，影响研究结果的客观性。如研究者的性别、阶层、人格特质等，会影响其与研究对象的互动。

5. 研究者无法预测所观察的行为在何时、何地发生，在时间上无法观察过去，也难以从现有的资料基础上预测未来等。

6. 研究者个人无法实现同时异地观察、大规模群体观察等，因为有些社会现象会在许多地方同时发生，例如示威游行等，这时需要多人在同一时间、不同地方分头进行观察。

第十四章 其他各类方法与技术

前面10多个章节，已对常见经典的质性研究方法与实施技术进行了介绍。除此之外，还有很多有趣且偏实务性的质性研究技术策略，在此就可以运用的其他实务性方法与技术，再加以罗列与介绍。

一、影像启发法

（一）什么是影像启发法

影像启发法（Photovoice）是在质性研究过程中，使用参与者拍摄到的视频或图像，来记录和反映研究环境、描述研究者的经历与感受。人们可以通过特定的摄影技术来识别参与者的社区。作为一种基于知识生产的实践，该方法有三个主要目标：1. 使人们能够记录和反映社区；2. 通过对照片进行大大小小的小组讨论，促进关于重要问题的批判性对话；3. 接触研究者，对特定问题与现象进行分析。①

该方法通常被用于社区发展、公共问题、设施设计、培训教育等多元领域，是基于社区（群体）的参与型研究的工具，作为使研究对象能够对其经验进行客观描述的一种方式，影像启发法可用来帮助收集特定研究问题的数据，并作为评估计划和过程的工具。研究范围包括社会治理、社会问题等。

（二）方法的实施

1. 项目介绍

研究人员在小组内增强与其他成员之间的熟悉度，并表述社会行动计划和/或政策组成部分。

---

① Mitchell C, Lange N: *Participatory visual methodologies*, New York: SAGE Publications, 2018, pp78 - 98.

2. 摄影培训

研究人员让参与者熟悉摄影、道德规范和安全的基础知识，进入特定的社区，根据主题要求，拍摄代表他们观点/态度的照片。

3. 促进讨论

照片完成后，参与者和研究人员相互分享照片，说明照片对他们意味着什么。小组对话在彼此关注的基础上建立起来，并帮助塑造社区的需求。讨论通常集中在五个问题上，即：你在这里做什么？这里到底是什么情况？这里与你的生活有什么关系？问题和担忧是否存在？我们能做些什么呢？

4. 展示

对这些照片在一定范围内进行公开展示，邀请政策制定者或利益相关人参加，围绕解决特定问题而开展对话。

5. 最终汇报

展示与对话结束后，研究人员进行总结陈述，为项目的下一步做准备，或实施社会行动计划，或继续进行摄影，将讨论深化。①

（三）方法案例

Dana Harley 在她的论文中描述了影像启发法如何被用来探索“贫穷的非裔美国青少年的希望和绝望”。2001 年，生活在贫困线以下的全美儿童当中非裔美国儿童占比为 30%。极度贫困往往会加剧这些青少年的绝望、无能为力、抑郁的感觉。然而，很少有研究调查贫穷的非裔美国青少年对“希望”和“绝望”的看法。

该研究利用研究参与者拍摄的照片和深入访谈，从研究参与者的角度探讨“希望”和“绝望”的建构。就以下问题进行了这项研究：

- 贫穷的非裔美国青少年如何看待和体验希望？
- 贫穷的非裔美国青少年如何看待目标、未来方向和希望？
- 贫穷的非裔美国青少年如何经历和感知绝望？

深入访谈之后，16 名 13～17 岁的非裔美国青少年拍摄了代表“希望”和“绝望”的照片。研究者采用比较分析法来分析访谈和照片，用定性分析软件 NVivo9 协助数据缩减和跨数据生成主题。这些分析生成了关于非裔美国青少年在日常生活中，如何经历和感知希望和绝望的重要信息。关于“希望”产生了五个主题，包括关怀联系、灵性、教育、“基本需求”和“要做到这一点”；关于“绝望”，与消极的态度和信念、外部约束、消极行为和有害的环境条件有关。

该研究重塑了“希望”和“绝望”的结构，提供了促进“希望”的具体因素，以及影响贫穷

① Pauwels L, Mannay D: *The SAGE handbook of visual research methods*, New York: SAGE Publications, 2020, pp271 - 292.

的非裔美国青少年“希望”的因素，为非裔美国青少年定义和维持“希望”的文化相关方式提供了新的见解。①

(四) 延伸阅读

- 于一凡，张庆来，沈宛仪.影像发声：一种促进社区治理与更新的参与式研究方法[J].城市规划，2022，46(12)：67－74.
- 于一凡，张庆来，沈宛仪，等.女大学生的校园场所依恋研究——一项应用影像发声方法开展的研究[J].上海城市规划，2021(4)：72－78.
- 刘浪，何姗姗.影像发声法应用于帕金森病患者自我效能感的提升——以上海市D医院为例[J].社会建设，2020，7(2)：16－28.

二、经验取样法

(一) 什么是经验取样法

经验取样法(Experience-Sampling Methodology，ESM，以下简称“ESM”)，又称“生态瞬时评估法”(Ecological Momentary Assessment，EMA)，是一种在真实的情境下对被试者的环境、行为和体验等信息进行即时纵向采集的研究方法。对被试者个体在一段时间内，每天多次重复取样，在多个时间点收集其日常生活的活动、情绪以及其他的信息，捕捉日常体验的丰富变化，是一种研究人们日常生活中行为、感受、情绪、态度与思考的研究方法。该方法通过多时间点的即时自我报告进行系统的情境数据收集，降低回忆偏差。个体往往是在自然情境下完成自我报告，因而可以更加准确地反映其在自然情境下的行为与态度。②

(二) 方法的类型

ESM一共有四种不同的采样方式，固定采集(Fixed Sampling Scheme)、随机采集(Random Sampling Scheme)、半随机采集(Semi-random Sampling Scheme)以及事件相关采集(Event-contingent Sampling Scheme)，四类信息采集方式的逻辑样貌，见图14－1。

1. 固定采集

固定采集，指在固定的时间点给被试者发送信息，例如在整点的固定采集就会在每个整点给被试者推送，如十点、十一点、十二点、一点等。固定采集让被试者养成回答的习

---

① Harley D M：*Perceptions of hope and hopelessness among low-income African American adolescents*，Columbus：The Ohio State University，2011，pp.5－79.

② Hektner J M，Schmidt J A：*Experience sampling method*，New York：SAGE Publications，2017，pp313－322.

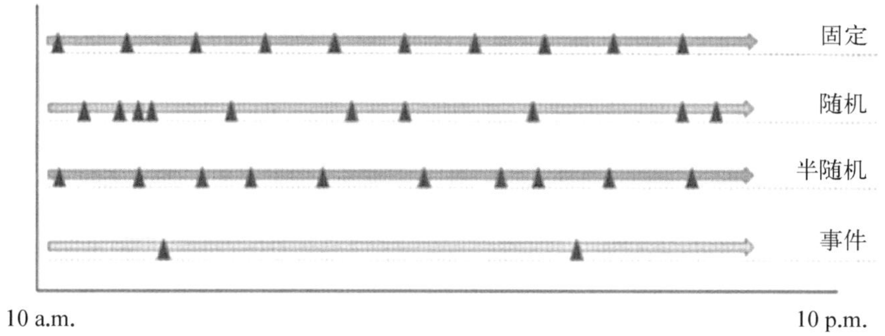

图 14－1 四类信息采集方式(ESM)

惯，提高信息搜集完成率，但是固定采集同时也会让被试者产生自己正在参与调查的心理，从而降低信息的代表性。

2. 随机采集

随机采集是一个极端形式。与固定采样完全不同，随机采集可能会出现在任何时间。随机采集的随机性不会让参加者有心理负担，采集到的数据或许会因此变得更加真实，但也因为其随机性，参与者有可能在一天内收到多个任务，疲于应对。

3. 半随机采集

在固定采集与随机采集之间的便是半随机采集，这也是用得最多的采样方法。半随机采集一般将每天的时间平均分开，在每段时间内发出一个随机采集要求。例如，将一天从早上十点到晚上十点的十二个小时分成八份，每一份为九十分钟，在每个九十分钟内都会有一个随机推送，且两个推送之间的间隔不能少于某个时长(比如二十分钟)。

4. 事件相关采集

事件相关采集主要用于围绕特定的事件而进行信息采集的研究，一般在事件发生的过程中或事件之后立即进行取样。这类研究主要关注特殊事件发生后样本的心理、行为、态度表现。[①]

(三) 方法的实施

经验取样法的实施，需要明确样本量、搜集次数、实践周期等方面再设定。样本量的大小与研究假设的复杂程度有关，有研究提出，最低的被试对象个数是 55，最高为 479，一般而言，样本区间为 50～200 个，样本数据区间为 400～3 000 条，基本可以满足研究需要。一天内重复收集数据的次数，一般是每天 4～10 次，最好不要超过 6 次/天，除非每次所需报告时间极短(如在两分钟之内)。可采用 2～5 次抽样，研究常见的是采用一天 3 次抽样，分别在早晨、中午、晚上。总的时间长度方面，如果每天多次收集数据，一般需要 3 日～

① Brinkmann S: *Qualitative inquiry in everyday life: Working with everyday life materials*, New York: SAGE Publications, 2012, pp195－213.

3 周，但如果每天收集数据只有一次，一般需要 1～4 周。以事件为基础的研究通常是 1 周（如人际交往）到几个月，持续的研究通常较短，如 1～3 天。日记法研究收集数据时间区间为 7～30 天，一般为 2 周，某些研究会持续 1 年或以上，理想的时间区间根据研究的需要而定，没有定规，比如在短时间内研究变量变动越频繁，就越可能得到丰富的样本。反之，在短时间内变动发生次数越少，越需要较长时间收集充分的研究数据。

当数据搜集完毕之后，则可基于研究目的，对所采集到的数据进行统计汇总，结合一些量化的方法进行挖掘。同时，也可对数据进行描述性统计，结合参与者的访谈、聚焦小组会议等质性研究方法，进行相关的定性研究。

（四）方法案例

案例 1

通过经验取样法，对 2 250 名参与者进行调查，随机时刻（每天 1～3 次）回答以下三个问题：

- 你现在感觉如何？
- 你现在在做什么？
- 你现在是否在想着跟手头活动无关的事情？

通过统计分析，他们定义了一系列活动的快乐程度，很多日常生活是让人愉悦的，如听音乐、健身等，不过，在家玩电脑并没有那么开心（图 14－2）。

研究者总结分析得出结论：大多数时候人们是走神的，该频率达到 50%，哪怕是走神想一些愉快的事情，但依旧不快乐。与走神的人相比，专注的人是快乐的。如图 14－2，圆形面积代表行为发生的频率（面积越大，频率越高），数轴代表快乐程度（数值越大，越快乐）。①

案例 2

1. 研究问题

Wilhelm Hofmann 等研究者于 2014 年在 *Science* 上发表了一项题为“Morality in everyday life”的经验取样研究报告，揭示了日常生活中道德与不道德行为的内容、影响因素、心理效应和动态变化过程。

2. 实施设计

这项研究招募了 1 252 名美国和加拿大成年参与者（18～68 岁）参加为期三天的调查。被试者在完成有关宗教信仰和政治倾向（自由主义者和保守主义者）的测试后，在随后的每天 9:00—21:00 之间完成五次调查，回答以下问题：

- 过去 1 小时内你是否做过、经历过、亲眼目睹或亲耳听说过道德或不道德行为？
- 这个行为是关于什么的？

① Matthew A. Killingsworth, Daniel T Gilbert: *A wandering mind is an unhappy mind*, Science, 2010(330), p932.

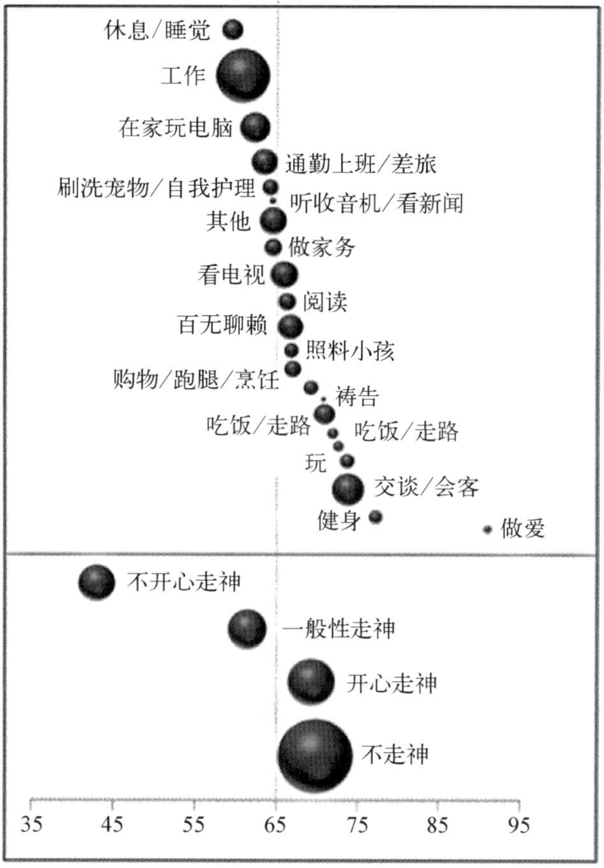

图 14-2　ESM 实施结果

来源：见 P168，注①。

• 这个行为发生的具体情境（比如地点）是怎样的？

最后，要求被试者分别对九种道德情绪（比如内疚和厌恶；0＝一点也不，5＝非常）、当下的幸福感（－3＝非常不幸福，＋3＝非常幸福）和目的感（0＝一点也不，4＝非常）进行自我评价。

3. 研究结果

研究者通过分析参与者报告的不同时间点的道德/不道德行为、情绪等，得到了以下结论。

（1）日常生活中的道德与不道德行为

在被试者的所有报告中，只有 28.9％的报告与道德有关。尽管被试者报告的道德行为（15.3％，n＝2 029）和不道德行为（13.6％，n＝1 799）比例相当，但显然，对于道德行为，人们更可能报告为自己做了或亲身经历了的，而对于不道德行为，则更可能报告为是自己听说的。

（2）日常生活中道德的内容维度

日常生活中的道德内容涉及八个方面，即关爱/伤害、公平/不公、忠诚/背叛、权威/颠覆、圣洁/堕落、自由/压迫、诚实/欺骗和自律/放纵，其中 80.1％的道德行为涉及前五个方面。

(3) 宗教信仰、政治倾向与道德

有宗教信仰的人在做出道德行为后能体验更多的自豪与感恩情绪，而在做出不道德行为后则体验更多的厌恶、羞耻、内疚和愤怒等情绪。

(4) 道德与幸福感、目的感的关系

人们在做了、经历、耳闻目染了道德行为之后，会报告更高水平的幸福感和目的感。其中，自己经历了道德行为与不道德行为后报告的幸福感的差异最大，而自己做了、目睹或听说道德行为与不道德行为后报告的幸福感的差异相对较小。尽管他人对自己的善行更能提升人们当下的幸福感，但主动行善更能提升人们的人生目的感与意义感。

(5) 道德的动态变化过程

先前受益于他人的道德行为使得人们在此后更可能做出道德行为(道德感染)，而先前做出道德行为的人在此后做出不道德行为的概率也更高(道德许可)。[①]

(五) 延伸阅读

- 庞旭宏，刘德鹏，李珏兴，等.领导网络闲散行为影响公正准则遵从的经验取样法研究[J].管理学报，2023，20(3)：367－377.
- 张警辉，徐刚敏，韩宪国，等.日常压力知觉对生命意义的影响机制：一项经验取样法研究[J].中国临床心理学杂志，2023，31(1)：184－188.
- 夏天添.数字创新模式、知识场活性与企业创新效率——来自经验取样法的调查[J].技术经济与管理研究，2022(2)：47－52.
- 王慧，夏天添，马勇，等.中小企业数字化转型如何提升创新效率？基于经验取样法的调查[J].科技管理研究，2021，41(18)：168－174.

三、隐喻抽取技术

(一) 什么是隐喻抽取技术

隐喻抽取技术(Zaltman Metaphor Elicitation Technique，ZMET)，是在 1990 年由哈佛商学院的 Zaltman 教授发明的一种结合非文字语言(图片)与文字语言(深入访谈)的研究方法。ZMET 方法是访谈者以受访者(被试者)收集而来的图片为素材，通过个人深度访谈，来抽取受访者(被试者)之构念(construct)并联结构念间的关系，描绘出阐释受访者感觉及想法并产生行动或决策之心智模式地图。[②]

---

① Hofmann W，Wisneski D C：*Morality in everyday life*，Science，2014(345)，pp1340－1343.

② 林士然：《基于隐喻技术的工作坊设计》，电子工业出版社 2021 年版，第 69－87 页。

心智模型是人们在日常理解事物和进行推理过程时，在短期记忆中所建立的对问题情境或外部事物的一种暂时表征，也可以是人们长期储存在记忆中的对外在世界的稳定表征。在个人的生活记忆中，不断会有一些日常生活事件在心里留下感受和印象，并逐渐形成个人对事物的看法、经验或观念，用以指导个人的日常行为方式。

隐喻和想象是 ZMET 的两个重要工具：人们所了解的事物大部分潜藏在潜意识当中，而一般的定性研究往往仅探索到人们表面意识所觉察的信息，但缺乏对受访者潜意识的深层次的挖掘。而 ZMET 所探索的就是较难探索到的潜意识层。以视觉隐喻与图片想象为基础，引导参与者从不同的思维层面进行理解，不仅在表面意识上产生共鸣，更与潜藏的意识层的意义产生联结。

（二）方法的实施

1. 准备阶段

（1）筛选被试对象

通过一定的标准筛选被试对象，挑选真正熟知甚至经常参与和测试主题相关的调查的对象，向其发出邀约。

（2）分配任务

请被试者寻找图片，图片是被试者认为与测试主题相关的，能传递出其对测试主题的相关看法，一般 8～15 张，任何形式的都行：自己拍的、报纸上剪的、网上找的都可以。给出明确指引，必要时列出示意图或具体说明。

（3）寻找一个适宜的场所

因为整个操作过程需要做多次访谈与发言，环境务必安静、明亮、轻松，因为这样才利于思维发散。另外，因为操作的周期较长，需考虑场所的使用期限问题。

2. 执行阶段

（1）说故事(storytelling)

根据 Steglich 等的观点，人类的记忆和沟通都是以故事为基础的。以此为依据，被试者被要求描述各自收集来的图片(8～15 张)内容及故事。根据故事抽象出对于事物理解的构念。

（2）遗失的影像

进一步询问被试者在搜集图片的过程中，是否有什么图片或影像是想找但未寻找到的，或是否有其它想法在讲故事中并未提及，可补充说明。

（3）分类整理

请被试者将带来的图片（包含影像）加以分类，并为每一类命名并贴上标签，分类堆数、张数皆不限制，让被试者自由地依照自身想法进行分类，此举可帮助被试者建立与主题相关的主要构念，并且运用分类后标签的内容，这样有助于引导被试者说出有意义的认知，使研究者找到有价值的构念。

（4）分类异同点

通过上一步骤的分类，请被试者解释分类的图片中的相同与相异之处。

（5）最具代表性图片

请被试者从收集到的图片中，选出一张最能代表其感觉与想法的图片，并描述其内容与意义。

（6）相反影像

要求被试者运用想象力，想象出一张与主题相反的图片。任何构念都包含其相反意义，也就是说如果要了解“是什么”，就必须了解“不是什么”。故本步骤能让研究者进一步确认被试者心中对主题的真正感受。

（7）感官影像

请被试者发挥想象力，分别从味觉、触觉、嗅觉、听觉、视觉、情绪六个角度出发，通过正反两个方向，进一步深入挖掘出被试者（内心）所隐藏的（对主题内容的）感受。

（8）个人心智地图

根据被试者抽取之所有构念，确认是否代表其意义，以及是否有遗漏的构念，将所有构念绘制成心智地图，即产生能代表被试者对于研究主题的想法与感觉的个人心智地图。

（9）绘制共识地图

把所有被试者的个人心智地图结合整合成一幅图。

（10）小短文

请被试者写下一段小短文，以便在相互沟通总结影像时形成重要概念。[①]

（三）方法案例

1. 案例来源

孔令怡、吴江、魏玲玲、曹芳东、周年兴：《旅游凝视下凤凰古城旅游典型意象元素分析——基于隐喻抽取技术（ZMET）》。[②]

2. 研究问题

该研究的目标以“旅游凝视”为理论基础，以摄影行为和照片内容为分析对象，以旅游目的地的意象元素为研究内核，探寻摄影照片在旅游地意象构建的过程中所起的作用，适当挖掘出旅游地的典型旅游意象元素。

3. 方法选择

整个研究过程中需遵循“收集—编码—分类—归纳—分析”的质性资料研究思路，同时也要符合隐喻抽取技术的技术要求。完整的隐喻抽取技术共包括 10 个步骤，即说故事、缺失

① Brummett B：*Techniques of close reading*，New York：SAGE Publications，2019，pp129 - 133.

② 孔令怡、吴江、魏玲玲、曹芳东、周年兴：《旅游凝视下凤凰古城旅游典型意象元素分析——基于隐喻抽取技术（ZMET）》，载《旅游学刊》2018 第 1 期，第 42 - 52 页。

图像、分类整理、构念提取、代表性图像、相反图像、感官图像、共识地图、总结图像和小短文。

4. 方法实施

在样本选取时，选择了10名受访者。除了对这10名受访者的受访意愿和基本的表达能力进行考量之外，还记录了他们的性别、年龄、职业和现居地等其他特征，以确认他们的旅游涉入程度较高。正式访谈之前，首先对受访者讲明来意与研究主题，要求受访者在认真思考过后自行收集和选取心目中最能体现自己对凤凰古城的感觉与想法的照片。7至10天后进行正式访谈，时间约为90分钟。访谈过程中，要求受访者逐一对他们所带来的照片内容进行描述，重点在询问这些内容如何反映其对主题的感觉与想法。通过整理10名受访者的访谈记录，初步得到了124个构念。对属性相同或相近的构念进行分类与合并后，得到90个构念。对这些构念进行内在关系分析，并参照“收敛原则”(即提到构念的人数占受访者总数的1/3，提到构念间关系的人数占受访者总数的1/4)，整理归纳得到34个共识构念，其中初始构念18个，连接构念9个，终结构念7个。

5. 研究发现

由上述方法得到一幅关于凤凰古城意象元素的共识地图，亦即，得出凤凰古城18个典型意象元素：沱江、乌篷船、吊脚楼、建筑、古城墙、城楼、石洞、石墩、石板桥、虹桥、酒吧、流浪歌手、店铺、夜色、清晨、小巷、苗家人和客栈。最终的研究结果表明，凤凰古城的典型意象元素有动和静之分，这些意象元素使凤凰古城的整体形象变得鲜明而挺刮；不同的意象元素寄寓着旅游者的不同认知，使旅游者跳脱出静态、孤立的层面，“见景生情”“触目兴叹”，自然而然生发出一种或几种深层次的情感(图14－3)。①

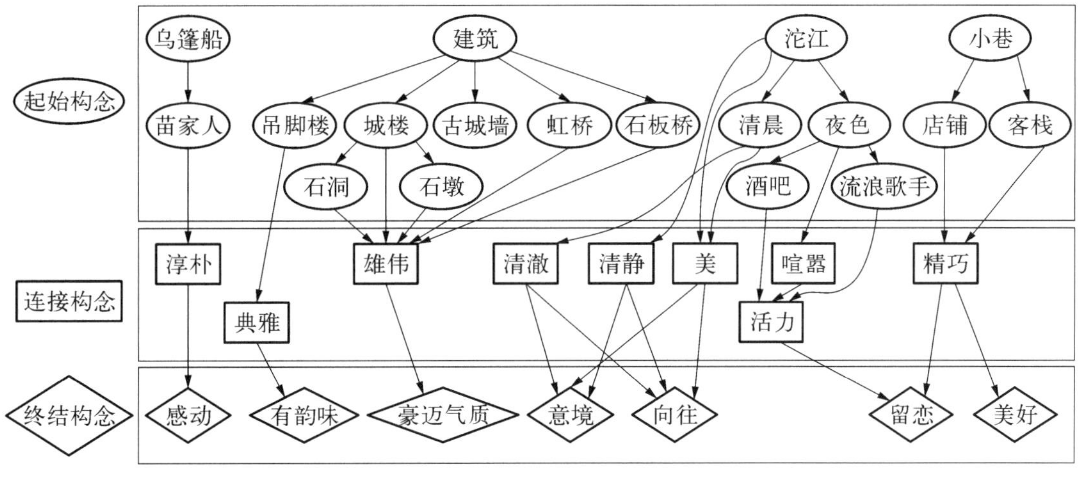

图14－3　共识地图

来源：见注①。

① 孔令怡、吴江、魏玲玲、曹芳东、周年兴：《旅游凝视下凤凰古城旅游典型意象元素分析——基于隐喻抽取技术(ZMET)》，载《旅游学刊》2018第1期，第42－52页。

(四) 延伸阅读

- 方青,李本乾.基于隐喻抽取法的中国科技品牌价值观共识地图研究[J].当代传播,2019(5):30-35.
- 李永乐,张智玮.基于隐喻抽取技术的博物馆意象分析——以中国大运河博物馆为例[J].南京社会科学,2023(1):140-148.
- 谭乐霖.历史文化街区居民旅游发展感知的共识地图构建——基于隐喻抽取技术(ZMET)[J].西南师范大学学报(自然科学版),2020,45(12):93-101.
- 杨雅.虚拟技术的在场效应认知:基于隐喻抽取法(ZMET)的研究[J].国际新闻界,2018,40(7):122-144.

第十五章

质性研究方法的实践精要

一、质性方法的概览

（一）问题源于好奇心

出色的研究选题，源于对半生不熟现象的好奇，有了好奇心才会有关注，有了关注才开始具备探究与发现问题的动机。很多问题的提出，并非来自文献或他人的给予，而是在好奇心驱动下的不经意触及，问题一直就在那里，只是你刚刚走到它的前方而已，保持好奇心，是研究的关键。

（二）质性方法是一类思维方式

质性方法的训练实施，不同于量化方法的专项技术培训，是需要依靠长期性思维来养成的，包括观察、理解、倾听、反思、反身等。质性方法养成沉浸于生活化的体验与感受，并非完全是刻意训练。研究者在知晓基本方法之后，可以在生活中不断培养以特定方式看待事物的习惯并形成思考的能力。

（三）研究应该是有趣的

质性方法往往是具有趣味性的，体现在研究涉及的标题、内容、对象、场景、地点、事件之中。研究者所努力的方向，是让研究变得简单易懂和更为吸引人，而非晦涩和难以理解。质性方法本来是致力于揭示与阐释他人的故事，但在有些情况下，该方法却让研究变成了研究者讲述自己的研究故事。

（四）研究中的偏见

偏见的产生，来自研究者自身的经历、感受、体验与情绪变化，研究者需要学会悬置自我的过往，从而开始与对象、事件进行对话。偏见本身并非坏事，它可以成为研究者焕发兴趣、形成视角、选择对象、阐释分析的驱动力量，但如果一味地坚守偏见而不变通，那么偏见就成为坏事。在质性研究中，主观偏见之所以成为备受争议的焦点，其主要隐忧在于偏见有可能会变成共识。研究者所需要努力的方向并非完全遵照价值中立，这很难做到，要做到的是确保所谓的偏见已得到一定范围群体的讨论与控制。

（五）与对象的合作

质性研究是一类交互性的研究，是人与人、人与事、人与符号、人与仪式等一系列要素互动。与研究对象之间保持谦卑、好奇与尊重，是获取更为真实、全面信息的成功密码。有时，质性研究需要长时间的跟踪观察或体验，这需要建立起与对象的持续关系，而不仅仅是任务式的调查，这可能为研究者带来意想不到的收获。有些情况下，研究的破局与深入并不是由研究者所能左右的，而是被研究对象提示与引导的，所以将研究对象视为平等的合作者，是研究开展的有效策略。

（六）反身性的技能

进入研究对象的世界，感受与体验他们的世界，这是民族志的传统，但并不局限于该方法本身，可适用于更多的质性研究方法。反身性的实施，可帮助研究者设身处地去理解一系列现象、仪式、行为与态度，使得自我的思维能有所拓展，有助于研究贴近真实，结论也更具实践性。培养反身性技能的有效方法，是换位思考。

二、研究的设计

（一）学会在文献中寻找机会

研究者在开展研究前，需要进行充分的文献阅读，以实现与前人研究成果的对话，在相关的理论、机制、模型中寻找新的突破口。质性研究的文献，不像量化研究那样具有指向性，往往更为抽象性、理论化，提供给研究者的是主题、理论上的趋向。因此，质性研究的文献阅读需突出在一些方向、趋势上的把握与判断，需在纵贯维度上进行理解与分析。而量化研究中的文献则更多立足于截面维度，寻求的是对变量、模式等具体指标上的更新或变化。

（二）明确为何开展研究

任何一项研究都有其具体的指向性，例如委托课题、专项研究、期刊论文、学位论文等。研究目标不同，所需采用的策略也有所不同，进而需要在研究开展前要有所明确，以便于有针对性地设计。因为质性研究的开展有时很难有重复入场的机会，所以在进行研究设计时，需要充分考虑到所采集数据的多目标运用，或论文、或课题、或专报等，以实现研究效率的提升。

（三）做自己力所能及的研究

质性研究方法需要消耗较多的人力、精力、时间和关系资源，在进行研究主题与内容设定时，需要充分考虑到研究者及团队的资源状况。特别是在人、财、物上的合理分配，与相关的研究目标与成果相匹配。一味地追求规模大、覆盖广并不好，需要结合自身资源和研究目标统筹考虑，才能实现研究的适配性。

三、数据的搜集

（一）增添样本的代表性

质性研究的样本选取，不是概率性抽样，而是基于特定研究目标的目的性抽样，以基于理论构建需要的理论抽样，考验了研究者对个体样本、案例、事件的把握水平。抽样过程中要避免对极端、特殊样本、案例的选取，避免造成来自样本、案例的代表性、可推演性上的困难。同时，可尝试多阶段抽样，从预调研少部分样本开始，避免一步到位的运动式调研带来的各类资源上的过度损耗。

（二）有效入场的安排

开展质性研究的关键在于“入场”，这里的入场有两个层次的含义，第一层次的含义是物理上的入场，即有机会得到调查对象允许并开展互动与交流；第二层次的含义是心理上的入场，即得到对方接纳，并能顺利融入于调查对象群体。大多数研究都是基于第一层次的入场开展的，而优秀的研究往往都是基于第二次层次上的入场。进而，发挥身边资源优势，锚定长期性研究基地，进行持续化观察与研究，将对象视为研究合作者，将自己的研究与对象的某些需求统一起来，是助力进入第二层次入场的有效路径。让研究本身不再只是研究者的研究，而是研究者和参与者的共同行动。

（三）善用观察的策略

观察可分为两类，结构性观察与非结构观察。结构性观察，是依照某些预设框架所开展的，例如进入村庄，预设的观察可以是人与人、人与组织、组织与组织、人与土地、组织与土地、人与设施等一系列的关系结构的观察，同时，也可以是其他维度上的各类结构的观察。非结构性观察，是以感性的体验为起始点发起的观察，后续对所观察的内容进行结构化与概念提炼。研究者需要基于自己的资源，选择性地运用自己的观察策略，以提升研究的效率。

（四）不存在完美的访谈提纲

访谈提纲的设计是数据搜集阶段的重要一环，但数据搜集并不完全依赖于提纲本身。任何一份提纲都是在研究者预设情境下的产物，而实施过程往往都不完全按照研究者的预设进行，所以并不存在完美的提纲。提纲本身只是记录研究者需要获取的信息和资料的核心要点，其应该是一种提示，而并非发问的文本，因此不能拘泥于提纲本身的问题及要点。很多情况下，研究的深度发现都是在互动过程中追问时实现的。提纲决定了访谈横向到边的程度，而追问决定了访谈纵向到底的程度，进而，访谈需要做到横纵结合。

（五）多模态的数据类型

质性数据有时会被狭义地定义为文本资料，而在实际开展过程中，有着较为多元的质性数据类型，例如图像、音频、视频等。针对各类模态的数据，已有诸多针对性的分析工具可加以使用，使得后续的质性分析结果更为丰富，分析工具可以帮助突破传统单一依赖文本资料的人工解读。特别值得注意的是，很多类型的数据已可通过公开化形式取得，并不需要完全依赖现场采集，虽然有时可公开化获得的数据未必完全贴切正题，但在一定程度上可帮助研究者对特定对话、群体形成初步印象，为研究提供一定的支撑作用。

四、数据的分析

（一）数据编码是创造性的工作

对非结构数据的分析难点在于编码。所谓编码，简单来说是研究者赋予数据的意义再现，这考验着研究者的想象力。有关编码技术，有着三阶段、二阶段等不同类型，整体主线是“具体—抽象”“原文—概念”“散乱—体系”的过程。其中，需要把握的是抽象化、概念化过程需要依靠对特定理论的呼应，以强化结论的理论性、普适性。有时可以创造一些生动形象的新概念、新提法，对研究的质量提升起到一定的推动作用。

（二）数据分析不是一蹴而就的

在质性研究中，会搜集到大量的资料，不要等资料搜集完毕后再进行分析，而是要边搜集边分析，循序渐进地开展。一蹴而就的数据分析，容易产生研究缺口或数据不足，且数据量巨大会影响分析质量，给后期的补充调研增加新工作量。当搜集一部分数据后就需要对资料本身进行初步的分析，形成一定的观点，进而再寻找研究缺口，在后阶段的调研过程中进行样本、数据的补充与完善。同时，分阶段的数据分析过程，是相关研究逐步实现理论饱和的过程。

(三) 学会借助计算机辅助分析(CAQDAS)

计算机辅助分析(CAQDAS)是实现质性数据分析的重要工具,例如 MaxQDA、Nvivo 等都是质性研究的关键辅助工具。研究者需要掌握一些计算机辅助分析工具,因为其有助于分析效率的提升。当前,除了传统的定性分析工具外,一些在线化的主题分析、文本分析、内容分析工具也已经出现,在互联网环境下可帮助对大规模文本资料的词频、词云、语义、情绪、聚类等进行分析。计算机基础较好的研究者,也可借助 R、Python 工具对质性数据进行深度分析。计算机辅助分析给予研究者对大规模数据进行初步描述与洞察的便利,但这不意味着机器分析结果就可以直接加以使用,正确的做法是研究者结合调查实际以及计算机辅助提示,对资料再度解读与分析,给出最终的结论。人与机器的合作,已经在质性数据分析中有所开展,面向未来日益增多的质性数据资源,人机合作分析将会成为一个重要趋势。

五、结论的提炼与呈现

(一) 结论可实现跨时空对话

质性研究的结论,需要能够与过往研究发现有所呼应。由于质性研究样本的典型性、独特性,往往其结论也有针对性,需要关注这些结论对某些既有理论和发现的迭代与完善,以此体现研究本身对特定领域的推动作用。切莫抛开既有理论与发现,自说自话式地研究,自说自话的研究结论,往往是无实质性推动意义的,会大大削弱研究的价值。

(二) 发现不停留于金字塔

质性研究的发现与结论,可以是构建理论、构建机制的,但其抽象化的结论不应单单是实现金字塔尖式的展示功能,而应是能转化为现实应用的。能否对指导工作、把握规律,行动举措等发挥出借鉴参考作用,是衡量质性研究质量与价值的一个关键维度。研究者在思考结论的时候,需要从理论与实践两个层面来进行。部分质性研究的成果,可以被转化为专报、工作方案等具体的实务性文件,对实际工作能起到较好的指导与参考。

(三) 研究的呈现可以很生动

运用质性研究方法所形成的报告、论文,与量化研究的成果有很大的不同。量化研究的论文、报告形式是框架化,从文献综述、研究设计、数据分析,到研究发现、结论和建议都有着既定的汇报流程。而质性研究的呈现形式则具有较大的不定式,故事化、理论化、思辩性等各类形式的都有，并且，在章节设定、标题展示、叙述风格上无框架的限定。由此，研究者在撰写质性报告与论文时，可结合自己的专长来选择风格。值得注意的是，质性研究的叙事往往是生动的，通过一定的逻辑性串联起人物、事件等多主线之后，就能不断吸引读者环环相扣地跟随探究本源。

结　语

质性(定性)研究有着鲜明的建构主义色彩,相较于定量研究,其有着较多的互动性,主要遵循的是归纳逻辑。在质性研究领域,创设了许多具有特色的方法类型,不同方法在面向具体问题时,有着不同的功能与针对性。但长期以来质性研究因为一直受制于时间消耗、主观偏见、外部效度、入场条件、研究伦理等方面影响,所以在实施过程、研究结果方面有局限性。

突破这类局限的关键,还在于对本质困境的发现与解决。长时间消耗,是因为受人力数量的限制,主观偏见是源于研究者个体的限制,入场条件不理想,是源于对象的参与度受限。这些本质问题的突破,均指向研究范式的突围。在过往的质性(定性)研究中,很多情况下都是研究者个体实施数据采集与记录的,研究对象则是被动参与的,各类数据的分析与反思,虽然形式上有小组讨论,但很多都是由个体研究者甄别并决定采纳与否的,因而整个研究过程具有个体性、被动性、主观性特征,限制了方法功能的最大化发挥。这一特质的改进,则需依赖参与式研究方法的实施。

参与式研究方法,并非是单一的方法,而是一类方法范式,其地位应居于各类具体质性(定性)研究方法之首,其本身的实施可以是各类方法的组合。笔者强调对参与式研究方法的关注,是鉴于社会工作、心理学等学科中有关行动研究、参与式行动研究的方法被广泛使用。行动研究与参与式行动研究都是偏向于问题解决与实现实务性目标的,强调研究者与参与者共同制定研究方案并加以实施,在实践过程中不断检查与反思过程中的各类做法、关键要素,发现规律,求得问题的解决。在此过程中,研究者与参与者是平等的,参与者在其过程中也拥有主动性,而研究者则是驱动者,二者共同对特定问题进行研究与解决,整个过程遵循 ART 模型,即行动(action)、研究(research)、培训(training)的过程。

借助行动研究、参与式行动研究的逻辑,反思参与式研究方法对质性(定性)研究的推动可能,其主要问题和解决办法在于:首先是主观偏见问题,主要源于研究者的个性,但加入其他研究者、参与者群体之后,更多人加入研究之中,这个主观偏见问题就能在一定程度上弱化或有所避免了;其次看入场条件的问题,过往的入场条件困难、参与者积极性不高，是因为习惯性地认为，参与者是被动者，研究任务是研究者的事儿，而非参与者的事儿。而参与式研究方法将参与者也纳入研究主体，有助于促进参与者对研究内容、问题的关注。同时，研究任务、问题也成为参与者需要共同解决的事项，研究者与参与者的目标一致性，将在很大程度上解决入场难、参与率低的难题。再看长时间的消耗问题。由于质性研究强调主观诠释，很多数据采集任务与工作，却只有少量的研究人员进行，造成了在时间跨度上的拉长，参与式研究方法则能较好地让参与者广泛采集数据。比如，影像启发法充分运用了参与者力量进行数据采集，克服了困扰研究者的时间消耗难题。最后则是外部效度的问题。质性（定性）研究结果的复制与推广难，或源于结论本身的不充分，或基于研究对象特殊性。运用参与式研究方法，可实现研究者与参与者对研究结论的集体讨论，提升研究结论的准确性。同时，对于研究结论的复核，不局限于研究团队或特定参与者内部，可以将其扩散至更多相关的研究者或参与者处，实现在更大范围内的复核与验证，通过反馈来对结论本身进行修正与完善，这在一定程度上，能强化研究结论的外部效度。

有关参与式研究方法的实施，需贯穿于整个质性（定性）研究的全过程，涉及研究设计、数据采集、数据分析、结论发现、举措建议五个环节。每一个环节均需要由研究者和参与者共同讨论完成，通过一定的分工来推进方法的实施。参与式研究方法作为一类方法范式，统领各类具体方法的组合与运用，并可由此串联起研究者与参与者之间的合作，共同推动研究的深化。

对质性（定性）研究方法的探讨，具有广阔的空间，包括不同方法间的组合、分析策略的借鉴、技术的变形与更新等，这一切有待我们在未来发挥创造力加以实现。

附录

质性数据分析工具

一、什么是定性分析软件

定性数据分析软件提供了辅助定性研究的工具，例如转录分析、编码和文本解释、内容分析和话语分析等。定性数据分析软件可帮助研究者节省时间，管理大量定性数据，提高研究的灵活性和有效性，减少手动任务。

CAQDAS是计算机辅助的定性数据分析。定性数据分析软件应用于医疗保健、法律、社会学、人类学、音乐、地理、地质学、法医、旅游、营销、哲学、历史、市场研究等领域的定性研究。定性研究中的数据来源包括面对面访谈、电话访谈、电子邮件访谈、互联网访谈、焦点小组、德尔菲小组、观察笔记等。

二、主流的定性分析软件

1. NVivo

【介绍】

NVivo是一个专业的定性研究软件，它被广泛应用于社会科学、教育、商业、健康等领域中的文字、音频、视频等非结构化数据的管理、组织、分析和解释。NVivo提供了一个完整的研究流程，包括数据收集、组织、注释、查询、分析和呈现。它支持多种数据类型的导入和管理，包括文本、PDF、音频、视频、图片、社交媒体数据、调查数据、网络数据等。使用NVivo，研究人员可以快速有效地收集和管理大量的非结构化数据，对其进行深度分析。

【功能】

数据收集：NVivo支持导入多种数据类型，包括文本、PDF、音频、视频、图片、调查数据、社交媒体数据等，还支持在线数据的采集和导入。用户可以使用NVivo的数据收集工具，收集和组织大量非结构化数据，以支持后续的分析和解释。

数据管理：NVivo 提供功能强大的数据管理工具，可以让用户对收集到的数据进行组织、标记、分类和注释，通过建立代码库来进行检索和分析。用户可以使用 NVivo 的数据管理工具，按照自己的需要对数据进行组织和管理。

数据分析：在数据分析方面，NVivo 提供了强大的分析工具和技术，如文本查询、主题分析、情感分析、网络分析等，可以帮助用户深入发现数据中的隐含意义，识别模式、趋势和关系。用户可以使用这些工具来分析自己所收集到的数据，并为后续的研究结果呈现提供支持。

数据呈现：NVivo 允许用户通过多种方式呈现研究结果，包括图表、报告、图形、交互式地图等，能够向外界展示研究成果。用户可以使用这些呈现方式，清晰、精准地表达自己对数据的理解和解释。

NVivo 为研究人员提供了一个全面的研究工具，支持从数据收集到数据分析和数据呈现的整个研究流程，帮助用户深入挖掘和理解非结构化数据隐藏的含义。

网址：www.qsrinternational.com

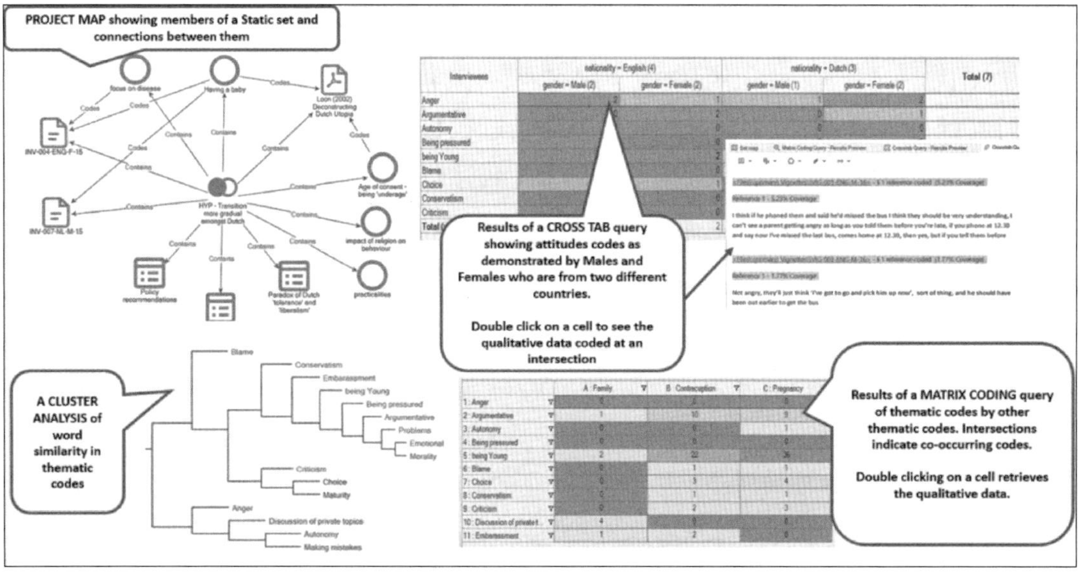

图附 1 Nvivo 操作界面

来源：https://www.surrey.ac.uk/sites/default/files/2021-01/nvivo-r1-distinguishing-features.pdf

2. MaxQDA

【介绍】

MaxQDA 是一款面向人文社科领域的定性数据分析软件，能为研究人员提供强大的数据收集、管理、分析、呈现和交互式研究的功能。MaxQDA 允许用户导入、管理和分析各种非结构化数据，比如文本、图像、音频、视频等。它支持多种数据收集和导入方式，包括文件导入、在线数据采集、OCR 识别、录制音频/视频和一些特殊格式的文件导入等。可通过标签(code)和注释来快速索引和提取关键信息以协助分析。MaxQDA 提供直观的数据管理功能,方便用户组织、分类、过滤、检索和比较数据。

MaxQDA 还提供了一系列创新的分析工具,可用来进行内容分析、主题分析、词频分析、情感分析、质性比较分析、确证性研究、序列分析等。它支持查询和统计分析,并为用户提供了数据可视化功能,使分析师轻松理解和发现、反映隐藏在数据中的模式、趋势和关系。

在数据呈现和演示方面,MaxQDA 提供了多种方式,例如生成报告、表格和漂亮的图形,也可以将分析结果导出至微软应用中。MaxQDA 还支持文件/数据共享与协作,以协助研究人员提高效率。

MaxQDA 是一款功能丰富且易于使用的定性数据分析软件,能够帮助研究人员快速、有效地处理大量非结构化数据,发现其中隐含的模式和趋势,并提供多种方式支持研究成果的呈现。

【功能】

数据收集: MaxQDA 支持导入和处理多种非结构化数据,如文本、图像、音频和视频等。用户可以从文件中导入数据,也可以通过在线采集等方式收集数据,或使用 OCR 识别等技术处理特殊的文本格式。此外,MaxQDA 还支持通过多种方式进行数据标注和分类,包括代码注释、标记、标题、笔记等。

数据管理: MaxQDA 提供排版和过滤功能,可协助用户组织、分类、过滤、检索和比较数据。为了方便数据管理,MaxQDA 还提供了数据统计以及层次结构的功能。

数据分析: MaxQDA 针对定性研究提供了很多有用的分析工具,用以进行内容分析、主题分析、词频分析、情感分析、质性比较分析、确证性研究、序列分析等,这些工具能够帮助研究人员对数据进行深度分析和理解。同时,MaxQDA 还提供了多种查询、搜索和统计分析功能,以支持更全面深入的数据发掘。

数据呈现: MaxQDA 还支持运用多种方式将分析结果呈现给用户,包括生成专业报告、输出数据表格、漂亮的可视化图形和统计数据表示方式等。此外,MaxQDA 还支持将数据导出到 Microsoft Office 或其他程序中进行更广泛的应用。

网址:www.maxqda.com

3. ATLAS.ti

【介绍】

ATLAS.ti 是一款专业的定性数据分析软件,用于帮助研究人员收集、管理、分析和呈现非结构化数据,包括文本、图像、音频和视频等。ATLAS.ti 提供了一个完整的研究流程,包括数据组织、注释、查询、分析、对比和呈现等。它支持多种数据类型的导入和管理,可以从多种来源中导入数据,比如文本文件、图片文件、音频文件、视频文件、调查数据、社交媒体数据等。

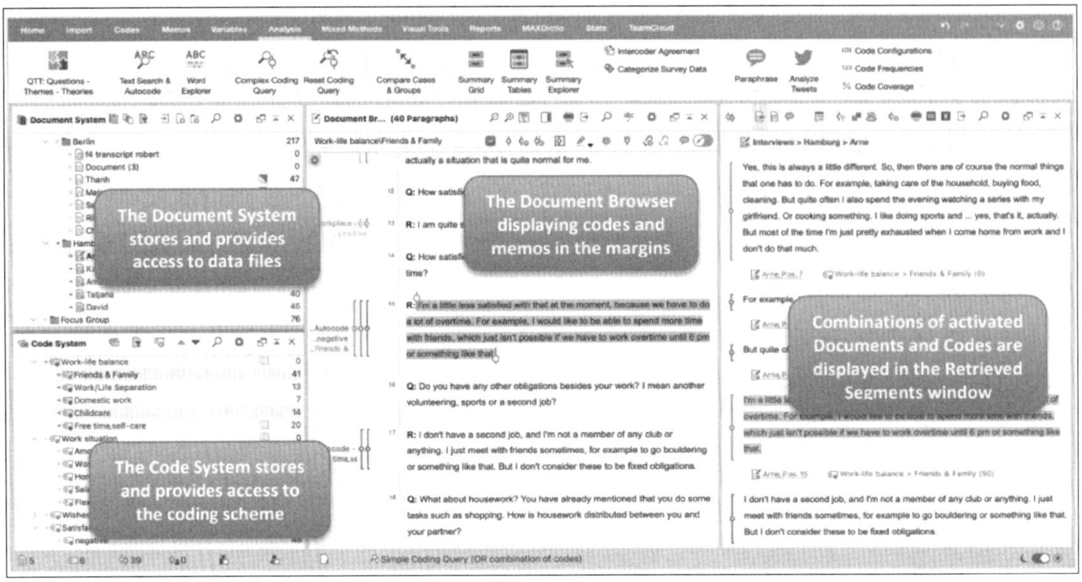

图附 2　MaxQDA 操作界面

来源：https://www.surrey.ac.uk/sites/default/files/2022-03/maxqda-distinguishing-features.pdf

ATLAS.ti 提供了丰富的方法和功能以支持数据的管理和分析。主要包括：代码、标注和注释工具、查询和分析工具、比较和对比工具、模型工具和可视化工具等，支持对数据的结构化和比较。使用这些工具和方法，研究人员可以快速有效地发现数据中的模式、趋势和关系。

在数据呈现方面，ATLAS.ti 提供了多种展示和分享研究结果的方式，包括文本摘要、图表、图形呈现等，还支持数据共享和协作。

ATLAS.ti 是一款完整而强大的定性数据分析软件，支持用户在各种学科领域中对非结构化数据进行管理和分析，实现对数据的深度挖掘和理解，大大提高研究效率和成果质量。

【功能】

数据收集：ATLAS.ti 支持多种数据类型的导入和管理，包括文本、图像、音频、视频等等。用户可以从多种来源中导入数据，比如从文本文件、图片文件、音频文件、视频文件、调查数据、社交媒体数据等来源导入。

数据管理：ATLAS.ti 提供了丰富的数据管理功能，支持代码库、发现数据中的模式、趋势和关系、标注和注释数据等。使用这些工具和方法，研究人员可以快速有效地管理非结构化数据。

数据分析：ATLAS.ti 提供了多种数据分析工具和方法，包括基于文本的查询和统计分析、主题分析、情感分析、定性比较分析、可视化分析等。这些工具和方法能够帮助研究人员深入地发现数据中隐含的意义和相互关系。

数据呈现：ATLAS.ti 提供了多种数据呈现方式，包括文本摘要、图表、图形呈现等。用户可以自由选择并组合这些方式，以便清晰、有效地呈现研究结果。

学术写作：ATLAS.ti 还支持文献筛选和文献著作管理，并提供丰富的引用样式和引文功能。

网址：www.atlasti.com

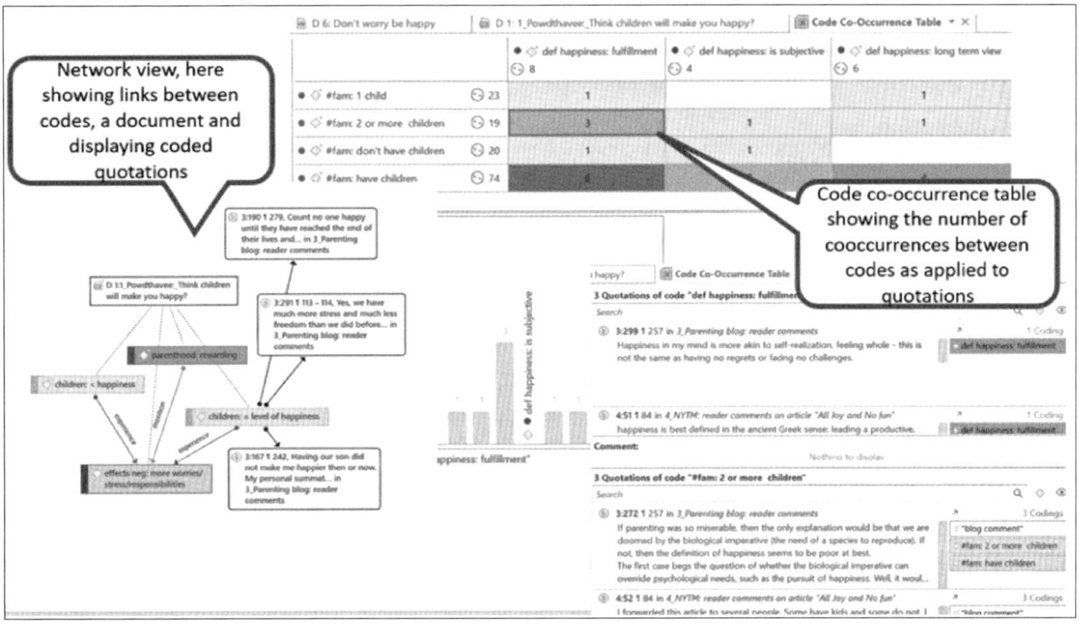

图附 3　ATLAS.ti 操作界面

来源：https://www.surrey.ac.uk/sites/default/files/2023-01/atlas-ti-review.pdf

4. DiVoMiner

【介绍】

DiVoMiner 是一个助力研究和教学的在线数据挖掘与分析平台，以内容分析法为设计核心，利用机器学习编码、人机结合的操作流程，在线完成内容分析法的全部流程，并提供灵活而强大的研究执行及管理功能，是市场上唯一一个兼具实用性和学术性要求的文本内容挖掘和分析平台。DiVoMiner 同时是一个基于云端，可处理定量与定性数据的编码与统计分析工具，用户可以自行上传文本或数据进行编码与统计。

【功能】

数据处理：DiVoMiner 支持多种数据源（例如：数据库、文本文件、Excel 文件等）的导入和导出，可以处理各种结构化和半结构化数据。它还可以自动完成重复的数据处理和清洗过程，例如缺失值填充、数据转换、离群点检测等。

探索性数据分析：DiVoMiner 提供数据可视化的支持，运用它可以方便地对数据进行探索性分析。通过数据可视化，研究人员可以更好地理解数据、挖掘数据。

建模： DiVoMiner 支持各种数据挖掘模型（例如：分类、聚类、回归、关联规则等）。它可以自动选择最佳模型，并以图形界面显示模型结果，从而使得模型构建变得快捷。

模型评估： DiVoMiner 提供了丰富的模型评估指标，帮助研究人员评估模型的效果和性能。例如，它可以在训练模型后使用交叉验证等技术，从而比较不同模型之间的性能，确定最佳的模型。

预测： DiVoMiner 可以根据已有数据的统计模型进行预测，例如：预测未来销售额、股票价格等。

网址：https://www.divominer.cn/

图附 4　DiVoMiner 操作界面

来源：https://www.divominer.cn/

5. Dedoose

【介绍】

Dedoose 是一个基于云的跨平台应用程序，可用于分析定性研究以及通过混合方法研究得出的数据。它允许从各种来源导入此类数据，包括音频文件、视频文件、文本文件、图像文件、调查和评估数据。作为基于云的应用程序，它提供了广泛的可访问性（即使通过移动设备）和协作功能，例如发起实时协作和访问权限控制。研究者可以将数据可视化为图表或绘图，并将这些文件导出到本地。Dedoose 可用于各类研究，包括市场研究、产品研究、心理学、社会学和教育学。

【功能】

数据收集和管理： Dedoose 支持多种数据格式的导入，包括文本、图像、音频和视频等。一旦数据被导入 Dedoose 中，就可以通过一系列的分类标准来实现数据的组织和管理，例如关键字、标记和拖放方法等。研究人员也可以轻松地添加笔记、注释和标记等元素来丰富数据。

数据分析和查询：Dedoose 提供了多种分析和查询工具，用户可以通过简单的拖放、点选等方式对数据进行挖掘和筛选。工具包括文本查询、互动图表、交叉比较等，用户可以根据需要自由切换，以便更好地理解数据中隐藏的模式和趋势。

数据呈现：Dedoose 提供了一系列数据呈现方式，可以帮助研究人员以最佳的方式展示研究结果。用户可以使用图表、图形和其他定制报告格式来有效地呈现数据。Dedoose 还提供协作和共享数据的功能，支持多个用户在同一数据集上协作研究，以便更广泛地分享和理解数据。

数据安全和隐私：Dedoose 能够提供最高等级的数据安全措施，保护研究人员的数据。它使用安全的 SSL 协议、加密技术和其他方式，保证数据的安全和隐私。

网址：www.dedoose.com

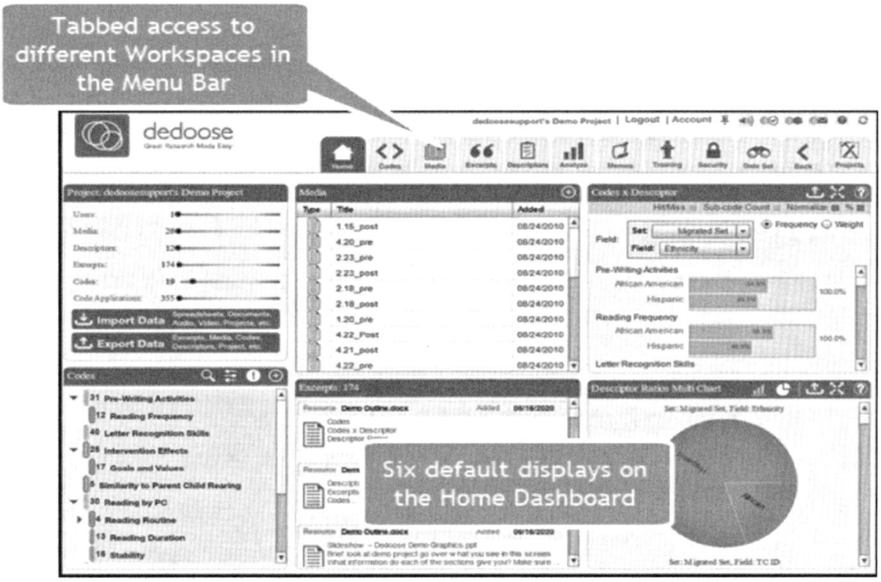

图附 5　Dedoose 操作界面

来源：https://www.surrey.ac.uk/sites/default/files/2020-08/dedoose-distinguishing-features-and-functions.pdf

6. QDA Miner

【介绍】

QDA Miner 使用定性数据和混合方法研究来帮助研究人员分析和管理信息。该软件由 Provalis Research 开发，允许研究者从不同来源导入数据，例如从文档，数据文件，社交媒体，电子邮件，统计软件，调查，成绩单和图形等类型，甚至可以从其他类型的文档，包括从右到左阅读的古文文档来源中导入。还有一些附加功能，例如能够创建和编辑您自己的密码本和代码，并在屏幕上注释文本和图像。此外，Provalis 还提供统计分析和文本挖掘的模块。

【功能】

数据导入和管理： QDA Miner 支持多种数据格式的导入，例如文本、音频、视频、图片等等。通过 QDA Miner 可以轻松导入并管理这些多种数据格式，整合起来进行后续的分析。

数据分析： QDA Miner 提供了多种工具和方法，支持对定性数据进行编码、注释、标准化、分类、文本查询、比较分析和模式识别等。

数据可视化： QDA Miner 提供了多种展示和呈现数据的方式，例如图形显示、文本摘要和可视化等，能够帮助用户更直观地理解数据并发现数据中的关键信息和模式、趋势。

协作和管理： QDA Miner 支持多用户协作、多层级权限控制、数据密集型项目管理等功能，能够提高研究项目的管理效率。

数据报告： QDA Miner 允许用户自定义分析报告。用户可以将结果导出为多种格式，例如 PDF、Word 等常见格式，以便对研究结果进行进一步分析和展示。

网址：www.provalisresearch.com

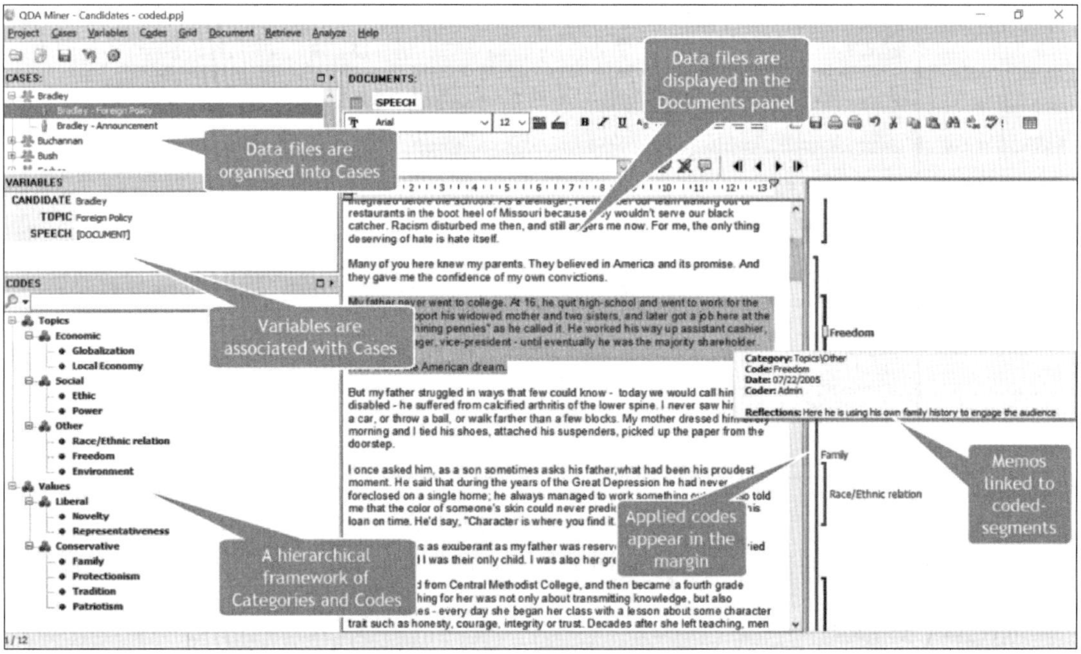

图附 6　QDA Miner 操作界面

来源：https://www.surrey.ac.uk/sites/default/files/2020-11/qda-miner-distinguishing-features.pdf

7. Quirkos

【介绍】

Quirkos 是一个定性的数据分析工具，使用简单、直观的界面。无论研究者使用什么版本，都可以使用其功能。它还与移动设备兼容，不用额外安装软件。其中两个关键功能是文本分析器和词云工具，前者可识别跨媒体类型的关键字，后者可直观地对基于文本的数据中的常用术语进行归类。

【功能】

数据导入和管理： Quirkos 支持多种数据格式的导入，包括 Word 文档、PDF 文件、纯文本文件、HTML 页面、图像、音频和视频文件等。用户可以通过简单的拖放操作将它们导入软件中，管理和组织数据。

数据分析： Quirkos 提供清晰直观的输入工具，允许用户快速进行代码复制编辑，包括文本查询、主题分析和标签管理等。还提供模糊查询、频率分析和关系分析等功能，这可以帮助研究人员快速地在数据中发现模式和相互关联。

数据可视化： Quirkos 允许用户使用多种方式查看和呈现数据结果。用户可以使用高亮显示和颜色标记来突出显示组别或主题，还可以通过模型可视化工具在数据堆中发现隐藏的模式。

云同步和共享： Quirkos 支持云同步和数据共享，方便研究人员和团队协作，将分析结果导出成其他常见格式，例如 Word、PDF 以及 Excel。

网址：www.quirkos.com

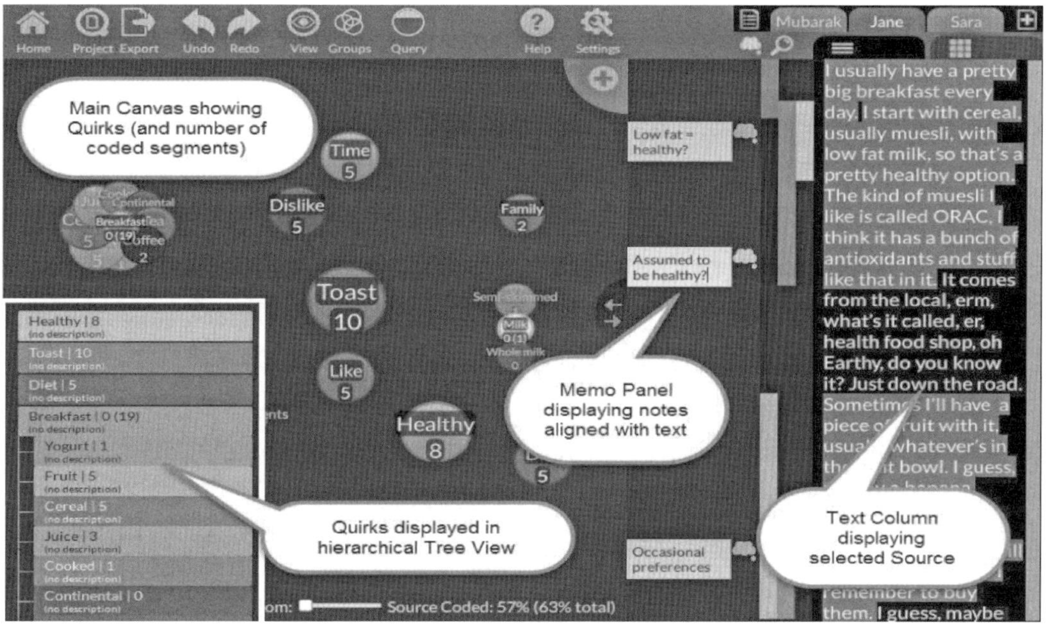

图附 7　Quirkos 操作界面

来源：https://www.surrey.ac.uk/sites/default/files/2019-05/quirkos-distinguishing-features-and-functions.pdf

8. HyperRESEARCH

【简介】

HyperRESEARCH 是分析文本中的数据的有用工具，特别是用于分析来自调查和聚焦小组成绩单的数据之时。该程序索引来自这些数据源的内容，并使用代码将信息链接到主要思想或主题，使研究者可以轻松比较来自不同人群的信息反馈。除了文本文件，该程序还能够处理音频文件、视频文件和图形文件。HyperRESEARCH 是一个跨平台的应用程序，允许用户交换数据，无论他们使用的是什么操作系统。

【功能】

数据管理：HyperRESEARCH 支持多种数据格式的导入，例如普通文本、富媒体文本、音频、视频和图片等，并提供了多种方式以便快速查找和管理数据。

研究设计：HyperRESEARCH 提供了研究设计的工具，可以帮助研究人员规划和创建研究项目，包括设定研究目标、数据收集和采样、样本大小等。

数据分析：HyperRESEARCH 提供了多种工具和方法，支持对数据进行编码、注释、标准化、分类、文本查询、比较分析和模式识别等，能够帮助研究人员发掘数据中隐藏的模式，分析趋势。

数据可视化：HyperRESEARCH 提供了多种展示和呈现数据的方式，例如图形显示、文本摘要和其他可视化式样等，能够帮助用户更直观地理解数据并发现数据中的关键信息和模式。

报告和共享：HyperRESEARCH 允许用户自定义分析报告，以满足用户的特定需求，同时可以将结果导出为多种格式，例如 PDF、Word 等常见格式，以便对研究结果进行进一步分析和展示，并可以通过共享功能与团队中的其他成员分享研究成果。

网址：www.researchware.com

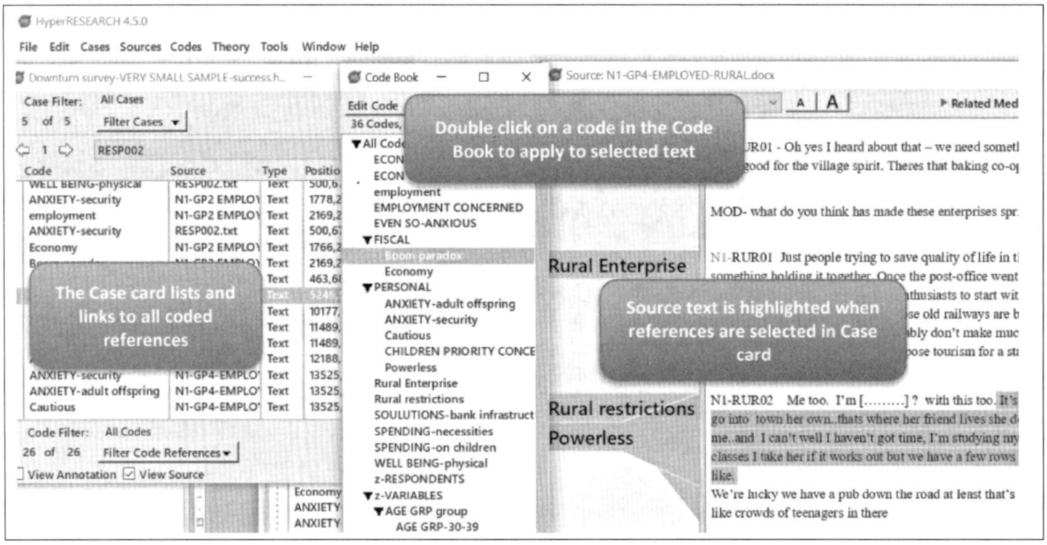

图附 8　HyperRESEARCH 操作界面

来源：https://www.surrey.ac.uk/sites/default/files/2020-09/hyperresearch.pdf

9. Transana

【介绍】

Transana 是学术机构、研究公司、非营利组织和商业企业里的研究人员常用的定性分析软件。借助 Transana，研究者可以集成多个数据源(文本，图像，音频和视频)，对数据段进行分类和编码，从视频和音频源快速转录，实时协作并以多种格式查看有关数据的报告。

【功能】

数据管理：Transana 支持多种数据格式的导入，例如音频、视频和文本，使用户可以轻松地收集和管理数据。同时，它还支持数据标记和注释，使用户更容易地整理和访问数据。

编码和注释：Transana 支持编码和注释数据，编码数据可以使用户更容易理解和分析数据，同时也便于在数据集中查找和比较数据，从而进行更深入的分析。

数据查询和比较：Transana 提供了多种查询工具和比较分析工具，可以快速查找、比较数据。用户可以使用多种视觉化工具，例如使用时间轴和地图来可视化地分析结果。

数据可视化：Transana 支持多种可视化工具，例如时间轴、图形分析和地图分析等，可以帮助用户更好地理解数据和发现数据中隐藏的模式和趋势。

共享和导出：Transana 支持导出数据，以便在其他软件中进行分析或在网上共享。它可以导出为多种格式，例如 PDF、Word 和 Excel 等。

网址：www.transana.org

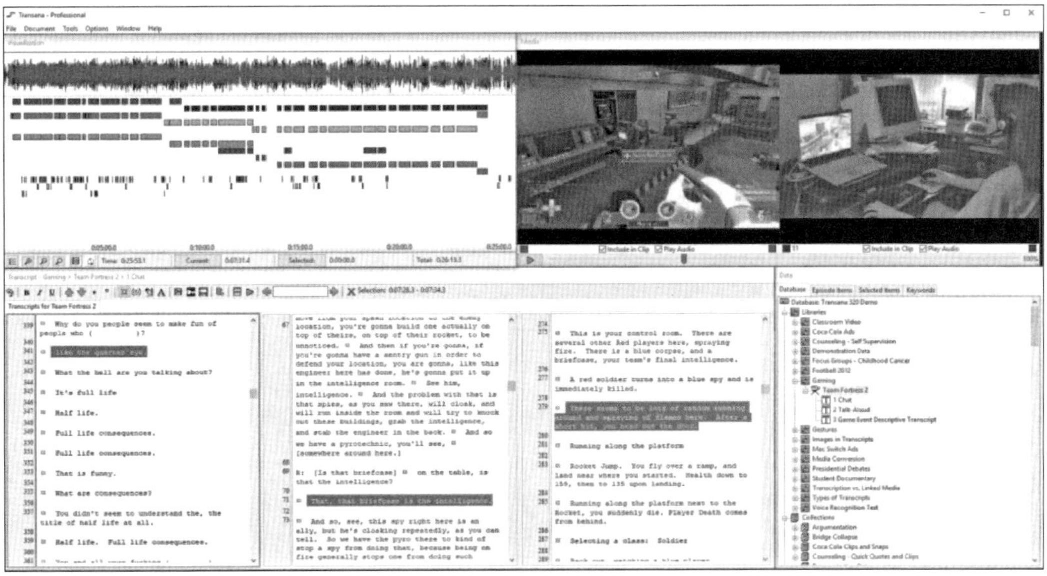

图附 9　Transana 操作界面

来源：https://www.surrey.ac.uk/sites/default/files/2018-04/transana-distinguishing-features-october-2017.pdf

10. WebQDA

【介绍】

WebQDA 是一款支持在协作和分布式环境中分析定性数据的软件。在市场上，尽管有一些软件包可以在定性分析中处理非数字化和非结构化数据（格式包括文本，图像，视频，音频），但很少有软件包可供多个研究人员在协作工作环境中使用并像 Internet 一样分发。而 webQDA 是一款针对不同环境中的研究人员的软件，帮助他们单独或协作、同步或异步地分析定性数据。

【功能】

数据管理： WebQDA 支持多种格式的数据导入，包括文本、音频、图像和视频等，可以轻松地收集和管理数据集。

编码和注释： WebQDA 支持编码和注释数据，可以使用户轻松地观察数据并将其分类。此外还支持在数据中创建标记，用以更方便地访问相关数据。

数据分析： WebQDA 提供多种数据分析方法，例如主题分析、情感分析、比较分析等。运用这些方法，用户可以更快地挖掘数据，发现规律。

数据可视化： WebQDA 提供了多种可视化工具，可帮助用户更好地理解数据和发现数据中隐含的模式和趋势。

数据共享和导出： WebQDA 支持多种数据导出格式，例如导出为 PDF、Microsoft Word 和 Excel 等。同时也可以将数据共享，包括单独或者协同使用，方便用户更快地分享研究成果。

网址：https://www.webqda.net/

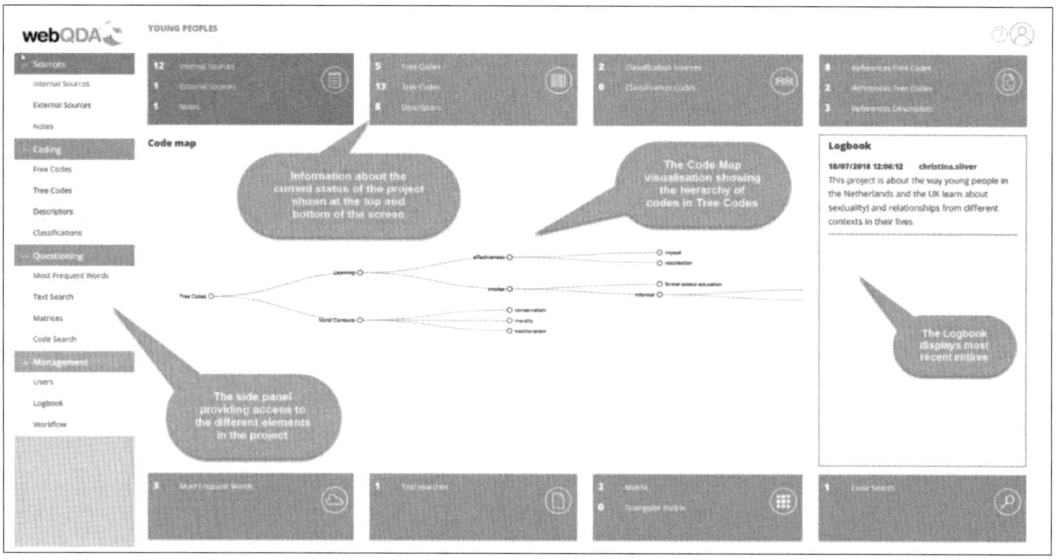

图附 10　WebQDA 操作界面

来源：https://www.surrey.ac.uk/sites/default/files/2018-09/webqda-review-august-2018.pdf

参 考 文 献

期刊论文

[1] 操小晋,朱天可,李雪伟,等.参与式社区规划何以增强?——基于影像发声法的地方实践与经验启示[J/OL].国际城市规划:1-14.

[2] 陈宏权,曾赛星,苏权科.重大工程全景式创新管理——以港珠澳大桥工程为例[J].管理世界,2020,36(12):212-227.

[3] 陈向明.什么是"行动研究"[J].教育研究与实验,1999(2):60-67+73.

[4] 陈向明.扎根理论的思路和方法[J].教育研究与实验,1999(4):58-63+73.

[5] 陈正府.关系民族志的理论范式与书写策略[J].云南师范大学学报(哲学社会科学版).2020(8):88-95.

[6] 程猛,李嘉怡.象牙塔尖的忧郁——博士生抑郁体验的叙事研究[J],教育研究.2022(7):88-103.

[7] 崔晶."运动式应对":基层环境治理中政策执行的策略选择——基于华北地区Y小镇的案例研究[J].公共管理学报,2020,17(4):32-42+166.

[8] 代福平,辛向阳.基于现象学方法的服务设计定义探究[J].装饰,2016(10):66-68.

[9] 邓慧兰,赵占波,姚凯,等.顾客价值视角下拼购小程序营销创新研究——基于扎根理论的案例分析[J].南开管理评论,2022,25(6):108-119.

[10] 董京京,许正良,方琦,等.消费者与商家在线体验式互动对其购买意愿影响的模型构建[J].管理学报,2018(11):1722-1730.

[11] 董扣艳.性别冲突与父权制意识形态批判——微博"热搜"话题的批评话语分析[J].福建师范大学学报(哲学社会科学版),2021(4):97-110.

[12] 董树梅.行动研究是研究方法吗?——对行动研究归属的方法论解读[J].上海教育科研,2013(7):30-32.

[13] 杜运周,贾良定.组态视角与定性比较分析(QCA):管理学研究的一条新道路[J].管理世界,2017(6):155-167.

[14] 范龙,王潇潇.现象学方法在传播学研究中的应用前景初探[J].新闻大学,2010(1):45-50.

[15] 方青,李本乾.基于隐喻抽取法的中国科技品牌价值观共识地图研究[J].当代传播,2019(5):30-35.

[16] 冯捷蕴.北京旅游目的地形象的感知——中西方旅游者博客的多维话语分析[J].旅游学刊,2011,26(9):19-28.

[17] 傅敏,田慧生.教育叙事研究:本质、特征与方法[J].教育研究,2008(5):36-40.

[18] 高丙中.民族志发展的三个时代[J].广西民族学院学报(哲学社会科学版),2006(3):58-63.

[19] 高海涛.我国企业如何参与互联网治理——基于百度、阿里和腾讯(BAT)的案例研究[J].新闻与传播研究,2021,28(2):53-69+127.

[20] 宫贺,王宇辰,杨嘉.跨文化医患沟通的多模态链接与意义共创——基于COVID-19疫情的多主体平行叙事分析[J].新闻大学,2021(8):1-17+117.

[21] 郭建斌，张薇."民族志"与"网络民族志"：变与不变[J].南京社会科学，2017(5)：95－102.
[22] 何菊.中国民族志早期实践中的主体建构—基于《江村经济》《金翼》的分析[J].广西民族大学学报(哲学社会科学版)，2016，38(4)：13－19.
[23] 胡露红，席新学，熊沫，等.住院患者参与用药安全核查认知及态度的质性研究[J].护理学杂志，2019，34(13)：11－14.
[24] 胡玉宁，徐川.青年圈群脉动的媒介感知与文化诠释——基于"饭圈"现象的叙事分析[J].中国青年研究，2020(11)：70－79＋93.
[25] 贾萌萌，任艺，沈可心，等.父母责任的代际传承：家庭教育百年回眸——基于 50 个中国家庭的教育叙事研究[J].教育学术月刊，2018(7)：46－54.
[26] 贾哲敏.扎根理论在公共管理研究中的应用：方法与实践[J].中国行政管理，2015(3)：90－95.
[27] 蒋琳莉，张露，张俊飚.稻农低碳生产行为的影响机理研究——基于湖北省 102 户稻农的深度访谈[J].中国农村观察，2018(6)：86－101.
[28] 蒋逸民.自我民族志：质性研究方法的新探索[J].浙江社会科学，2011(4)：11－18＋155.
[29] 焦建利，周晓清，陈泽璇.疫情防控背景下"停课不停学"在线教学案例研究[J].中国电化教育，2020(3)：106－113.
[30] 孔令怡，吴江，魏玲玲，等.旅游凝视下凤凰古城旅游典型意象元素分析——基于隐喻抽取技术(ZMET)[J].旅游学刊，2018(1)：42－52.
[31] 李飞，李达军，马燕.服务型品牌好服务定位点的形成机理——海底捞和胖东来的双案例研究[J].管理案例研究与评论，2017，10(6)：594－605.
[32] 李慧凤.社区治理与社会管理体制创新——基于宁波市社区案例研究[J].公共管理学报，2010，7(1)：67－72＋126.
[33] 李良荣，郑雯，张盛.网络群体性事件爆发机理："传播属性"与"事件属性"双重建模研究——基于195 个案例的定性比较分析(QCA)[J].现代传播，2013，35(2)：25－34.
[34] 李蔚，何海兵.定性比较分析方法的研究逻辑及其应用[J].上海行政学院学报，2015，16(5)：92－100.
[35] 李文博.大数据驱动情景下企业商业模式创新的发生机理——对 100 个大数据案例的话语分析[J].科技进步与对策，2016(7)：30－35.
[36] 李小云，徐秀丽，等.行动研究：一种新的研究范式[J].中国农村观察，2008(1)：7－9.
[37] 李艳红.一个"差异人群"的群体素描与社会身份建构：当代城市报纸对"农民工"新闻报道的叙事分析[J].新闻与传播研究，2006(2)：2－14＋94.
[38] 李永乐，张智玮.基于隐喻抽取技术的博物馆意象分析——以中国大运河博物馆为例[J].南京社会科学，2023(1)：140－148.
[39] 李云淑.如何整理分析访谈叙事材料——我的叙事分析经验[J].上海教育科研，2004(11)：47－51.
[40] 林颖颖，刘娜."少年的烦恼"如何被看见？——我国青少年心理健康报道的内容分析与框架研究(2012—2019)[J].现代传播，2021，43(5)：53－57.
[41] 刘家国，刘巍，刘潇琦，等.基于扎根理论方法的中俄跨境电子商务发展研究[J].中国软科学，2015(9)：27－40.
[42] 刘浪，何姗姗.影像发声法应用于帕金森病患者自我效能感的提升——以上海市 D 医院为例[J].社会建设，2020，7(2)：16－28.
[43] 刘立华.传播学研究的话语分析视野[J].国际新闻界，2011，33(2)：31－36.
[44] 刘良华.教育叙事研究：是什么与怎么做[J].教育研究，2007(7)：84－88.
[45] 刘良华.何谓"现象学的方法"[J].全球教育展望，2013，42(8)：43－50.
[46] 刘明.Colaizzi 七个步骤在现象学研究资料分析中的应用[J].护理学杂志，2019(11)：90－92.

[47] 刘晓亮，侯凯悦，张洺硕.从地方探索到中央推广：政府创新扩散的影响机制——基于36个案例的清晰集定性比较分析[J].公共管理学报，2019，16(3)：157-167+176.
[48] 刘志迎，龚秀媛，张孟夏.Yin、Eisenhardt和Pan的案例研究方法比较研究——基于方法论视角[J].管理案例研究与评论，2018(1)：104-115.
[49] 刘忠宇，赵向豪，龙蔚.网红直播带货下消费者购买意愿的形成机制——基于扎根理论的分析[J].中国流通经济，2020(8)：48-57.
[50] 罗晓杰，牟金江.反馈促进新教师教学反思能力发展的行动研究[J].教师教育研究，2016，28(1)：96-102+74.
[51] 马一.线上线下混合式教学行动研究——信息技术与思政课教学融合创新[J].教育学术月刊，2020(7)：97-105.
[52] 庞旭宏，刘德鹏，李珏兴，等.领导网络闲散行为影响公正准则遵从的经验取样法研究[J].管理学报，2023，20(3)：367-377.
[53] 钱宇星，李浩，倪珍妮，等.论坛式网络信息服务适老化困境与应对——以“银龄网”关停为例[J].图书情报知识，2021(2)：68-78+109.
[54] 邱均平，邹菲.关于内容分析法的研究[J].中国图书馆学报，2004(2)：14-19.
[55] 阮极.人情对贿赂及其“道德化”的影响——基于找关系入学的民族志研究[J].社会学研究，2018，33(2)：189-213+246.
[56] 阮晓蕾，詹全旺.混合式学习视域下的大学英语“线上+线下”课程建构行动研究[J].外语电化教学，2021(5)：101-106+15.
[57] 孙海法，刘运国，方琳.案例研究的方法论[J].科研管理，2004(2)：107-112.
[58] 孙晓娥.扎根理论在深度访谈研究中的实例探析[J].西安交通大学学报(社会科学版)，2011，31(6)：87-92.
[59] 孙秀霞，孙谋轩，朱方伟，等.团队互动行为与项目角色认同：一项行动研究[J].南开管理评论，2021，24(2)：171-185.
[60] 谭乐霖.历史文化街区居民旅游发展感知的共识地图构建——基于隐喻抽取技术(ZMET)[J].西南师范大学学报(自然科学版)，2020，45(12)：93-101.
[61] 唐开翼，欧阳娟，甄杰，等.区域创新生态系统如何驱动创新绩效？——基于31个省市的模糊集定性比较分析[J].科学学与科学技术管理，2021，42(7)：53-72.
[62] 唐琼，蓝丽婷.我国主流媒体报道语境下的公共图书馆影响力表现维度研究[J].图书情报知识，2021，38(3)：74-87+13.DOI：10.13366/j.dik.2021.03.074.
[63] 田雪莹，黄旭，张欢.社会企业价值共创的特征和过程机制——基于携职旅社的案例研究[J].管理案例研究与评论，2022(4)：387-401.
[64] 王呈珊，宋新明，朱廷劭，等.一位自杀博主遗言评论留言的主题分析[J].中国心理卫生杂志，2021，35(2)：121-126.
[65] 王国华，武晗.从压力回应到构建共识：焦点事件的政策议程触发机制研究——基于54个焦点事件的定性比较分析[J].公共管理学报，2019，16(4)：36-47+170.
[66] 王慧，夏天添，马勇，等.中小企业数字化转型如何提升创新效率？基于经验取样法的调查[J].科技管理研究，2021，41(18)：168-174.
[67] 王建明，王俊豪.公众低碳消费模式的影响因素模型与政府管制政策——基于扎根理论的一个探索性研究[J].管理世界，2011(4)：58-68.
[68] 王敬宇.论公共行政的现象学方法[J].湘潭大学学报(哲学社会科学版)，2018，42(1)：36-40.
[69] 王丽，李理.网络主播的污名化及其伦理困境：一项网络民族志研究[J].新闻与传播评论，2018，71(4)：107-117.

[70] 王伊欢,叶敬忠.农村发展干预的非线性过程[J].农业经济问题,2005(7):45-57.
[71] 卫志民,周志浩.中国邻避冲突结果影响因素探究——基于多案例的csQCA分析[J].山西师大学报(社会科学版),2022,49(5):46-58.
[72] 吴忭,王戈.协作编程中的计算思维发展轨迹研究——基于量化民族志的分析方法[J].现代远程教育研究,2019(2):76-84+94.
[73] 吴肃然,李名荟.扎根理论的历史与逻辑[J].社会学研究,2020,35(2):75-98+243.
[74] 吴晔,樊嘉,张伦.主流媒体短视频人格化的传播效果考察——基于《主播说联播》栏目的视觉内容分析[J].西安交通大学学报(社会科学版),2021,41(2):131-139.
[75] 夏天添.数字创新模式、知识场活性与企业创新效率——来自经验取样法的调查[J].技术经济与管理研究,2022(2):47-52.
[76] 谢雨杉,柯青,王笑语,等.新冠疫情背景下情绪与信息行为的关系及情绪角色的主题分析[J].图书情报工作,2022,66(8):102-112.
[77] 邢海燕,黄爱玲.上海外卖"骑手"个体化进程的民族志研究[J].中国青年研究,2017(12):73-79.
[78] 邢小强,汤新慧,王珏,等.数字平台履责与共享价值创造——基于字节跳动扶贫的案例研究[J].管理世界,2021,37(12):152-176.
[79] 徐敬宏,黄惠,游鑫洋.微博作为性别议题公共领域的理想与现实——基于"男性气质"微博话题的计算机辅助内容分析[J].国际新闻界,2021,43(5):106-124.
[80] 徐伟琴,岑逾豪."读博"还是"工作"——基于扎根理论的硕士生读博意愿影响机制研究[J].高等教育研究,2021,42(7):67-77.
[81] 徐亚萍,李爽.疾痛身体的媒介化"活力"——对癌症患者社交视频日志的内容分析[J].新闻与传播研究,2021,28(7):59-78+127.
[82] 许向东.转向、解构与重构:数据新闻可视化叙事研究[J].国际新闻界,2019(11):142-155.
[83] 闫岩,毛鑫.失真的镜像——对优酷视频中"城管vs.商贩"冲突的内容分析[J].新闻与传播研究,2015(2):71-88+127.
[84] 杨雅.虚拟技术的在场效应认知:基于隐喻抽取法(ZMET)的研究[J].国际新闻界,2018,40(7):122-144.
[85] 叶浩生.身体的教育价值:现象学的视角[J].教育研究,2019,40(10):41-51.
[86] 于文浩."翻转课堂"的学习满意度——高校课程教学行动研究[J].开放教育研究,2015,21(3):65-73.
[87] 于一凡,张庆来,沈宛仪,等.女大学生的校园场所依恋研究——一项应用影像发声方法开展的研究[J].上海城市规划,2021(4):72-78.
[88] 于一凡,张庆来,沈宛仪.影像发声:一种促进社区治理与更新的参与式研究方法[J].城市规划,2022,46(12):67-74.
[89] 余菁.案例研究与案例研究方法[J].经济管理,2004(20):24-29.
[90] 袁定欢,黄小琦,鲍海君,等.深圳市城中村改造政策主题及演变过程分析——基于2009—2019年政策文本分析[J].城市规划,2021(2):92-98.
[91] 蕴华,张迈曾.下岗女工身份构建的叙事分析[J].吉林大学社会科学学报,2005(2):154-158.
[92] 张警辉,徐刚敏,韩宪国,等.日常压力知觉对生命意义的影响机制:一项经验取样法研究[J].中国临床心理学杂志,2023,31(1):184-188.
[93] 张莉,孙晓宁,朱庆华.社会化搜索用户信息素养结构研究——基于现象学方法[J].现代情报,2021,41(3):44-51+93.
[94] 张明,陈伟宏,蓝海林.中国企业"凭什么"完全并购境外高新技术企业——基于94个案例的模糊集定性比较分析(fsQCA)[J].中国工业经济,2019(4):117-135.

[95] 张庆园,李欣.政务社交媒体新闻叙事中品牌“被标签化”的话语分析[J].新闻与传播评论,2023,76(3):42-52.
[96] 张祥龙.什么是现象学[J].社会科学战线,2016(5):1-10+292.
[97] 张亚妮,程秀兰.基于“学习故事”的行动研究对幼儿园教师实践智慧生成与发展的影响[J].学前教育研究,2016(6):第50-59页.
[98] 赵晨,付悦,高中华,等.城管执法冲突的微观互动过程、诱因与结果—基于互动仪式理论的民族志研究[J].公共管理学报,2020,17(4):87-97+171.
[99] 赵泉午,游倩如,杨茜,等.数字经济背景下中小微企业服务平台价值共创机理——基于猪八戒网的案例研究[J].管理学报,2023,20(2):171-180.
[100] 赵欣.国际传播视野中的中国故事叙事之道——“第一主讲人”人类命运共同体意涵的国际分享[J].新闻与传播研究,2021,28(1):5-25+126.
[101] 郑春风.乡村家庭、儿童手机实践与父母媒介干预困境——基于GH乡的民族志考察[J].新闻记者,2022(2):71-82.
[102] 钟兴菊.地方性知识与政策执行成效——环境政策地方实践的双重话语分析[J].公共管理学报,2017,14(1):38-48+155-156.
[103] 周俊,王敏.网络流行语传播的微观影响机制研究——基于12例公共事件的清晰集定性比较分析[J].国际新闻界,2016(4):26-46.
[104] 周媛,梅强,侯兵.基于扎根理论的旅游志愿服务行为影响因素研究[J].旅游学刊,2020,35(9):74-89.
[105] 朱方伟,宋昊阳,王鹏.项目化变革情境下企业如何克服组织惯性的束缚——基于行动研究法的路径与策略分析[J].管理评论,2018,30(8):209-224.
[106] 朱桂生,黄建滨.美国主流媒体视野中的中国“一带一路”战略——基于《华盛顿邮报》相关报道的批评性话语分析[J].新闻界,2016(17):58-64.
[107] 朱永生.话语分析五十年:回顾与展望[J].外国语,2003(3):43-50.
[108] 朱永生.多模态话语分析的理论基础与研究方法[J].外语学刊,2007(5):82-86.
[109] 邹韵婕,杨石华.守望童年:中国童书编辑的童年幻想主题分析[J].中国编辑,2023(Z1):74-79+84.

中文著作

[1] 安塞尔姆·施特劳斯巴尼.发现扎根理论:质性研究的策略社会科学[M].谢娟,译.武汉:华中科技大学出版社,2022.
[2] 伯努瓦·里豪克斯.QCA设计原理与应用:超越定性与定量研究的新方法[M].杜运周,译.北京:机械工业出版社,2017.
[3] 布朗.话语分析[M].罗选民,译.北京:外语教学与研究出版社,2000.
[4] 查尔斯·J.斯图尔特,威廉·B.凯什.访谈[M].张建敏,译.北京:清华大学出版社,2021.
[5] 陈向明.在行动中学作质的研究[M].北京:教育科学出版社,2003.
[6] 大卫·费特曼.民族志:步步深入[M].龚建华,译.重庆:重庆大学出版社,2019.
[7] 丹尼·L.乔金森.参与观察法[M].龙筱红,张小山,译.重庆:重庆大学出版社,2009.
[8] 丹尼·L.乔金森.参与观察法[M].张小山,龙筱红,译.重庆:重庆大学出版社,2015.
[9] 丹·扎哈维.胡塞尔现象学[M].李忠伟,译.北京:商务印书馆,2022.
[10] 丹·扎哈维.现象学入门[M].康维阳,译.北京:商务印书馆,2023.
[11] 道森·R.汉考克,鲍勃·阿尔戈津.案例研究:入门实用指南[M].李超平等,译.北京:北京大学出版社,2023.

[12] 德尔默·莫兰.现象学：一部历史的和批评的导论[M].张浩军，译.北京：中国人民大学出版社，2017.
[13] 蒂姆.拉普利.会话、话语与文档分析[M].游蠡，译.上海：格致出版社，2023.
[14] 董轩.参与观察：质性研究中的“看”与“被看”[M].上海：华东师范大学出版社，2020.
[15] 董轩.重构常识 教育民族志的方法与文本[M].上海：华东师范大学出版社，2021.
[16] 范明林，吴军等.质性研究方法(第二版)[M].上海：格致出版社，2022.
[17] 格雷.文化研究：民族志方法与生活文化许梦云[M].许梦云，译.重庆：重庆大学出版社，2009.
[18] 赫伯特·J.鲁宾.质性访谈方法：聆听与提问的艺术[M].卢晖临，译.重庆：重庆大学出版社，2010.
[19] 胡塞尔.现象学的观念[M].倪梁康，译.北京：商务印书馆，2018.
[20] 金伯莉·纽恩多夫.内容分析方法导论[M].李武，译.重庆：重庆大学出版社，2020.
[21] 卡洛琳·J. 奥茨.焦点小组[M].于洪彦，译.上海：格致出版社，2021.
[22] 凯瑟琳·卡斯尔.研究访谈[M].武敏，译.上海：格致出版社，2018.
[23] 凯西·卡麦兹.建构扎根理论——质性分析实践指南[M].边国英，译.重庆：重庆大学出版社，2022.
[24] 科琳·格莱斯.质性研究入门指南[M].崔淼等，译.北京：北京大学出版社，2021.
[25] 克拉克·穆斯塔卡斯.现象学研究方法：原理、步骤和范例[M].刘强，译.重庆：重庆大学出版社，2021.
[26] 克雷格·A. 莫特勒.行动研究方法：全程指导[M].重庆：重庆大学出版社，2022.
[27] 勒孔特.民族志方法要义：观察、访谈与调查问卷[M].康敏等，译.重庆：重庆大学出版社，2012.
[28] 李立.民族志理论探究与文本分析[M].北京：人民出版社，2017.
[29] 李亮，刘洋，冯永春.管理案例研究：方法与应用[M].北京：北京大学出版社，2020.
[30] 李平，杨政银，曹仰锋.再论案例研究方法 理论与范例[M].北京：北京大学出版社，2019.
[31] 李秀霞，邵作运.引文分析与内容分析融合的知识发现——理论、方法与应用[M].北京：经济管理出版社，2022.
[32] 里夫.内容分析法—媒介信息量化研究技巧[M].嵇美云，译.北京：清华大学出版社，2010.
[33] 利布里奇.叙事研究：阅读、分析和诠释[M].王红艳，译.重庆：重庆大学出版社，2019.
[34] 林士然.基于隐喻技术的工作坊设计[M].北京：电子工业出版社，2021.
[35] 陆益龙.定性研究方法[M].北京：中国人民大学出版社，2022.
[36] 吕克·赫尔曼.叙事分析手册[M].徐强等，译.北京：中国人民大学出版社，2020.
[37] 罗伯特·E. 斯塔克.案例研究的艺术：好的故事、好的分析、好的报告[M].赵丽霞，译.北京：世界图书出版公司，2022.
[38] 罗伯特·K·殷.案例研究方法的应用[M].周海涛等，译.重庆：重庆大学出版社，2014.
[39] 罗伯特·K. 殷.案例研究：设计与方法[M].向文平，译.重庆：重庆大学出版社，2017.
[40] 罗伯特·V. 库兹奈特.如何研究网络人群和社区：网络民族志方法实践指导[M].叶韦明，译.重庆：重庆大学出版社，2016.
[41] 罗伯特·菲利普·韦伯.内容分析法导论[M].李明，译.上海：上海人民出版社，2019.
[42] 罗伯特·索科拉夫斯基.现象学导论[M].张建华，译.上海：上海人民出版社，2021.
[43] 罗莎琳·巴伯.焦点小组[M].杨蕊辰，译.上海：格致出版社，2022.
[44] 马尔科姆·泰特.案例研究：方法与应用[M].徐世勇等，译.北京：中国人民大学出版社 2019.
[45] 玛丽·路易丝·霍莉.教师行动研究[M].祝莉丽等，译.北京：中国人民大学出版社，2014.
[46] 莫里森.寻找方法：焦点小组和大众传播研究的发展[M].柯惠新，王宁，译.北京：新华出版社，2004.
[47] 莫妮卡·亨宁克.质性研究方法(引进版)[M].王丽娟，译.杭州：浙江大学出版社，2015.
[48] 南瑞琴.互联网时代中国财经媒体信任评价：基于 QCA 的定性比较分析[M].上海：上海财经大学出版社，2021.

[49] 诺曼·费尔克劳.话语分析：社会科学研究的文本分析方法[M].赵芃，译.北京：商务印书馆，2021.
[50] 欧内斯特·斯特林格.行动研究协作型问题解决方案[M].郭蔚欣，译.北京：北京师范大学出版社，2017.
[51] 帕洛玛·盖伊·布拉斯科.人类学家如何写作：民族志阅读指南[M].刘月，译.上海：华东师范大学出版社，2022.
[52] 彭增军.媒介内容分析法[M].北京：中国人民大学出版社，2012.
[53] 斯文·布林克曼.访谈[M].曲鑫，译.上海：格致出版社，2020.
[54] 苏敬勤，崔淼.工商管理案例研究方法[M].北京：科学出版社，2018.
[55] 王凯.社会科学研究方法概论[M].上海：格致出版社，2022.
[56] 王攀峰.行动研究的理论与方法[M].北京：首都师范大学出版社，2013.
[57] 王永贵.管理研究方法：理论、前沿与操作[M].北京：中国人民大学出版社，2023.
[58] 伍威·弗里克.扎根理论[M].项继发，译.上海：上海人民出版社，2021.
[59] 徐辉富.现象学研究方法与步骤[M].上海：学林出版社，2008.
[60] 亚历山大·席勒尔.什么是现象学[M].李岱巍，译.福州：福建教育出版社，2022.
[61] 杨静，夏林清.行动研究与社会工作[M].北京：社会科学文献出版社，2013.
[62] 杨静，吉家钦，夏林清.行动研究经典读书札记[M].北京：社会科学文献出版社，2015.
[63] 袁岳，汤雪梅.定性研究方法使用指南：焦点团体座谈会[M].南京：南京大学出版社，2001.
[64] 约翰·吉尔林.案例研究：原理与实践[M].黄海涛等，译.重庆：重庆大学出版社，2022.
[65] 詹姆斯·保罗·吉.话语分析导论[M].杨炳钧，译.重庆：重庆大学出版社，2011.
[66] 詹姆斯·保罗·吉.话语分析导论：理论与方法[M].何清顺，译.重庆：重庆大学出版社，2021.
[67] 张发祥.话语分析：理论与案例[M].北京：科学出版社，2022.
[68] 周翔.传播学内容分析研究与应用[M].重庆：重庆大学出版社，2014.
[69] 朱迪丝·A. 霍尔顿.经典扎根理论 定性和定量数据的应用[M].王进杰等，译.北京：北京大学出版社，2021.
[70] 朱丽叶·M. 科宾.质性研究的基础——形成扎根理论的程序与方法[M].朱光明，译.重庆：重庆大学出版社，2015.

英文著作

[1] ACOCELLA I. Using focus groups[M]. New York: SAGE Publications, 2021, pp162 - 183.
[2] ANDREWS M, SQUIRE C. Doing narrative research[M]. New York: SAGE Publications, 2013, pp113 - 124.
[3] BAILEY C. A guide to qualitative field research[M]. New York: SAGE Publications, 2018, pp131 - 152, pp331 - 344.
[4] BARBOUR R. Doing focus groups[M]. New York: SAGE Publications, 2018, pp126 - 134, pp281 - 293.
[5] BECK C. Introduction to phenomenology: Focus on methodology[M]. New York: SAGE Publications, 2021, pp351 - 362.
[6] BILLUPS F. Qualitative data collection tools: Design, development, and applications [M]. New York: SAGE Publications, 2021, pp113 - 126, pp142 - 158, pp181 - 195.
[7] BISCHOPING K, GAZSO A. Analyzing talk in the social sciences [M]. New York: SAGE Publications, 2016, pp241 - 253.
[8] BOURGEAULT I. The SAGE handbook of qualitative methods in health research[M]. New York: SAGE Publications, 2010, pp129 - 132.

[9] BRINKMANN S. Qualitative inquiry in everyday life：Working with everyday life materials[M]. New York：SAGE Publications，2012，pp195 - 213.
[10] BRINKMANN S. Doing interviews[M]. United States：SAGE Publications，2018，pp65 - 84.
[11] BRUMMETT B. Techniques of close reading[M]. New York：SAGE Publications，2019，pp129 - 133.
[12] BRYANT A. The SAGE handbook of grounded theory[M]. New York：SAGE Publications，2007，pp313 - 321.
[13] BRYANT A. The varieties of grounded theory[M]. New York：SAGE Publications，2019，pp242 - 247.
[14] BURTON D. Practitioner research for teachers[M]. New York：SAGE Publications，2005，pp56 - 74.
[15] BUTLER-KISBER L. Phenomenological inquiry[M]. New York：SAGE Publications，2018，pp58 - 65.
[16] BYRNE D. The SAGE handbook of case-based methods[M]. New York：SAGE Publications，2009，pp17 - 25.
[17] CASSELL C，CUNLIFFE A L. The sage handbook of qualitative business and management research methods[M]. New York：SAGE Publications，2018，pp222 - 231.
[18] COFFEY A. Doing ethnography[M]. New York：SAGE Publications，2018，pp179 - 196.
[19] COGHLAN D，SHANI A.（2018）. Introducing action research[M]. New York：SAGE Publications，2018，pp152 - 158.
[20] CURTIS B，CURTIS C.Content research - coding and counting[M]. New York：SAGE Publications，2011，pp52 - 58.
[21] DIBLEY L，DICKERSON S，DUFFY M. Doing hermeneutic phenomenological research：A practical guide[M]. New York：SAGE Publications，2020，pp264 - 372.
[22] DUESBERY L.100 questions（and answers）about action research[M]. New York：SAGE Publications，2020，pp92 - 111.
[23] EDGAR RODRIGUEZ DORANS. Narrative portraits in qualitative research[M]. London：Routledge，2022，pp295 - 312.
[24] FETTERMAN D. Ethnography：step-by-step[M]. New York：SAGE Publications，2020，pp132 - 143.
[25] GIBBS G. Analyzing qualitative data[M]. New York：SAGE Publications，2018，pp143 - 149.
[26] GIBSON B. Rediscovering grounded theory[M]. New York：SAGE Publications，2014，pp83 - 94.
[27] GRBICH C. Content analysis of visual documents[M]. New York：SAGE Publications，2013，pp74 - 88.
[28] GRBICH C. Qualitative data analysis[M]. New York：SAGE Publications，2013，pp431 - 439.
[29] GREENWOOD D J. Introduction to action research[M]. New York：SAGE Publications，2007，pp189 - 199.
[30] GUBRIUM J F，HOLSTEIN J A. The SAGE handbook of interview research：The complexity of the craft[M]. New York：SAGE Publications，2012，pp251 - 264.
[31] GUEST G，MACQUEEN K M. Applied thematic analysis[M]. New York：SAGE Publications，2012，pp56 - 62.
[32] HARLEY D M. Perceptions of hope and hopelessness among low-income african american adolescents [D]. New York：The Ohio State University，2011，pp.5 - 79.

[33] HEKTNER J M, SCHMIDT J A. Experience sampling method[M]. New York: SAGE Publications, 2017, pp313 - 322.
[34] HOLTON J. Classic grounded theory: Applications with qualitative and quantitative data[M]. United States: SAGE Publications, 2017, pp113 - 124.
[35] HUGHES K. Qualitative secondary analysis[M]. New York: SAGE Publications, 2020, pp111 - 134.
[36] IGNATOW G, MIHALCEA R. Text mining[M]. New York: SAGE Publications, 2017, pp242 - 252.
[37] JOHNS C. Reflexive narrative: Self-inquiry toward self-realization and its performance[M]. New York: SAGE Publications, 2021, pp401 - 422.
[38] KAHWATI L. Qualitative comparative analysis in mixed methods research and evaluation[M]. New York: SAGE Publications, 2020, pp312 - 324.
[39] KELLER R. Doing discourse research: An introduction for social scientists[M]. New York: SAGE Publications, 2013, pp313 - 333.
[40] KIM J. Understanding narrative inquiry[M]. New York: SAGE Publications, 2016, pp253 - 265.
[41] KIRNER K. Doing ethnographic research: Activities and exercises[M]. New York: SAGE Publications, 2020, pp273 - 284.
[42] KORO-LJUNGBERG M. Reconceptualizing qualitative research[M]. New York: SAGE Publications, 2016, pp107 - 129.
[43] KRIPPENDORFF K. Content analysis[M]. New York: SAGE Publications, 2019, pp121 - 134.
[44] KUCKARTZ U. Qualitative text analysis: A guide to methods, practice & using software[M]. New York: SAGE Publications, 2014, pp196 - 205.
[45] KVALE S. Doing interviews. SAGE Publications[M]. New York: SAGE Publications, 2007, pp81 - 94.
[46] LEDOLTER J. Analyzing textual information: From words to meanings through numbers[M]. New York: SAGE Publications, 2022, pp47 - 54.
[47] LIAMPUTTONG P. Focus group methodology: Principles and practice[M]. New York: SAGE Publications, 2011, pp164 - 172.
[48] MADDEN R. Being ethnographic[M]. New York: SAGE Publications, 2017, pp66 - 79.
[49] MADISON D. Critical ethnography: Method, ethics, and performance[M]. New York: SAGE Publications, 2020, pp211 - 224.
[50] MATTHEW A KILLINGSWORTH, DANIEL T GILBERT. A wandering mind is an unhappy mind[J]. Science, 2010, 330(12): p932.
[51] MERTLER C. Action research[M]. New York: SAGE Publications, 2017, pp212 - 231.
[52] MITCHELL C, LANGE N. Participatory visual methodologies[M]. New York: SAGE Publications, 2018, pp78 - 98.
[53] MOLLY ANDREWS. What is narrative research? [M]. New York: Bloomsbury Academic, 2015, pp223 - 235.
[54] MORGAN D. Basic and advanced focus groups[M]. New York: SAGE Publications, 2019, pp206 - 223.
[55] NEUENDORF K. The content analysis guidebook[M]. New York: SAGE Publications, 2017, pp82 - 92.
[56] NEYLAND D. Organizational ethnography[M]. New York: SAGE Publications, 2008, pp362 - 367.

[57] O'REILLY K. Key concepts in ethnography[M]. New York: SAGE Publications, 2009, pp302-321.
[58] PAUWELS L, MANNAY D. The sage handbook of visual research methods[M]. New York: SAGE Publications, 2020, pp271-292.
[59] PERNECKY T. Epistemology and metaphysics for qualitative research[M]. New York: SAGE Publications, 2016, pp311-332.
[60] PUCHTA C. Focus group practice[M]. New York: SAGE Publications, 2004, pp72-82.
[61] RICHARDS L, MORSE J. Readme first for a user's guide to qualitative methods[M]. New York: SAGE Publications, 2013, pp11-28.
[62] RIHOUX B. Configurational comparative methods: Qualitative comparative analysis (QCA) and related techniques[M]. New York: SAGE Publications, 2009, pp207-215.
[63] ROULSTON K. Reflective interviewing: A guide to theory and practice[M]. New York: SAGE Publications, 2010, pp121-132.
[64] SALKIND N J. Encyclopedia of research design[M]. New York: SAGE Publications., 2010, pp124-126.
[65] SIMONS H. Case study research in practice. SAGE Publications[M]. New York: SAGE Publications, 2009, pp383-392.
[66] SQUIRE C, ANDREWS M. Narrative research[M]. New York: SAGE Publications, 2019, pp321-331.
[67] SULTAN N. Heuristic inquiry: Researching human experience holistically[M]. New York: SAGE Publications, 2019, pp241-265.
[68] SWANBORN P. What is a case study? [M]. New York: SAGE Publications, 2010, pp341-351.
[69] TAYLOR C, WILKIE M, BASER J: Doing action research[M]. New York: SAGE Publications, 2006, pp12-31.
[70] TEN HAVE P. Doing conversation analysis[M]. New York: SAGE Publications, 2007, pp83-96.
[71] TIGHT M. Understanding case study research[M]. New York: SAGE Publications, 2019, pp402-411.
[72] URQUHART C. Grounded theory for qualitative research[M]. New York: SAGE Publications, 2013, pp273-292.
[73] WITZEL A. The problem-centred interview: Principles and practice[M]. New York: SAGE Publications, 2012, pp281-292.
[74] WOOFFITT R. Conversation analysis and discourse analysis[M]. New York: SAGE Publications, 2005, pp401-423.